U0005410

中國地脈

白郎、石映照◎著

好讀出版

序篇——龍之脈

　　把中國喻爲龍，這是一個極端的比喻。龍縹紗絕塵地浮在光中，閃動著神祕的亮鱗和靈趾，吸收日月的精氣，姿態絕倫，氣宇軒昂，身形美麗無邊。龍滑過天地，與天地融爲一體，成爲天地的一部分；龍來自於天地，亦歸於天地。

　　中國蒼茫的龍體，橫越萬里，上下五千年。

　　山是龍之骨，水是龍之血。我們順著龍之脈出於歷史的滄海，順著龍之脈在大地上遊蕩。

　　中國人是龍之子，在龍的故鄉感念著龍之「道」。

●山西洪桐老槐樹根

【中國人內心的靈告之聲】

把地球當作一面巨大的銅鏡時，它的「文明之光」中映現出古老而燦爛的四大文明區——東地中海文明區（包括巴比倫、埃及、亞述、希臘等），南亞次大陸文明區（包括印度、巴基斯坦、尼泊爾等），印第安文明區（包括馬雅、印加、阿茲提克等）及東亞文明區（包括中國、朝鮮、韓國、日本等）。在這些輝煌的古老文明中，中國是唯一未中斷過文化傳統的國家。從西元前2100年左右的夏朝開始，中國就是家國一體化的宗法血緣制維繫下的權力社會，雖然經歷了無數次動亂，但中國文化深處的價值體系卻始終保持著超穩定狀態，它漫長的歷史和成熟程度，令人驚嘆不已。

與歐洲文明截然不同，中國屬於極度親自然的道德倫理型文化，這種文化最大的特色之一是人和自然的一體化，如陳寅恪先生所言：「求融合精神於運動中，即與大自然融為一體。」作為中國文化的深境，自身沒有孕育出基督教式的一元性神格宗教，它的母胎內亦從未出現過至高創造神。類似於西方的神格宗教因素，被人心中無限的宇宙和人與人之間的倫理親情所取代了。

黃帝與嫘祖

　　認識孔子的「禮」、「仁」、「樂」思想，有助於深入認清中國式人文精神的要旨。在孔子看來，人類始終處在某種混亂黑暗的過程當中，所以，為人類建立具有規範性的秩序和制度是必須的。這種秩序就是「禮」，它是人們必須遵從的社會倫理律令，所謂沒有規矩不成方圓。另外就是「仁」，如果「禮」是外在的人文秩序原則，那麼「仁」就是內在良知的示現，這種心靈深處充滿善和愛的力量，從內向外散發出來，成為自覺的心靈實踐。一個遵從「仁」的人，就是道德意義上的君子，如果大家都是君子，世界又何至於「禮崩樂壞」呢？反過來，「仁」同時是一種內在的自我約束，它限制人自身的「惡」，引導人向「善」靠攏，所以中國古代的有德之士總是要「慎獨」，即自己觀照反省自己，而不是向神懺悔。再就是「樂」，「樂」非單指音樂而言，而是指超越一切內在、外在桎梏的心靈覺受，是一種來自內心的「靈告之聲」。一個人如果真正懂得了「樂」，那就已實現了生命自身的解放，盡可「從心所欲而不逾矩」，完成生命自身的超越和謝恩。總言之，「禮」是外在的秩序，「仁」是內在的約束力，「樂」是對自我的靈性解救。「倫理」（禮）、「道德」（仁）、「天人合一」（樂）三者統一起來，就是孔子為人們指明的救世救心之藥方，它向人們顯明了人生實際上是本自俱足的美學盛宴，生命能夠自我實現的心靈自由，它的救贖和施洗之路並不來自神祕、外在於萬物的至尊神性。

　　在中國文化中，外在的自然界是一個整體，而人自身也是一個包裹著「靈」與「肉」的有機整體，此二者即「大宇宙」和「小宇宙」，它們互為依存，熔融直貫。所以方東美的這段話

是很有意思的：「在中國人看來，自然全體瀰漫生命，這種盎然生意化爲創造神力向前推進，即能巧運不窮，一體俱化，恰如優雅的舞蹈，勃力內轉而秀勢外舒。自然乃是一個生生不息的創進歷程，而人則是這一歷程中參贊化育的共同創造者。所以自然與人可以二而爲一，生命全體更能交融互攝，形成我所說的廣大和諧……」

　　辜鴻銘曾經指出中華文明的四大特徵是「深沉」、「博大」、「純樸」和「靈敏」。他拿毛筆來比喻中國人的精神頗爲精彩獨到：「是的，用毛筆書寫和繪畫非常困難，好像也不容易精確，但一旦掌握了它，就能得心應手，作出精妙優雅的書畫來，而用西方堅硬的鋼筆是無法獲得這種效果的。」

天地人三鼎（河南靈寶）

「高山仰止，景行行之」，在中國古代，擁有最高理想人格的人被視為達到「天人合一」境界的君子，乃深諳中庸之道的高尚之人，所作所為有如「和」這種樂器。「和」，相傳是上古時代的一種樂器，它發出的聲音能夠協調世間的一切聲音。對於這種聖人境界，曾國藩曾教育自己的兒子說：「求功名富貴，半由人事半由天命，而努力學做一個聖人，則完全靠自己的努力。」

在論及圓滿的心靈時，影響巨大的禪宗高僧百丈懷海說：「靈光獨耀，迥脫根塵。體露真常，不拘文字。心性無染，本自圓成。但離妄緣，即如如佛。」

總體說來，某種神祕主義緊緊抓住了中國人的內心，這種神祕主義把宇宙、社會、個體生命視為一體性，在它蓬勃而博大的氣象驅使下，人們覺悟到將責任和自由統一起來的內在良知，這一「良知」的核心是明心見性的靈動根脈，它就像一棵樹的根基，在生活中外化為「仁」、「義」、「禮」、「智」、「信」五個樹杈。

【南人與北人】

歷史地理是歷史文化的載體和基礎，作為巨大複雜的文化實體，中國文化中的地域性差別相當大，最簡單的劃分就是把中國劃分為南北兩大塊。按照自然地理，以秦嶺──淮河一線為界；而按照文化地理，明清以來以長江為界，則更具有說服力。

巴克爾說：「有四個主要自然因素決定著人類的生活和命運，就是氣候、食物、土壤、地形。」除此之外，長期性的文化基因傳承也影響中國南北文化的差異。民初學者劉申叔說：「大抵北方之地，土厚水深，民生其間，多尚實際。南方之地，水勢浩洋，民生其間，多尚虛無。」

北方遼闊的黃土地和黑土地，景色壯麗，氣候乾燥寒冷，天空高曠淒涼，植被貧乏，在這種環境下，人物的性情多厚重、強悍、豪爽、嚴謹。而南方水流縱橫，山色清華，植物華麗，氣候溫暖濕潤，雲霞低垂清靈，在這種環境下，人物的性情多柔婉、細膩、靈捷、浪漫、精明。北方人的主食是高粱、大豆與白麵，所以培育出了北方人魁偉與剛健的體魄，同時，這些作物的耕作需要人們之間的協作，所以人與人之間的合作精神就突顯出來了；而南方人以稻米為主食，所以有著靈巧的心性，同時，「水稻栽培往往促進分散的離心力而不是合作的向心力」（喬伊絲‧懷特語），因此南方人的散淡個性就較為突出。

魯迅曾說：「北人的優點是厚重，南人的優點是機靈，但厚重之弊在愚，機靈之弊在狡，從相貌上看，北人長南相或南人長北相者為佳」。王國維對南人和北人的評價則是：「南方人性冷而遁世，北方人性熱而入世，南方人善幻想，北方人重實行」。

而林語堂的以下這段話，較能抓住南北人文差異特點：「北方的中國人，習慣於簡單質樸的思維和艱苦的生活，身材高大健壯、性格熱情幽默，喜歡吃大蔥，愛開玩笑。他們是自然之子。從各方面來講更像蒙古人，與上海、浙江一帶人相比則

秦淮河

更為保守，他們沒有失掉自己種族的活力。他們致使中國產生
了一代又一代的地方割據王國。他們也為描寫中國戰爭與冒險
小說提供了人物素材。在東南邊疆，長江以南，人們會看到另
一種人，他們習慣於安逸，勤於修養，老練世故，頭腦發達、
身體退化，喜愛詩歌、喜歡舒適。他們是圓滑但發育不全的男
人，苗條但神經衰弱的女人。他們喝燕窩湯、吃蓮子。他們是
精明的商人、出色的文學家、戰場上的膽小鬼，隨時準備在伸
出的拳頭落在自己頭上之前就翻滾在地，哭爹喊娘。他們是晉
代末年帶著自己的書籍和畫卷渡江南下、有教養的中國大家族
之後代。那時，中國北方被野蠻部落所侵犯。」

感覺中，北方文化像高山一樣崇高、莊嚴、敦厚、樸實、壯闊，南方文化則像流水一樣靈秀、柔情、細膩、飄逸、夢幻。這實際上是同一文化的兩種異質，就像一個英偉豪爽的大丈夫和一個溫婉美麗的柔女子，共組一個完美家庭。

若以區域文化詳細劃分中國文化，主要有燕趙文化、三秦文化、三晉文化、吳越文化、齊魯文化、關東文化、荊楚文化、草原文化、嶺南文化、青藏文化、巴蜀文化、滇雲文化、西域文化等。在本書中，我們將對其中一些具有代表性的區域文化進行一次深度的觀照及巡禮。

「文章不療山水癖、身心每被野雲羈」。這是一本關於中國區域文化的閒書，一本圖文並茂的文化隨筆集。書中浮現著的正是中國那無比古老、碩大漫長的鮮活身影。讀者手持一冊，坐於斗室帷幄之中，即能在綜羅百代的廣博細微中餐霞飲月、燕閒清賞。此中自有深意，正如清初文人張潮所說：「能閒世人之所忙者，方能忙世人之所閒。」

目次

第一篇

燕趙乃慷慨悲歌之地

齊魯多鴻儒，燕趙饒壯士。

燕趙內跨中原，外控朔漠，土地深厚，陽光清曠，天氣蕭涼。它自古就是雄視中原的兵家用武之地，以出產英雄豪傑而聞名。唐代大詩人杜牧感嘆此地是「王不得不可為王之地」。

燕趙大地盛產菊花和高粱。菊花散發著高潔蒼涼之氣，它英氣逼人的驕人姿態就是燕趙人的寫照：「採菊東籬下，悠然見南山。」菊花同時也暗示了燕趙人特有的悠閒生活。高粱在北方的農作物中是最具有遼闊壯美之氣質的，它不像黃雲般的麥穗那麼輕娜，也不似穀穗垂頭委瑣的神氣，它高高地獨立著，在烈日下遍野碧綠，充滿勃勃生機；高粱熟了可釀成老白乾酒，燕趙人就喜歡喝白乾酒；高粱酒熱烈、醇厚、濃郁的脾性就是燕趙人的脾性。美國人本尼‧迪克特曾用菊花和刀來比喻日本人的民族性格，而我們何不妨用菊花和高粱來比喻燕趙人呢？

司馬遷說：「燕趙自古多悲歌慷慨之士」，然而燕趙大地還蘊含了無限的優雅之氣與閒散的情調，以及太多太多的無奈和苦難。

🎧慕田岭長城

【燕趙形局】

我們姑且在地理上把燕趙界定為今天的北京、天津和河北，歷史上的範圍或許還要大一些。

在古代，據說燕子飛到燕山一帶就不再往北飛，所以當西周的周武王把同姓的貴族功臣召公封到這裡後，這個新的諸侯國便被稱為「燕國」。

最早傳入歐洲的中國戲劇《趙氏孤兒》，描寫的是義薄雲天的烈士程嬰和公孫杵臼，他們救護的孤兒趙武，便是趙國建立者趙簡子的祖父。趙國在趙簡子手裡很快就成為戰國七雄之一。

燕趙北面有燕山山脈和萬里長城，西部是太行山脈，東邊瀕臨渤海，南方是豐足的大平原。古代軍事地理觀察家們稱這裡的地理是：「地勢雄要，山川鞏固，內跨中原，外控朔漠，水甘土厚，物產豐富，以扼制天下。」武功卓越的忽必烈統一中國後打算建一個新都。僧人出身的邢臺奇才劉秉忠和蒙古貴族巴圖魯就極力勸告說：「幽燕之地，形勢雄要，南控江淮，北連朔漠，大王若欲經營天下非燕不可」。於是忽必烈便選擇大都（今北京）做為都城。

燕趙地勢開闊，沃野千里，兼有三面天然屏障，自古以來就是人文薈萃的政治、經濟、軍事、文化中心。而在漢代之前，北方的主要水脈黃河流向比現在靠北，那時的黃河繞太行山流經燕趙大平原，最後在碣石山一帶入海。於是黃河成為燕趙戰略上的南部天塹，另一方面也是農業富庶的重要保證。那時候，北中國在各個領域裡扮演了歷史的主角，三秦、燕趙、

齊魯等北方區域都是經濟最為發達的地區，那時美麗富饒的長江以南區域還是地廣人稀、火耕水褥的蠻荒之地。

　　燕趙對於整個北方的戰略地位是舉足輕重的，一旦守不住北部和西部的軍事屏障，整個黃河流域就很容易淪入北來之敵的手中。楚漢相爭時，若是趙王聽信李左車奇襲韓信糧道的計謀，那麼在著名的井陘之戰中，韓信的軍隊將在險要的井陘口遭到失敗，那句「置之死地而後生」的兵家名句也就成為趙括式的「紙上談兵」了。如果李自成的起義軍攻占北京後，劉宗敏、牛金星等人的行為稍微收斂一些，不致於惹得已經答應投降的吳三桂「衝冠一怒」，打開山海關迎接清軍的話，滿清人強大的八旗騎兵是否能入主中原還尚未可知。

　　燕趙文化的最大獻禮是北京城。

　　史賓格勒在名著《西方的沒落》中說：「人類所有偉大的文化都是由城市產生的。」北京東臨大海，西面北面重岡疊阜，南面是開闊富庶的溫帶大平原，它是溝通華北與遼東、內

●邯鄲古戰臺

蒙、熱河的樞紐，戰略地位極為重要，南控江淮，北連朔漠，扼居庸以制勝，擁燕雲而馭夏，總握天下大勢。在風水術盛行的古代，北京被賦予了尊貴的地位。

風水術是中國人「天人合一」思想的產物。「天人合一」是中國傳統的精華所在，但它在科學不發達的古代衍生出了「天人感應」和「地人感應」思想，風水術就是這些思想最為直接的體現。

古代風水學認為作為帝都必須有天然屏障可以依靠，既能控扼天下，又不侷促偏安於一隅，在地理上要「控制六合，宰割山河」。如北京在地理上有「挈裘之勢」，意即北京是中國這件裘皮大衣的領口，只要拎住它，整件裘衣就可以隨勢提起來，如西安有「建瓴之勢」，瓴是一種盛水的瓶子，因為西安據關中四塞之土，東有黃河天險，地勢上俯瞰全國，一旦東部地區有事，可馬上出潼關沿黃河東進控制全局。又如洛陽有「宅中圖大之勢」，因為洛陽居於中國的正中腹地，便於向四方拓展。

北京所處的位置非常契合風水所謂的法度，它背靠燕山山脈，黃河挽其前，鴨綠江界其後，被譽為是朝迎萬派的萬里河山朝宗之地。北京周圍山川環衛，永定河、潮白河等構成了發達的海河水系，地脈的形勢全，風氣密，符合藏風聚氣的風水要求。在古人看來，北京是一塊「王不得不可為王」的寶地，把都城建立在這裡，那麼中國這件「裘衣」就可以輕而易舉地提在手裡。事實上，從春秋戰國時期燕國的首都「薊」開始，北京在北中國就一直處於政治中心的地位。

【激情大地】

在北溫帶，燕趙一帶的景物顯得遼闊而蒼遠。坦蕩裸露的大地在掠人的陽光下偉麗無邊，大海稠濕的清氣襲向山水和天空。白綢般的白雲舒卷飄飛，成群灰白大雁的身影滑過皇家的紅牆黃瓦。

千百年來性情豪灑、剛柔並濟的燕趙人像北方的老槐樹一樣棲息在這裡，他們體魄強壯，喜歡吃饅頭啃大蔥，習服於艱苦的生活，他們是慷慨激昂的燕趙大地之主宰。

陶然亭的蘆花、什刹海的明波、釣魚臺的柳影、西山的紅葉、玉泉的夜月、潭柘寺的鐘聲。荷香菱蕩的白洋淀、海天一色的北戴河、古樸雄偉的萬里長城、神祕寧靜的承德避暑山莊……碧雲天，黃葉地，燕趙的景物令人魂牽夢繫。

喧嘩的光影

燕趙的景色像酒一樣，就像是溫帶北中國土製的高粱酒，那刺人的烈性、襲人的酒香、醉人的酒液，江南斯文的白面秀才是喝不了的，只有土生土長、淳樸堅毅的燕趙農民才能喝。

一望無際的青紗帳，如夢如幻，青光浮動著古老文明的帳幔。高粱熟了，沉甸甸的紅穗子光燦奪目。它沉靜的美麗造型令人驚訝，它的紅色使人產生理想與激情。高粱在燕趙雄沉的大地上瘋狂地生長，威風八面，是它喚醒了燕趙人潛伏在強權下的真情。到了九月九，釀新酒，上好的高粱酒出在秋天的最深處。歷史上的每一個燕趙人就是一棵紅高粱。

　　還有棉花，棉花成熟了，四野皆白，明朝末年後燕趙就盛產棉花。高粱上下一片紅，棉花上下一片白，把蕭涼的燕趙沃野妝點得分外妖嬈。

　　燕趙高曠深碧的天空，像海青色瓷器的釉彩，易勾起人們的緬懷之情。在南方晴朗的日子裡，天上總有一、兩縷薄雲飛著，而天空的藍色總帶著一抹淡白，燕趙的天空卻一碧到底，你站在地上對著天幕注視一會兒，身上彷彿可以生出一對翅膀來，使自己輕悠悠地飄上天去。

　　但是這些年來，天空的顏色由深藍轉為了灰藍，文化被技術蒙上了陰影，我們站在燕趙的土地上已經很難再看到以往的萬里藍天了。

❶香山紅葉

在民初時期的舊北京，「早晨起來，泡一碗濃茶，向院子一坐，你就能看得到很高很高的碧綠天色，聽得到青天下馴鴿的飛聲。到了黃昏，紅霞萬朵直照得北京城一片鮮紅。」

　　這樣浩藍的天空是大自然的倒影，這樣的天空使柳樹、楓樹、樗樹、柿樹、黃護樹在蒼涼中透出靜穆而清靈的韻致。到了秋天，秋草萋萋，秋山紅遍，西山數不盡的諸峰，如笑如眠，帶著紫蒼的暮色靜躺著，你若叫它一聲，好像這些遠山都能慢慢地走到你的身邊來。

　　另外值得一提的就是老槐樹，它遍布燕趙大地的每個角落。高大茂密的老槐樹，對河北人來說是一種能夠慰藉靈魂的樹。

　　今天的河北人大都是移民的後代，他們的歷史最遠只能追溯到十四世紀的明朝初年。原來的河北人或死於戰亂，或背井離鄉逃亡它方，明太祖朱元璋不得不採取強有力的移民政策把

●白洋淀

大量的人口遷移到此。但僅僅過了幾十年，當時坐鎮北京的永樂大帝朱棣爲了從侄兒建文帝手中奪得皇位，又一次在河北一帶進行了大規模的屠殺。據傳聞和史料記載，河北人在這次大屠殺中人口所剩無幾，後來，朱棣將北京定爲首都後，不得不把大批山西人和其他地方的人遷移過來。

當年的山西人帶著一把故鄉的泥土和槐樹種來到河北。從此，河北有許多村莊都把老槐樹當作了祖先及鄉梓的象徵，他們教育自己的兒女說：「孩子，別忘了咱家祖上是從山西洪洞縣的大槐樹底下搬到這兒來的。」

一碧萬頃的天光使我們暫時忘卻了屠刀和鮮血。天光深入到土地，使桎梏和苦難同時滑落，在燕趙明珠白洋淀，我們捕捉到了燕趙人極致的美，「這女人編著席，不久在她的身子下面，就編成了一大片。她像坐在一片潔白雪地上，也像坐在一片潔白的雲彩上。她有時望望淀裡，淀裡也是一片銀白世界。水面漾起一層薄薄透明的霧，風吹過來，帶著新鮮的荷花香。」

天涼好個秋

雲山蒼蒼，天氣清涼。群雁南翔，白露爲霜。

當我們把生命和景物視爲一體時，秋天就從燕趙文化的內部突兀出來，成爲能夠撫摩靈魂的物象。它高曠廣大，深不可測，就像一個綴著金邊和冷氣的幽遠世界，既明朗空曠，又沉鬱淒淡。從燦爛之極歸於蕭條，燕趙的秋天，顯得格外悲涼。

古代的寒笳是一種適合於在燕趙的深秋吹奏的樂器。

站在曠野之上，一曲寂寥的寒笳，令我們登高遠望，涕零雙墮。

　　燕趙的秋天，左環滄海，右擁太行，高山峨峨，流水決決。燕趙的秋光使人醉，秋色使人曠，秋氣使人空，秋雨使人愁，秋水使人靜，秋山使人遠，秋花使人淡，秋風使人沉。春山如黛，夏山如眠，秋山如霞，冬山如雪。在秋天，燕趙一帶的群山，層林盡染，滿山紅葉與浩瀚藍天交相輝映，這紅色是北中國最為樸素的大觀。秋色瀰漫，雄沉遼闊，它使我們作為清醒的夢幻者步入到燕趙博大的深境。掬燕趙籬菊之清花，賞燕趙秋月之高華。

　　林語堂說：「我愛好春，但是春太柔嫩，我愛好夏，但夏太榮誇。因此我愛好秋，因為它的葉子帶一些黃色，調子格外柔和，色彩格外濃郁，它又染上一些憂鬱的神采，它的金黃濃郁，不是表現春的爛漫，不是表現夏的旺盛，而是表現逼近老邁的圓熟與慈和的智慧。它知道人生的有限，故知足而樂天。明月輝耀於它的上頭，它的顏色好像為了悲愁的回憶而蒼白了，但是當與落日餘暉接觸的時候，它仍能欣然而笑。」

　　這北國燕趙的秋天，比起南國之秋來，更接近平靜、澄明、圓融、智慧的心靈，更具有偉大廣泛的激情。

　　郁達夫則語：「南國之秋，當然也有它特異的地方，比如甘四橋的明月、錢塘江的秋潮、普陀山的涼霧、荔枝灣的殘荷等，可是色彩不濃，四味不永，比起北國的秋天來，正像是黃酒之於白乾，稀飯之於饃饃，鱸魚之於大蟹，黃犬之於駱駝。」

　　哦，這北國燕趙的秋天，欲說還休，欲說還休，卻道天涼好個秋。

【英雄主義的沃土】

元代以來的八百年間，燕趙作爲帝王之土長期被籠罩在皇權的光輝裡，人性在政治的擠壓下日益萎縮內斂。

蒼涼的易水愈顯枯淡。燕趙的天空已經沒有疾勁的大鵰。雖然從祖先骨子裡遺傳下來的豪放野性仍然潛藏於心，高粱酒和大碗茶仍然醉人，但元代後我們已經難以在這片土地上看到縱橫著陽剛血氣的激越古風。

李太白在《俠客行》中歌詠道：「趙客縵胡纓，吳鉤霜雪明。銀鞍照白馬，颯遝如流星。十步殺一人，千里不留行。事了拂衣去，深藏身與名，閑過信陵飲，脫劍膝前橫。將炙啖朱亥，持觴勸侯嬴。三杯吐然諾，五嶽倒爲輕。眼花耳熱後，意氣素霓生。救趙揮金槌，邯鄲先震驚。千秋二壯士，烜赫大樑城。縱死俠骨香，不慚世上英。誰能書閣下，白首《太玄經》。」英雄何處尋？古風安在哉？

「報君黃金臺上意，提攜玉龍爲君死」；歷史上的燕趙曾是奇俠、豪客、英雄、土匪、流氓的地盤，是中國英雄主義的源頭。一句「燕趙自古多悲歌慷慨之士」，令我們胸中的塊壘沉鬱，百感交集。燕趙蓬勃的英雄主義古風已經成爲一種遙遠的傳說了嗎？

古典的鐵血

黑格爾說，歷史的演進有一個重要的基礎，這個基礎就是地理，民族精神的許多可能性從中滋生、蔓延出來。同時，地理並不是歷史和民族精神的唯一基礎，愛奧尼亞明媚的天空固

然有助於荷馬史詩的優美程度，但是，這個明媚的天空絕不能單獨產生荷馬。他指出，人類歷史的眞正舞臺在溫帶，而且是北溫帶。

黑格爾說得一點不錯，以處於北溫帶大陸的燕趙文化來看，歷史的經驗確實如此，從傳說中的黃帝時代開始，它就一直是重大歷史事件的中心地區。若把中國比擬爲一個巨人，那麼燕趙就是他寬闊的胸膛，也就是心臟的所在地。這樣的地區必然是一個文明所有內在關係的樞紐地帶，是王者和霸者必然謀求的領地。

我們不難順藤摸瓜，理出一些頭緒以接近歷史的眞實。

早在黃帝時代，河北就發生了著名的涿鹿之戰，戰爭的一方黃帝部落大約發祥於今天陝西省的北部，後來逐漸向東遷徙，東徙的路線是南下到陝西大荔、朝邑一帶，再東渡黃河，順著中條山和太行山脈向東拓展，最後發展到燕趙地區；炎帝部落大約發祥於今天陝西省的渭水流域，其東遷路線是沿著渭水、黃河東進，一直到達山東一帶；而戰爭的另一方蚩尤部落，史書上又稱爲「九黎族」，他們主要活動於山東南部、河南東部和安徽北部。

這三個部落之間的戰爭，其原因至今尚未明瞭，有一種觀點認爲，當時整個北半球都爆發了可怕的洪水，滔天的洪水淹沒了中國的許多地方，平原地區首當其衝，於是，爲了爭取生存空間，戰爭爆發了。

先是炎帝部落遭到了蚩尤部落的攻擊，於是炎帝部落被迫投靠黃帝部落，不久以後就發生了涿鹿大戰，戰爭的結果是黃帝和炎帝部落大獲全勝，「九黎族」被吞併。後來黃帝部落與

炎帝部落之間又在河北爆發了著名的「阪泉之戰」，炎帝部落慘敗。這兩次戰爭對華夏族（也就是漢族的前身）的形成起到了至關重要的作用。

從那時候開始，連綿的戰爭在燕趙的土地上再也沒有停止過。孟子說：「二百年有一王者興」，王者常常是從戰爭中分娩出來的。戰爭摧毀了原有的一切，使一切面臨重新洗牌，開始新的重塑。以有三千年建城史的北京城為例，從戰國時期的燕國都城薊，到後來的漁陽、琢郡、范陽、幽州、幽燕、中都、燕京、大都、北京，名稱有如走馬燈般不停地轉換，而興建起來的城市，也一次次毀於戰亂，再一次次從廢墟中矗立起來。其中最為慘痛的有兩次，一次是金國的燕京，在狂飆突進的蒙古鐵騎蹂躪之下被夷成平地；一次是「聚萬國之珍異，選九州之濃芬」的元大都——這座馬可·波羅讚嘆為當時世界上最宏大壯麗的「汗八里城」，被明太祖朱元璋掃蕩得滿目瘡痍。

張潮說：「心中小不平，酒可以消之，胸中大不平，非劍不能消也」，血氣旺盛的燕趙飄滿了血腥，那裡的人們被迫接受尚武精神。雖說「血氣的東西必亡」，但是燕趙人卻只能在血氣的夾縫中，謀求一片適合自己的生機，他們必須使自己的力量更強大，鬥志更堅韌。事實上古代土生土長的燕趙人大都在戰亂中死於非命，不斷出現的自然災害及異族入侵使這裡成為一個禍患綿綿的區域，而每一次大災難都對人口形成了強有力的「自然淘汰」。

另外一個不可忽略的背景是，燕趙人口中融入了大量剽悍的北方游牧民族的新鮮血液。那道被當作中國文化象徵的萬里長城，在燕趙北部的懷來、萬全一線，一直沿燕山山脈橫亙至

秦皇島海濱，遠遠看去彷彿一條蜿蜒的巨龍。今天，當我們站在被稱作「燕趙鎖鑰」的山海關下，明代狀元蕭顯徘徊三日後寫就的「天下第一關」五個蒼勁大字已經無法引起我們的陶醉之感。雄闊的萬里長城從來就沒有成為北中國不可逾越的軍事屏障，從戰國、西漢到明代，長城被固若金湯般修了一次又一次，但游牧人的鐵騎照樣踏破城關，屢屢南進。江山永固海內晏清的願望，只是不切實際的夢幻而已。

地接塞外的燕趙文化，面對游牧民族的攻擊首當其衝。從遙遠的戰國甚至更早的時代起，到後來的清朝，我們已經數不清燕趙這塊土地到底有多少次當過游牧馬隊的戰利品。直到這片遼闊而豐厚的大地，將這些桀驁不馴的馬上民族馴化成了面朝黃土背朝天的莊稼漢。

在舊兵器時代，不斷南下的游牧民族雖然常常贏得戰爭的勝利，但後來總被他們占領的農耕區域所同化，這幾乎成了歷史遊戲的一項法則。

燕趙文化就是一塊農耕文化與游牧文化通向交會的前沿陣地。所以，正宗的燕趙人是血氣方剛的自然之子，他們適合於做戰場上的征服者，是帝王將相和豪氣衝天的壯士土匪的候選人。燕趙出現李左車、蒯通、劉秉忠、郭守敬、李春這樣巧於機心的人並不值得奇怪。

另外，燕趙的土地是遼闊的，但也相對貧瘠，農業在漢代黃河未改道之前曾經一度繁榮，但比不上山東、關中，南北朝以後便不得不依靠運河把南方大量的糧食運過來。五代以後它的經濟與南方相比已大為遜色。到了二十世紀上半葉，林語堂用「簡單的思想和艱苦的生活」來描繪這裡的百姓。

在歷史上，要適應燕趙寒冷的溫帶氣候和艱險的生存環境，人們就必須具備堅強的體魄和堅毅的個性，正如孟德斯鳩所指出：「土地貧瘠，使人勤奮、儉樸、耐勞、勇敢和適宜於戰爭，土地不給與的東西，他們必以人力去獲得。土地肥沃使人因生活寬裕而柔弱懶惰、貪生怕死」。

有酒唯澆趙州土

燕趙文化曾孕育過中華民族的兩大聖人——堯和舜；出過兩位開國皇帝——劉備和趙匡胤；還出過以「半部《論語》打天下」的傳奇人物趙普、剛正威嚴的著名諫臣魏徵。然而真正能夠震人心魄，令我們為之擊節仰嘆的，仍是那慷慨悲歌充滿陽剛之美的群體，他們才是燕趙血脈中的正脈。

伯夷、叔齊，這兩位商代末年燕趙北部邊境孤竹國國君的王子，本可繼承顯赫的國君位置，然而這兩人的性格奇特，他們不願蒙受權力之累，於是離開自己的國度，前去投奔素以賢德聞名的周文王，希望到周國養老，過與世無爭的清靜日子。他們在路上遇到了周國旌旗遮日的大軍，周文王已經故世，他的兒子周武王正帶領大軍準備攻打商朝。伯夷和叔齊大驚失色，他們認為周國作為商朝的屬臣反叛自己的國君，實屬大逆不道之舉。兩人拉住周武王的馬頭苦苦勸說，但周武王不為所動，繼續東進。

後來，周武王統一天下後，伯夷、叔齊感到做周朝的臣民是莫大的恥辱，於是發誓不再吃周朝的糧食，跑到首陽山躲起來，天天靠採集山中的薇菜為生，最後竟餓死在山上，死前吟詩道：「登彼西山兮，采其薇矣。以暴易暴兮，不知其非」。

　　伯夷、叔齊的行為多少有些迂腐，但不食周粟的耿介氣概令人為之動容。他們在後世成為忠臣的典範。

　　公孫杵臼、程嬰，趙國開創者趙襄子第五代祖晉國權臣趙朔的門客，當趙氏家族被奸臣屠岸賈盡數殺死之後，兩人不惜性命保護趙朔的遺腹子，策劃了一起悲壯的托孤計畫。當時屠岸賈得知公孫杵臼、程嬰二人手中暗藏有趙朔的一個嬰兒，在國內展開斬草除根的大搜捕，不久，程嬰假裝怕死向屠岸賈報告公孫杵臼的藏身之處，公孫杵臼及嬰兒於是慘遭殺害，屠岸賈以為從此可以高枕無憂，而實際上被殺的嬰兒是程嬰之子，真正的趙氏後代則由程嬰含辛茹苦養大。

　　十五年後，嬰兒長大了，他和程嬰使趙家的冤案得以平反，屠岸賈被處死。又過了五年，程嬰見趙氏孤兒已長大成

　趙州橋

人，趙家從前的基業重又開始發揚光大，便跪在公孫杵臼的墳前向他報告喜訊，然後自刎下黃泉與知己相會。受到公孫杵臼和程嬰拼死救護的趙氏孤兒，即是趙武，他的曾孫趙襄子建立了戰國七雄之一的趙國。

平原君趙勝，風度儒雅、性情豪灑的趙國君王之子，與孟嘗君田文、信陵君無忌、春申君黃歇並稱「戰國四公子」。趙勝的門下集結了三千名當時燕趙一帶的精英人物，其中多為英勇任俠之士。

一次，一個門客步履蹣跚地從趙勝的閣樓下走過，趙勝極為寵愛的小妾看見他的走路姿勢，禁不住大笑起來。門客覺得自己受到了羞辱，便怒氣沖沖地去見趙勝，要求趙勝殺掉小妾替自己挽回面子，並威脅說如果不這樣做他將離去。趙勝甚是為難，一方是自己心愛的美人，另一方是對自己忠心耿耿的門客，怎麼辦呢？他再三耐心地勸說門客，但門客仍然堅持。最後趙勝經過一番激烈掙扎之後，決定殺掉美人以償門客之辱。這一舉動使三千門客深受感動，遂在後來為趙勝拼死效命。

見趙勝如此愛惜人才，天下英才紛紛前去投奔，其中就有五短身材、其貌不揚的毛遂。毛遂在趙國生死存亡關頭為贏得楚國援軍發揮了關鍵性作用，他被趙勝贊為「三寸之舌，強於百萬之師」。「有酒唯澆趙州土，賣絲繡作平原君」，這是清初第一詞人納蘭性德對趙勝的感念之句。

西元前227年，荊軻死於咸陽，那把塗有毒藥見血封喉的徐夫人劍未能刺中秦王。太子丹的刺殺計畫徹底宣告失敗，不久，燕國就像軟弱的兔子被秦國這隻猛虎吃掉了。荊軻死後，他那白衣白冠的形象，隨著時間的粉飾變得越來越清晰；這個

歷史上最負盛名的刺客，值得我們好好地分析一下。

荊軻年輕時候是燕趙一帶的遊俠，當時燕趙一帶任俠之風盛行，遊俠特別多。曾經有一段時間，荊軻去了趙國的首都邯鄲，在那裡，他受到邯鄲最有名的遊俠魯勾踐的挑戰，精於劍術的魯勾踐試圖與他比試一下，就跟他爭搶道路，並用穢語破口大罵，沒想到荊軻竟一聲不吭倉皇離開了邯鄲，魯勾踐便把荊軻看作是一個性格懦弱徒有虛名的人。過了一些年，荊軻刺秦王的事傳到了魯勾踐的耳朵裡，那時，邯鄲也已被秦國占領了，勾踐慚愧不已地說：「哎，可惜當年沒有與我一道好好地切磋一下劍術。我卻不能識別英雄，荊軻是把我當作小人，認為我不值得計較才離開的呀！」

荊軻離開邯鄲後到了燕國，和一個殺狗的屠夫和擅長擊筑的樂師高漸離結為知己。他們幾人常常在大街上喝得酩酊大醉，高漸離一邊擊筑，荊軻一邊放聲高歌，高興了就笑，悲傷了就哭，旁若無人。燕國德高望重的老俠客田光看出荊軻這個人非同尋常，十分賞識他。等到燕國太子丹準備刺殺秦王四處尋找適合的人選時，田光便向他推薦了荊軻，並評價他手下的一大群燕趙勇士說：「我私下觀察，覺得您手下沒有可用的人。夏扶血勇之人，怒而面赤；來意脈勇之人，怒而面青；秦舞陽骨勇之人，怒而面白。他們都遠不及荊軻，荊軻為神勇之人，怒而色不變。」田光評價得很正確，當荊軻和秦舞陽走進咸陽戒備森嚴的宮殿時，十三歲就敢殺人的秦舞陽臉色馬上變得蒼白無比，與荊軻的鎮定自若形成了鮮明對比。

「風蕭蕭兮易水寒，壯士一去兮不復返」，中國歷史上還有比荊軻更悲涼淒美、更盪氣迴腸的背影嗎？

李若水，鐵骨錚錚的燕趙男兒，北宋一百七十六年幽深歲月中出現的第一硬漢。「靖康之難」後他隨兩位頗具藝術天分的亡國之君宋徽宗和宋欽宗坐著牛車前往金國，一同作為俘虜的還有三千名王公貴族。在途中，當金國元帥粘罕侮辱大宋天子時，李若水齜牙咧嘴地破口大罵，粘罕大怒，命人割去他的雙唇，血流滿面的李若水毫無懼色，仍然大罵不絕，結果又被割去舌頭和喉管致死，時年三十五歲。李若水的壯舉連金國人都被震憾了。他們評價說：「遼國滅亡時，慷慨赴死的義士有十幾人，而大宋朝滅亡時，義士卻只有李若水一人而已。」

張世傑，南宋最後關頭的將士，與文天祥、陸秀夫齊名的忠臣。在生死存亡關頭，他放棄了元朝高官厚祿的引誘，指揮軍隊拚死抵抗蒙古軍隊，最後的守地廣東奎山失守後，陸秀夫杖劍把妻兒趕入大海中，自己背著小皇帝趙昺跳海死去，而張世傑也以溺水之舉壯烈殉國。

以上，我們對激昂剛烈的燕趙古風作了片斷性回顧，就像燕趙遼遠高曠的秋天一樣，燕趙古風使我們體驗到生命深沉淒麗的意義。「葡萄美酒夜光杯，欲飲琵琶馬上催，醉臥沙場君莫笑，古來征戰幾人回？」燕趙的古風是悲愴的，這種悲愴源於傲岸的英雄氣慨；燕趙的古風是通脫的，這種通脫源於人物的豪灑情志。大智大勇的藺相如和老驥伏櫪的廉頗演繹了一段氣吞山河的將相和。祖狄「聞雞起舞，擊楫中流」。猛將張飛百萬軍中取上將之頭如探囊取物，當陽橋頭橫矛立馬大喝一聲：「燕人張翼德在此，誰敢與我決一死戰」，猶如晴天霹靂，嚇得一代梟雄曹操抱頭鼠竄。常山趙子龍懷抱阿斗在長阪坡如入無人之境，一連殺死了曹軍五、六十名將士……我們就像古人傳

頌傳奇一樣，一遍又一遍津津樂道於燕趙英雄好漢們的舊年事蹟。與此同時，燕趙古風也像古龍筆下氣態萬千的武林精神注入到我們的心頭。

燕趙的歷史上出現過樂毅、趙奢、李牧、曹彬、高懷德等一代名將。也出現過如劉備、趙匡胤般了不起的開國皇帝；劉備和趙匡胤儘管善於玩弄政治權術，但從他們身上我們能看出燕趙人重感情、講義氣的特點。

劉備的結拜兄弟關羽被東吳孫權殺死之後，他不顧文武大臣的勸阻，不顧北方魏國可能乘機襲擊的危險，盡起全國兵馬七、八十萬去為自己的兄弟報仇，儘管慘遭失敗，劉備本人也因此心力交瘁死於白帝城，但從中我們不難看出劉備是個重感情的人，他實現了當初桃園結義時「同生共死」的誓言；經過這次失敗，蜀國元氣大傷，再也沒有能力北上了。而趙匡胤黃袍加身做了皇帝後，沒有像歷史上的許多開國皇帝那樣濫殺功臣，而是用「杯酒釋兵權」的方式高明地解除了功臣對自己權位的危脅，避免了「敵國破，功臣亡」的悲劇，這說明他沒有忘掉為自己出生入死一起打天下的哥兒們。

當然，我們還記得另外一些燕趙人：比如說那位華而不實只會「紙上談兵」的趙括將軍，比如說那位「笑裡藏刀」的李義府先生。

沒落的古風

燕趙文化豐腴的肌體誕生了無數的千古風流人物，然而他們最終像泱泱江水中的浪花，消失得無影無蹤。當我們的目光跨越千年，燕趙文化已發生了天翻地覆的轉變，舊的價值體系

被打碎，新的價值體系確立。燕趙文化的內層發生了複雜而微妙的巨大變化。

在某種半是自豪、半是試探的心理驅使下，我們試圖從近代燕趙中找到與古代燕趙一脈傳承的精神——那種慷慨剛烈閃射著陽剛之美的英雄主義古風。然而，我們的願望落空了，「昔日王謝堂前燕，飛入尋常百姓家」，一切都改變了，燕趙古風的兩大特點「深沉」和「崇高」，前者被保留下來，後者則杳無蹤跡。我們僅僅在頭上包著白帕子的雁翎隊身上看到燕趙古風的殘影，悲歌慷慨的燕趙古風確是無可奈何的沒落了。然今天的燕趙人仍然敦樸厚實，豪爽重情，正直大度，古道熱腸，與此同時他們也較南方人保守老成，安於現狀。今天的燕趙人，其陽剛之氣已不能與山東人和東北人相提並論了。

【老北京靈魂肖像】

白鴿在夕陽下低徊，天光冷照著什剎海，太和殿金黃色的銅瓦呈現出壯麗的退讓之美。

許烺光在《美國人和中國人》中說：「北京城對於中國人的吸引力，就像好萊塢對於滿懷明星夢的美國人一樣。」

林語堂說：「我們是老大的民族，看盡了一切過去與一切現代生活的變遷。」這個「老」大民族的心臟正是在北京。看盡了一切，於是就看淡了一切，於是就老於世故，眼中只有自己，於是就圓熟、忍耐，無可無不可，狡猾俏皮。

老北京人和新北京人是兩個涵蓋完全不同的文化板塊。

馬背上的江山

　　硝煙瀰漫著南北朝時的劉家王朝。年輕的宋文帝劉義隆由於猜忌自己的大將檀道濟，決定除掉他。被砍頭前，以能征善戰聞名天下的檀道濟對宋文帝說了一句：「自毀長城。」不久，劉宋王朝就在屢屢失敗中衰亡。

　　與之相似的一幕出現在了明朝。努爾哈赤和他的繼承者皇太極，具有罕見的統治才幹和帶兵打仗的能力，但是他們雄鷹般的利爪並不見得能夠捕獲所有的獵物。他們在薩爾滸戰役中大獲全勝，從而奠定了在整個東北地區的勝利，但繼續向南推進卻麻煩不少，因為他們的軍隊多次被精熟兵法的熊廷弼、袁崇煥打敗，努爾哈赤本人正是在與袁崇煥的戰鬥中受傷而致死。更何況對於滿洲人來說，巍峨的長城無疑是一道非常頭疼的屏障。

　　看來滿洲人是沒戲唱了，奪取大明大好河山對他們來說是一個可望而不可及的春夢；然而意想不到的事情卻發生了。

　　首先是李自成和張獻忠的起義軍把搖搖欲墜的大明朝推向了危險的懸崖，使其無暇北顧。再就是滿洲人前進中最大的絆腳石熊廷弼和袁崇煥，由於受到皇帝的猜忌先後被殺頭。

　　另外，大順王李自成攻占北京後，鎮守北京北門鎖鑰山海關的總兵吳三桂本來已經打算投降，但是沒想到李自成的心腹大將劉宗敏卻抄了他的家，搶去了他心愛的江南美人陳圓圓；吳三桂得到消息後，「衝冠一怒為紅顏」，立即大開城門轉而投向了滿洲人的懷抱。

　　滿洲人在此之前已經受困多時，苦於找不到跨越長城的靈丹妙藥，如今山海關兵不血刃垂手而得，真是喜從天降。滿族

人龐大的騎兵部隊即刻向南疾進，兵鋒直指北京城，他們一仗就擊敗了還沉浸在勝利當中的起義軍。

馬上民族的鋒芒勢不可擋，滿洲鐵騎猶如鋼鐵洪流一瀉萬里。西元1644年，年僅七歲的清朝皇帝福臨在魁偉驃悍的叔父多爾袞和母親孝莊文太后的輔佐下，成為紫禁城的新主人。這時候，長江以南的南明仍在為一些雞毛蒜皮的小事發生內訌。過了一些年，一個以北京為中心的大清帝國在中國的版圖上形成了，它的統治範圍西到帕米爾高原，東抵海濱，北到薩彥嶺，南抵南海諸島。

明月照著積雪，海風吹拂大地。大漠孤煙，長河落日。出沒於白山黑水的滿洲人像蒙古人一樣雄健，這支馬背上的民族洋溢著剛勁而不可扼制的原始血性。他們性情脫落耿直，勇敢尚武。他們就像北方的駿馬一樣孤傲堅毅。他們習慣於無拘無束地在陽光下喝酒、吃肉、騎射……他們是騎馬的武士，笑傲山林的大地之子。

在南方，北京這座古老的帝王之都是一座菊花之城，菊花的品種甲於天下。然而，距離菊花開放的季節尚早，剛剛才進入了初夏五月，滿族人便殺了進來，他們趕跑了李自成的起義軍，並被北京城偉大的景象所震驚。滿洲人沉浸在征服者的極度興奮之中。然而，並吸取了李自成的失敗教訓，僅僅休整了幾天之後，便繼續以千鈞萬馬之勢橫掃南方。滿洲人的驍勇彷彿無可阻擋。他們僅僅靠漢族人給他們講《三國演義》時學來的一點計謀，就輕而易舉地奪取了天下。

在清朝入關後將近一百年的時間裡，為了避免自己像歷史上的鮮卑、氐、羯、羌等民族那樣被漢族文化所同化，滿清皇

帝嚴厲禁止自己的民族成員與漢族人實行文化交往，一般的滿
洲人不准學習漢文漢語，不准隨便與漢人應酬，他們必須居住
在城裡訓練騎射技藝。然而，這畢竟不是長久之計，不出幾
年，在優渥環境中成長的新一代滿洲人就再也不願意像他們的
父輩那樣生活了。他們騎射的技藝越來越糟糕，也不再下河捕
魚、下地幹活，而是像菩薩一樣由漢人供養起來，他們的皮膚
變得白柔紅潤，穿著黃袍馬褂、戴著繡邊的黑色瓜皮小軟帽，
在春風沉醉的夜晚無所事事。新一代的滿洲人名副其實地成了
特權階級，他們性情嬌慣，在父輩打下來的江山中逐漸由驃悍
善戰的「大地之子」淪為坐享其成的紈褲子弟。這真是一種悲
哀的結局。

　　滿洲人用武力征服了漢族，迫使漢人穿長袍留辮子，然而
他們在文化上終究無法與
漢族相抗衡，在抵擋了一
陣子之後，他們便心安理
得地端起漢文化的衣缽，
並製造出「滿漢全席」。

　　滿洲人出了中國歷史
上最愛遊玩的乾隆皇帝，
他的各種韻事被添油加醋
地到處傳播，成為百姓們
茶餘飯後津津樂道的話
題；滿洲人還出了歷史上
最不會玩的皇帝同治，他
是老佛爺慈禧的親兒子，

❶攝政王載灃及其子溥儀、溥傑

大概在宮裡待得悶，常常微服出宮去尋花問柳，結果得了梅毒和天花，二十歲剛出頭年紀輕輕就死了。

英國的阿克頓爵士曾說：「權力意味著腐敗，絕對的權力是絕對的腐敗。」滿洲人有如刀鐵，權力有如鏽，由於滿洲人疏於磨煉，於是一種腐化的過程就在冥冥之中悄然而作。每一年的深秋季節，大批王公貴族要挽弓佩劍，他們全副武裝地簇擁著皇帝到長城以外的木蘭皇家圍場去狩獵，以溫習武藝，舒展筋骨。滿洲貴族們在馬背上鬥志激昂，氣喘噓噓地歡呼著，一邊不停地掏出香帕拭去汗水。到了夜晚，在高朗的秋月下，他們圍著篝火又喝又跳。整個盛大的木蘭圍獵活動與其說是傳承尚武傳統，不如說是一次耗資巨大的集體出遊。

到了1840年，來自遠方的夷人之國吃了豹子膽，居然敢來侵犯天下至尊的「天朝大國」，朝廷派出屢立奇功的「中興名將」楊芳率軍前去教訓這些金髮碧眼的夷人。結果，英國人的堅船利炮幾下就把楊芳給鎮住了，這位「中興名將」無法理解如此猛烈的火力是怎麼回事，他想來想去認定洋鬼子是在施展一種罕見的妖術，於是下令部下扛來一桶桶大糞潑向英國人以破除妖術。當突如其來的惡臭撲向英國人，他們實在弄不懂手持長矛大刀的中國人在要什麼花招。英國人打開了大清帝國的門戶，習於逸樂的滿洲人才開始擔心起來。

晚清旗人浮世繪

對於清代之前北京燦爛的剪影，我們僅能霧裡看花似地觸及到它的文化深境。它真實的龍體在雲中漫步，只透出些模糊的光芒來，令人如觀水月。

　　我們眼中鮮活的北京城是晚清以後的北京城，是老舍筆下的北國之都，是飽含著悠閒風情與熱烈血腥的煌煌帝都，它氣宇軒昂，驚恐不安，帶著含蓄而激烈的詩情向我們走來。

　　明清時期北京城的常住人口大體上一直保持在七十萬左右。那時，一共有二十多萬滿洲人住在皇城周邊的內城裡。正如巴爾扎克所認為的那樣，是那些無所事事的人造就了風雅生活；晚清時期，滿洲人驍勇的野性蕩然無存，漫長的富裕閒雅把他們身上最後的一點草原血性磨掉後，他們便馴服地在繁縟禮節和聲色犬馬中消遣人生。從某種角度來看，晚清旗人文化將儒家文化所倡導的藝術式生活發揮得淋漓盡致。

　　旗人們喝茶、哼京調、嚼蟹、放風箏、捏胡桃、放鷹、溜狗、餵鴿子、拈香、遊廟、爬山、練書法、畫畫、吹笛、看戲、煨人參、養鳥、下棋、猜拳、澆花、踢毽子、鬥雞、鬥草、搓麻將、抽鴉片、逛妓院、侃大山、抽水煙、參加宴會、議論時事。他們大多已不會講滿洲話，他們說著一口流利圓潤的京腔，提著漂亮的鳥籠，「您哪，您哪」地在北京城裡悠閒自得地遊來蕩去。

　　老舍說，在清朝最後的幾十年，「上自王侯，下至旗兵，旗人會唱二黃、單弦、大鼓與時調。他們會養魚、養鳥、養狗、種花和鬥蟋蟀。他們之中，甚至也有的寫得一手頂好的字，或畫點山水，或作些詩詞──有時還會謅幾套相當幽默悅耳的鼓兒詞。他們沒有力氣保衛疆土，可是他們會使雞鳥魚蟲都與文化發生最密切的關係……。」

　　「就是從我們現在還能在北平看到的一些小玩藝兒中，像鴿鈴、風箏、鼻煙壺、蟋蟀罐、鳥籠，若是細心的去看，就還能

看出一點點旗人怎樣在最細小的地方花費了最多的心血。」

旗人們成了紙迷金醉的及時行樂者，如畫的江山像擺置在砧板上的肥肉任人宰割，洋人的軍艦在長江裡遊弋，巨額的銀兩不停地外流，北方

♪老北京遛鳥的老人

一百多萬平方公里的土地遭到瓜分，被強迫簽訂兩百多個不平等條約。歐洲人甚至組成聯軍乘坐鐵甲大艦數度光臨北京，把無數的奇珍異寶搶劫一空，然後一把大火將「萬園之園」圓明園燒爲灰燼。這種時候，八旗子弟也曾提心吊膽了好一陣子，對於洋人，他們無論如何是惹不起的，但他們早已不是當年縱橫天下的八旗兵了，還是保住自己性命要緊，等身邊的危險一過去，旗人們就又高興起來，紛紛開始喝小酒，提著鳥籠到一片金黃之彩的皇城下閒逛。

他們又開始舒舒服服地坐在松柏下品花，花上兩毛錢就耗過一個漫長的下午；在茶館裡，吃熱騰騰的蔥爆羊肉，喝白乾酒。或又三三兩兩地聚在濃翠的垂柳下乘涼，或是在什刹海的明波上泛舟，或是到西山八大處去消暑，或是到玉泉山打一壺天下第一的泉水回來品茗，或是鑽進漂亮的菜館裡去吃芸豆糕、千層酥、佛手卷、酥合子及乳酪。

⊙圓明園遺址

　　貴族們悠哉悠哉地喝口香片茶，有時候高興了，便學著小尼姑哼幾句《思凡》裡的段子：「小尼姑年方二八，正青春，被師父削去了頭髮，每日裡在佛殿上燒香換水。見幾個子弟遊戲在山門下，他把眼兒瞧著咱，咱把眼兒瞧著他。」

　　春暖花開的日子正好放風箏，夏日炎炎只好在茶館裡聽蟈蟈、鬥蟋蟀，秋天可以賞菊，冬天便看飄雪、在家裡吃涮羊肉。

　　旗人日常生活中最重要的一項，就是泡茶館。老北京的茶館，可分成三類：一是清茶館，只供應清茶，偶爾加雜耍、鳥

鳴；二是書茶館，除了喝茶之外，另外還加有各種評書、京韻大鼓、梅花大鼓，茶館裡有手持一把摺扇的堂倌，上面寫著鼓詞曲目，茶客花幾吊錢就可以了；三是棋茶館，茶客們在裡面可邊喝清茶邊下棋。茶館的樣式有點古樸老式，裡面放著大八仙桌、大長板凳。在老舍的筆下，老北京的茶館「屋子非常高大，擺著長桌與方桌，長凳與小凳，都是茶座。隔窗可見後院，高搭著涼棚，棚下也有茶座。屋裡和涼棚下都有掛鳥籠的地方」，玩鳥的旗人「每天遛夠了畫眉、黃鳥之後，要來這裡歇歇腿、喝喝茶，並讓鳥兒表演歌唱」。

旗人喝茶一般喜歡喝花茶。乾隆皇帝是個喝茶的行家高手，他評定泡茶用的泉水，第一為北京的玉泉水，第二為塞上伊遜泉，第三為濟南珍珠泉，第四為鎮江金山泉。有的旗人喝茶更奢華，專門派人清晨時去取留在荷葉上的露水來泡茶，寫《紅樓夢》的曹雪芹也是個懂茶的人，他寫妙玉用雪水煮茶招待寶玉、黛玉、寶釵一段精彩之極，當林黛玉問及「這也是舊年的雨水」時，妙玉說：「你這麼個人，竟是大俗人，連水也嚐不出來。這是五年前我去玄墓蟠香寺住著，收的梅花上的雪，共得了那一鬼臉青的花甕一甕，總捨不得吃，埋在地下，今年夏天才開了……隔年蠲的雨水那有這樣輕淳，如何吃得？」

「提鳥籠，曳長裙」，這是對晚清旗人的寫照。旗人養的鳥分南北兩種，北鳥以能鳴叫為主，種類一般分為畫眉、百靈、紅子、黃鳥、胡伯勞、藍靛顏、紅靛顏、柞子等；南鳥以觀賞為主，種類一般有鸚鵡、八哥、遼哥、白玉鳥、珍珠鳥、沉香鳥、芙蓉鳥等。南鳥色彩華麗的形體，北鳥婉潤滑亮的鳴唱，無不令人神消魂遣。旗人們「採籬皇城下，悠然臥鳥聲」，儼然

個個都成了置身於富貴紅塵中的陶淵明。鳥兒成了旗人悠閒生活的寄託品，成了生活與大自然之間的媒介之物。

　　鶯歌燕舞，粉墨登場。旗人另外一件趨之若鶩的事是到戲園子裡聽京劇。戲園子在京城裡稱作「票房」，京劇稱「二黃」，去那裡聽京劇爲「玩票」，玩票的就是「票友」了。自從1790年由程長庚率領的「四大徽班」（三慶班、四喜班、和春班、春臺班）爲恭祝乾隆皇帝八十八大壽進京演出以後，吸收了徽劇、漢劇、昆曲諸多特點的京劇就此誕生。從此旗人們找到了另一種消遣人生的高雅方式。他們聚集在翠峰庵、肅王府、達王府、言樂會等票房裡，前呼後擁，在紅緞繡花的楠木戲桌前眉飛色舞，笑顏逐開。京劇散發出一種鮮香的妖豔之氣，這種妖豔之氣在八旗子弟身上瀰散、浸淫，並使京劇成爲冥冥之中的亡國之音。

　　京劇對光緒皇帝來說是一種安慰，他打得一手好板鼓，他的生父醇親王奕譞更是在府中養了「恩慶科班」的戲班子，整日沉緬於其中；大權在握的恭親王奕訢、肅清王善耆，以及博迪蘇公爵、博緒、載洵、載濤等王公貴族，都是有名的戲迷。將大清江山於掌中玩弄半個世紀的老佛爺慈禧，是旗人中最大的戲迷，她動不動就花大錢舉行宴會，邀來最有名的戲班子登場亮相，大太監李蓮英投老佛爺所好，苦練嗓子，唱起來不讓當時名伶，加上又極懂得拍馬屁的要領，於是很快就成了宮裡的紅人。老慈禧最喜歡看譚鑫培演的戲，有一次在宮中看他演《翠屏山》，一高興之下就封了他一個四品官。

　　皇族子弟德珺如迷戀京劇的程度就更不可思議了。他因爲沉浸在京劇當中而不願當官，整天在家中喝酒吃肉與票友一起

唱戲，傾家蕩產也在所不惜。一開始，他學演旦角，但由於臉長得長，扮相出來後人們戲稱他是「驢頭旦」。後來他又改演小生，這回總算扮相過得去，嗓子也不錯，於是更加肆無忌憚，乾脆後來不顧家族成員的反對正式當演員去了，成了名滿一時的當紅小生。朝廷想到德珺如的祖父是封疆大吏，就又一次給他一個官做，但他仍不屑一顧，全心迷醉在梨園裡。到了晚年，他還把自己的女兒許配給了「伶界大王」譚鑫培的兒子。

北京城成為八旗子弟的巨型遊樂場。他們在漢文化的京味沃土上培育出來更加精巧雅致、悠閒氣派的「旗人文化」。如果不是大清朝壽終正寢的話，他們將在自己的樂土上玩下去，直到永遠。可惜的是歷史粉碎了他們的貴族生涯，使他們的地位一落千丈，而他們的文化也隨之流入到老北京的每一個角落，進而影響到每一個老北京人。吳沃堯曾經用極其尖酸的筆法，形容過民國初年一個在茶館裡吃燒餅的沒落旗人：

「高升看見旗人從腰裡掏出兩個京錢來，買了一個燒餅，在那裡撕著吃，細細咀嚼，想像很有味的光景。吃了一個多時辰，方才吃完，忽然又伸出一個指頭兒，蘸些唾沫，在桌上寫字，蘸一口，寫一筆。高升心中很是奇怪，暗想這個人何以用功到如此，在茶館裡還背臨古帖呢。細細留心看他寫什麼字，原來他哪裡是寫字。只因他吃燒餅時，雖然吃得十分小心，那餅上的芝麻，總不免有些掉在桌上，他要拿舌頭舐，拿手掃來吃，但恐怕人家看見不好看，失了架子，所以在那假裝寫字蘸來吃。」

「他又忽然在那裡出神，像想什麼似的，把桌子一拍，又蘸了唾沫去寫字。原來有兩顆芝麻掉桌縫子裡了，他故意裝作突

然醒悟的樣子，把桌子拍一拍，那芝麻自然震了出來，他再做
成寫字的樣子，自然就到了嘴裡了。」

老北京牧歌

　　1924年是在政治的詭祕中徐徐降臨北京城的。安徽農家子
弟出身的直系將領馮玉祥，命令荷槍實彈的部隊長驅直入紫禁
城。馮的親信部下鹿鍾麟舉著他的小手槍，把末代皇溥儀趕出
了皇宮。北京城經久不衰的封建帝王之氣黯然隱去，在浩浩蕩
蕩的世界潮流中，「大樹將傾，非一繩所能維繫」，帝王時代從
此香消玉殞。但是一個新的時代並未就此來臨。

　　二十世紀頭三十
年，作爲政治漩渦的
中心地帶，如走馬燈
一般更替頻繁的政
權，使北京成了軍事
野心家和政治陰謀家
一展身手的舞臺。兵
荒馬亂的年代裡，像
災難深重的國家一
樣，北京在深沉的苦
難中低垂著頭顱。然
而，猙獰森嚴的帝王
幽靈已不再是威懾人
們心靈的力量，在大
清帝國的喪鐘聲中，

🔊雍和宮彌勒大佛

積壓了三千年之久的民間人文精神不可扼制地開始昂揚。

二十世紀二、三○年代的北京，也就是後來經常勾起人們感懷的「老北京」，它把巨大的溫馨留給了處在戰爭夾縫中的北國故都，它寬和醇雅的氣息流散至今。

1912年以後，明清旗人文化的眾多特質被大量淪為貧民的八旗子弟傳遞到了市井民間，然後又被揉入到北京固有的燕趙傳統中去，並對傳統進行重塑。

辜鴻銘說：「中國人最美妙的特質是，作為一個有悠久歷史的民族，它既有著成年人的智慧，又能夠過著孩子般的生活——一種心靈的生活。」

「老北京文化」不是一曲燕趙悲愴的英雄主義之歌，而是一罈滲入了陽剛、陰柔兩股勁道的醇厚老酒。暮氣沉沉的北京在及時行樂，它的人民純樸而靈敏。

「老北京」文化的風情令人感嘆「北方偉大生活的幽閒」。這座曾經當了八百年帝王老巢的故都，如今終於成老百姓的天下了，人們自由地為生計奔忙著，舒展的筋骨隨意在天安門前揮舞，他們可在前門下大口地喝老白乾或菊花酒，可上紫禁城裡指指點點，可在皇城裡大聲地罵某個旗人，可像達官貴人一樣大模大樣地提著鳥籠進有名的茶館去喝茶，可到天壇的白玉臺階上翹著二郎腿坐下，可呼吸鮮空氣、無拘無束地生活。當過滿洲人奴僕的老北京人確實不由得心頭一熱，產生了只有自己才能品嚐到的春風得意之快感。等到天子遠去，北京人才更加親切地嗅出天子腳下這座城市迷人的芬芳。他們更加熱愛這座城市，更加覺得自己是這座城市不可分割的一小部分。

　　陽光像瓢潑的海水沐浴著老北京人。到處是悠然的遛鳥者，「白天皮泡水（喝茶），晚上水泡皮（洗澡）」的茶客、自鳴得意的票友、拉黃包車的、賣冰糖葫蘆的、賣糖人的、算命的、剃頭的、提大茶壺的、擺場子的、變戲法的、開館子的、揀破爛的、要飯的……北京前所未有地成了平民的樂園，它那昔日富麗堂皇的幽深姿體飄散出儀態萬千的人情味。尤其是天橋和什剎海，裡面五花八門的「京味」風情令人流連忘返。

　　老北京人這回不但找回了做人的尊嚴，也找回了一座本該屬於他們的城市。如今在這座城市裡，「有令人驚嘆的戲院，精美的飯館、市場、燈籠街、古玩街，有每月按期的廟會，有窮人每月交會錢到年節取月餅蜜什的餑餑舖，有露天變戲法的、有什剎海的馬戲團、有天橋的戲棚子；有街巷小販各式各樣唱歌般動聽的叫賣聲，還有串街串巷到家收舊貨的清脆的打鼓聲，賣冰鎮酸奶的一雙小銅盤子的敲擊聲，每一種聲音都節奏美妙；可以看見婚喪大典半里長的行列，以及官轎及官人跟班的隨從；可以看見旗裝的滿洲女人和來自塞外沙漠的駱駝隊，以及雍和宮的喇嘛、佛教的和尚；變戲法吞劍的，唱數來寶、蓮花落的乞丐，各安其業，各自遵守數百年不成文的傳統規矩，叫花子與竊賊、清朝的官員、退隱的學者、修道之士與娼妓、講義氣的青樓女子、放蕩的寡婦、和尚的外家、太監的兒子、玩票唱戲的京戲票友，還有誠實懇切風趣詼諧的老百姓。」

　　老北京人住在簡樸卻異常溫情的四合院裡，心中湧起無限暖意。這是一個使人互相之間產生敬意和同情心的人情空間，人們講究禮儀，相互幫助，聚在一起乘涼、喝茶、說詼諧的俏

皮話，只要他們中的誰出了點什麼事，周圍的人絕不會袖手旁觀。有的四合院住了一大家子的人，而有的則是幾家人合住在一起，人們在緩慢的生活節奏中失去了對貧苦生活的恐懼感，因為一種強烈的親情氛圍和充沛的陽光使他們獲得到了真實的快樂人生，更何況北京人有的是事情可做，只要人勤快點，吃飽肚子不成問題。人這一輩子不就圖過得舒適點快意點嗎！老北京人感覺自己是個幸福的自由之身了，他們用自己的愛及樂觀的心靈找到了通往幸福彼岸的小渡船。

「這位爺，您走好嘍。」

「我老覺得著咱們的大緞子比川綢更體面！」

「嚇，我的老爺子！您吉祥！我等了您好大半天了！」

「黃爺，幫幫忙，您老給美言幾句。」

「姑娘，您外邊溜達溜達吧，趕明兒再說。」

「就憑咱哥倆穿一條褲子的交情，有話還不好說嗎？」

「得，怎麼著？我碰不了洋人，還碰不了您嗎？」

一口甜亮調侃的「京腔」，清脆響亮，把人們鮮活閒散的生活襯托得活靈活現，那一份人情，那一份積澱久遠的情貌，那濃厚的北國民俗風韻，都從「京片子」裡淌了出來。

老北京人平日裡碰見外地人的時候，態度熱情和藹，對自己充滿了信心，略微顯得有點驕傲。如今，老北京人和早先的八旗貴族「同是天涯淪落人了」，再也用不著對他們低三下四的說話。他們學著晚清旗人神氣悠閒的樣兒，沒事了也提個鳥籠出去遛達遛達，得閒了就看書寫字、泡茶館、喝小酒，或者耍嘴皮聊天談論國家大事。

　　老北京人喜歡種花。鮮花妝點了他們的四合院，也妝點了他們自己的心靈。那些淪為貧民的旗人就更不用說了，他們在自食其力的生活中，對過去充滿懷念，對無可奈何的現實充滿憂傷迷茫，失望之餘，他們仍無法淡忘對花草鳥蟲、二黃、字畫的喜好，沒有了這些東西，他們活著還有什麼樂趣可言呢？古人說：「梅令人高，蘭令人幽，菊令人野，蓮令人淡，海棠令人豔，牡丹令人豪，竹令人韻，松令人逸，桐令人倩，柳令人感，槐令人清。」老北京人實實在在地體驗到了萬物給予他們的美的享受，他們所遇到的人生最大難題就是如何來面對「美」。老北京人最愛種的花莫過於菊，菊花那嬌豔的麗容，那柔和卻高潔的風姿令他們傾倒。北京菊花的品種富甲天下，到了每年的晚秋季節，天空澄碧，整座故都幾乎被盛裝華彩的菊花覆蓋了。

　　清初才子李漁說：「世間第一樂地，無過家庭。」

　　這種家庭在老北京人那裡不是江南小家碧玉式掛著水晶簾的小閣樓，而是大雅大俗以寬闊的文化底蘊為鋪墊的四合院。「官人如織，仁女如雲，連佩接軫，綺羅從風，香汗飄雨，繁華巨麗」的帝王之都一去不復返。在民國二、三〇年代，「天棚、魚缸、石榴樹」的四合院是「老北京文化」鮮明的象徵。除夕夜全家圍著八仙桌包餃子，正月初一吃團圓飯，初二串門拜親戚去廟裡叩頭燒香，請求神的庇護，初五迎接嫁出去的閨女回家，初七吃春餅炒和菜，初八「人日」戶戶燃燈祭祖，十五元宵節吃元宵紅燈滿街掛，三月三東便門蟠桃宮開廟會，四月清明雨紛紛，梨花時節上墳給祖宗添把土，另外還得到妙峰山碧霞元君廟裡進香，五月端午把肉賣，七月十五中元節要超

渡亡靈，八月十五看秋月吃餅品棗，九九重陽節登高到香山看
紅葉，隆冬臘八節正好喝臘八粥。

　　老北京人不是靠吃滿漢全席才活得滋潤。他們每天能吃飽
飯、喝碗豆漿就挺不錯的了。平淡之中，老北京人悠悠地走過
舊中國風起雲湧的歲月。戰爭尚未結束，時局變幻莫測，他們

🔊天橋戲法

對此早已不抱希望。他們關心國事，然真正珍視的則是生活本
身。

　　大體上說來，老北京人大都是些遵守法紀的良民，他們淳
樸厚道、講究禮節，極其珍視人與人之間的感情，他們的性情
老滑超脫，寬忍保守，具有看透世態後知足常樂的特點；他們
的生活很簡樸，節奏很緩慢，在此之中他們無拘無束地追慕著
閒散和諧的生活情調。他們的所做所為與北方淳樸厚實的山水

並無二致。琉璃廠、天橋、王府井、隆福寺、什刹海、皇宮、四合院……歷史毫不吝嗇地把燦爛的事物連成一片後把這一切獻給了良民文化，以至於今天我們記憶深處的老北京是如此的引人入勝、美不勝收。簡直不能置信它居然誕生於戰火紛飛的亂世。

老北京文化誘人的美與它的守舊是共生的。它是一曲中國傳統城市夕陽黃昏的田園詩歌，具有一種遲暮的退讓之美。

另外，必須指出的是，1919年「五四運動」後，老北京實際是成為了整個中國的文化中心，這裡有北京大學、清華大學、燕京大學、輔仁大學、北京師範大學、中國政法大學等全國第一流的高等學府，聚集了一大批當時傑出的精英文化名流，只要隨便開出一個名單，這些民國歷史上舉足輕重的文化人，就足以令人為之瞠目：蔡元培、陳獨秀、李大釗、胡適、魯迅、劉半農、趙元任、陳寅恪、梁啓超、陳垣、湯用彤、錢穆、吳雨生、劉師培、金岳霖、馮友蘭、錢玄同、朱自清、馮文炳、聞一多、雷海宗、朱希祖、郭紹虞、俞平伯、周作人、馬敘倫、顧頡剛、余嘉錫、黃侃、梁思成、辜鴻銘、林公鐸、吳梅、孟森、羅常培、沈從文……

❶魯迅（左）與蔡元培（右）

那時，北京與南方的大都會上海形成了南北對峙的「雙子星座」。郁達夫說：「南京的遼闊、廣州的烏煙瘴氣、漢口武昌的雜亂無章，甚至於青島的清幽、福州的秀麗以及杭州的沉著，總歸都比不上北京的富麗堂皇，幽閒清妙。」

不斷消退的衣缽

一個舊的世界已經砸碎了，一個新的世界正在建設之中。此刻，當我們站在歷史的門檻上深情地仰望氣宇軒昂的北京城時，一幢幢新時代壯麗的摩天大樓盡收眼底，規模宏大的工業企業、國際機場、地下鐵路、火車站，數不盡的高架橋、高速公路、豪華商場、大賓館、大飯店……，櫛比鱗次的高層建築、「火柴盒」般的住宅樓房和現代化設施把一切都指向了未來，擺在我們面前的是一座人口繁多的現代化國際大都市，它未來藍圖的實現指日可待。

儘管如此，我們仍然無法掩飾心中巨大的惋惜之情。一種隱隱作痛的感覺將北京置於全球之中加以考察。只要和倫敦、羅馬、巴黎、雅典、開羅等世界文化名都稍作比較，我們對北京的現狀就不會無動於衷。那種感覺不僅僅是悵然若失了，而是為之扼手痛惜。

二十世紀為數眾多的文化人都有一個心靈之夢，這個夢就是從1421年到1949年未經戰火的老北京城──那座老舍、林語堂筆下古典濃郁獨一無二的老北京城。現在這個夢可以說已經消失了，它古老而近乎完美的幽香身影只有在書本圖畫中才能偶爾浮現出來，讓我們品嘗一二。老北京城的消失不是驟然而至的滅頂之災，而是歷時了四十多年。正如有的專家指出：「北

京市的建設速度，和北京古都風貌消失的程度是成正比的。」

巍峨高聳的城牆是形成老北京圖案最為重要的因素和最大的裝飾物，修造的時代為明朝，清代時對有些地方作過維修。城牆環繞著老北京城，皇城周長十八里，外城周長二十八里，內城周長四十六里。這些古城精品在二十世紀五、六○年代全部被拆毀，僅剩下了幾百公尺長的兩截。取代它的是1980年全線貫通的二環路和地下環城鐵路。

老北京城牆曾建有四十七座四十公尺左右高的城門城樓、箭樓和角樓，頂上蓋著綠剪邊的灰筒瓦，下部為塗朱磚牆。至二十世紀末年僅殘存三座：正陽門城樓（前門）、德勝門箭樓和

❶老天安門

東南角樓。在民國老北京時期「寬闊的護城河邊，蘆葦挺立，垂柳婆娑，城牆和弧形甕城突下高聳，在晴空的映襯下現出黑色的輪廓。在雄厚的城牆和城臺之上，門樓那如翼的寬大飛簷，似乎使它秀插雲霄，凌空欲飛。這些建築在水中的側影也像實物一樣清晰。每當清風從柔軟的柳枝中輕撫而過時，城樓的飛簷就開始顫動，垛牆就開始晃動並破碎。」

城牆拆毀後的磚塊等廢物堆積起來體積有十一、二個景山大，總數約為一千一百萬噸。

老北京「京味文化」溫床——四合院，再也聞不到裡面的花香了，伸出房檐的粉豔石榴花更是無跡可尋。四合院作為舊時代的產物消失殆盡，殘留下來的老四合院「像斷了線的珠子撒在各個角落」，它們陳舊不堪的軀殼藏在胡同深處，顯得老態龍鍾，早已失去昔時溫雅的風韻，它的歷史使命已然結束。

天橋、隆福寺、什刹海等昔日平民的樂園已面目全非，早先的盛況早已不復存在。

當年魯迅常去喝茶的青雲閣，以及「天匯」、「裕順」、「高明遠」、「廣泰」等有名的老式茶館都成為歷史名詞。泡茶館欣賞京韻大鼓、梅花大鼓對於今天的北京人是件陌生事。再說新北京人和老北京人的人生價值觀也截然不同，他們沒有閒情逸致花在沒多少意思的陳年老調上，得閒了，他們看電影電視、搓麻將、下舞池、觀賞足球比賽。除了一些實在找不著事情做的老人之外，誰還大搖大擺地提著鳥籠在大街上晃蕩？

波光鱗鱗的護城河，數以百計的會館，顯赫一時的「八大鐵帽子」王府，遍地蘊涵著深厚文化雅韻的古城風貌，全都像以前走街串巷的餑餑叫賣聲逝去了。

❶老北京廠甸舊書攤

　　民國初年四百家左右的古舊書店，如今像樣點的唯有中國書店等寥寥幾家。原來全國最大的金玉古玩書畫市場東西琉璃廠，滿街羅列著令人眼花繚亂的奇珍異寶，夏商周三代彝器、鐘、鼎、尊、爵、簋，歷代青花、五彩、鬥彩、粉彩名貴瓷器、宋元字畫、宋版古書、金銀首飾、珍珠翡翠、寶石瑪瑙等，應有盡有。現在的琉璃廠雖然已恢復，但它在各方面都無法與原來的老街相提並論。

　　北京的年輕人已經不明白隆福寺、白雲觀、蟠桃宮、廠甸、東嶽廟、白塔寺、護國寺等熱鬧非凡的廟會是怎麼回事。他們不會知道民國時期每逢農曆四月初一到十五，北京、天

津、河北一帶前往妙峰山碧霞元君廟進香的香客，沿北京的西北大道形成了長長的一條巨龍，沿途設有多處茶棚，以供香客們歇腳。廟會期間，趕會人潮從市區出發向百餘里外的山頂進發，各式各樣的秧歌、杠箱、大鼓在腰鼓隊激動人心的打擊聲中熱鬧非凡，沿途圍觀者人山人海，難以計數。

我們不得不承認老北京城已消失殆盡了。

當我們懷著無限仰慕的心情描繪威尼斯、羅馬等由美麗的文物圖案拼湊起來的歷史文化名城時，我們的瑰寶卻被自己毀於手中。現在的北京城規模更加宏大，建築更加高聳，氣派更加博大，然而它的發展越快、現代氣息越濃厚，我們也就愈發地懷念起老北京城來。

【宦官的葵花寶典】

喬治桑說：「靈與肉的極度分裂，一方面出現了修道院，另一方面出現了妓院」。

燕趙人的兩個極端就是英雄和宦官。俗話說：「種瓜得瓜，種豆得豆，種玫瑰者得花，種蒺藜者得刺。」宦官是中國權力社會的一大特色，是帝王專制制度培植出來的畸形毒花。唐憲宗李純說：「宦官不過是家奴」。結果他本人不但被宦官弒殺，而且此後的八個唐朝皇帝竟有七個是由宦官所立。宦官專權是歷史上風光無限的大唐王朝毀滅的重要原因。明朝開國皇帝朱元璋稱帝後的第十七年，在皇宮中立了一塊三尺多高的鐵碑，上面刻著「內臣（宦官）不得干預朝事，預者斬」，同時還

規定宦官不得擔任文武官，不准讀書識字。結果明朝是歷史上宦官爲害最嚴重的朝代。

　　柏楊稱中國經歷了三次最黑暗的宦官時代。第一次是在東漢後期的二世紀。第二次是在唐朝後期的九世紀。第三次從西元1435年王振當權開始一直到明王朝覆滅爲止。

　　西元前三世紀，楚國上蔡的一個窮書生來到了咸陽。他看上去憔悴而躊躇滿志，一雙炯目充滿心機和深沉的城府。他前來投奔秦國權傾朝野的相國呂不韋，果然一舉成功，過了一些年，便由呂不韋的門客爬到了廷尉的位置，成爲秦始皇的心腹謀臣。這個人就是大名鼎鼎的李斯。

　　使李斯大獲成功的關鍵在於，他讀書之餘常要到茅廁裡去方便，在那臭哄哄的糞坑裡，總有幾隻瘦小的老鼠竄來竄去，而當李斯去糧倉裡取糧食，卻發現這裡的老鼠又肥又大。同樣的老鼠，差別爲什麼這樣大呢？李斯沉思了很久，終於想通了其中的奧妙：糧倉裡的老鼠有靠山，所以長得肥，茅廁裡的老鼠沒有靠山，所以長得瘦弱。聯想到人，又何嘗不是這樣呢？沒有「靠山」，就算你再有才幹也不過只是茅廁裡的老鼠而已。這「老鼠哲學」使李斯對人生有恍然大悟之感，於是便前去投靠呂不韋。

　　歷史上大大小小的宦官就是在李斯式的「老鼠哲學」指引下，抱著某種不可告人的目的走進皇宮的。在他們淨身的那一瞬間，在滿地血污中，他們對人生的一切都徹底地絕望了，然而這絕望卻又淡淡地飄出皇宮的誘惑來，他們餘下生命最後的一點光就是對這種誘惑的嚮往，但只有少數人能實現最初的夢想，吃到權力這一妖豔的蟠桃。

每當黃昏，蝙蝠在幽暗而濃彩的皇宮裡翩翩飛舞。這些幽靈般灰黑的傢伙與宦官是多麼地相似——殘疾、孤獨、卑怯、小見識，對一切都充滿了仇恨，宦官和蝙蝠都是黑暗的使者，他們是命中註定將把黑暗帶給人間的一種生命。在荊軻驚世絕俗的雪白背影中，宦官為燕趙文化蒙上一層不祥之氣。

燕趙有出產宦官的傳統。明清時的南皮、青縣、靜海、滄洲、任丘、河間、涿縣、大城、昌平、平谷等地都盛產宦官。

⊙紫禁城石獅

燕趙宦官在中國歷史上出盡風頭。他們像蠍子一樣潛伏在皇帝的金鑾寶座下，說話陰陽怪氣，稟性奴性十足，靠出賣自己的人格和尊嚴為生。然而，一旦時來運轉，他們便有可能成為皇宮中的紅人，把泱泱大國像麵團一樣把玩於掌心之中。

西元前210年，秦始皇由於吃了「長生不老藥」暴死於東巡的途中，彌留之際匆匆立下遺詔叫長子扶蘇繼位，那時扶蘇正在遙遠的河套，因為他對焚書阬儒的做法提出了嚴厲的批評，結果惹得秦始皇把他趕到大將蒙恬的軍中去接受鍛煉。如果這個遺詔得到執行的

話，以扶蘇的才幹和賢德，秦朝將得到較好的治理。然而，一名叫趙高的宦官把秦朝送上了西天，使這個本來極有希望的秦王朝變成了歷史上的匆匆過客。

趙高扣下了遺詔，一個極其大膽險惡的陰謀在腦海裡劃了一道弧線後躍了出來，他決定偽造遺詔另立平庸的胡亥為帝，從而把大秦朝的江山收入自己的錦囊。在李斯的配合下，始皇帝駕崩的消息被趙高隱藏起來，密不發喪。東巡的隊伍頂著夏天的烈日浩浩蕩蕩返回咸陽。秦始皇的屍骨在圖案精美的車廂裡發出陣陣惡臭，最後不得不放入鹹魚以避人耳目。幾天後，一份由趙高夥同李斯偽造的聖旨到了蒙恬的軍營大帳，使者宣讀了始皇帝要扶蘇和蒙恬自殺的命令。兩人接旨後放聲大哭，不明不白就這麼自殺了。

趙高，一個替皇帝管理車馬的宦官，此時掌控了整個局勢。趙高最恨的是皇宮裡的皇親國戚，故慫恿胡亥殺害所有手足（二十餘人）以確保皇位。接著後宮裡凡是沒有生育的先皇妃嬪統統被活埋於驪山陵墓，與地下的始皇帝作伴。接著，趙高以企圖謀權的罪名解決了李斯父子。李斯已經夠狠了，但趙高的手段仍然令他匪夷所思。臨死之前，他只是輕輕地對兒子李由嘆息說：「再也不能牽著黃狗從老家上蔡的東門出去了」。

獨享大權的趙高大舉肅清異己，在西元前206年殺掉了胡亥，另立公子嬰為王。他的權力達到了巔峰，不久以後他將建立一個新的趙氏王朝。然而沒過幾天，他的末日便來臨了。拔劍者必亡於劍，噤若寒蟬的公子嬰在宮中刺殺了他。整個趙氏家族都被清洗。一個大動亂的年代到來了，它是由一個叫趙高的宦官一手締造的。

　　然關於燕趙宦官的話題並未就此結束，事情才剛剛開了個頭。在往後漫長的歲月裡，燕趙湧現出了無數的宦官，他們作為帝王時代一個特殊的產物，形成了與燕趙文化固有的英雄主義陽剛之氣截然相反的一股詭祕力量。

　　從東漢末年十大宦官（十常侍）之一的孫程，到明朝的王振、曹吉祥、魏忠賢，到清末三大太監李蓮英、安德海、小德張，燕趙宦官不斷地興風作浪，他們發出的熠熠陰光使人一再想起天上幽祕的災星。

　　災星，使王朝的內部發生質變，使一棵棵大樹趨於枯死。

　　魏忠賢年輕時候是河北肅寧的地痞流氓，為了逃避巨額的賭債被迫忍痛淨身進皇宮做太監，由於善於巴結大宦官魏朝而謀得一個肥差，照顧年幼的皇太孫。沒料到皇太子朱常洛即位後僅僅三十天就暴死。於是魏忠賢一手拉拔的十五歲皇子朱由校便繼位為皇帝，這就是著名的糊塗皇帝——明熹宗。

　　魏忠賢很快就權傾朝野，雖斗大的字不識一個，卻成了代替皇帝批改公文的司禮太監。不久之後，他就建立起一個包括兵部尚書、禮部尚書、錦衣衛在內的龐大黨羽組織，這個天下最有權勢的組織被人們稱作「閹黨」。閹黨的心腹是「五虎」、「五彪」、「五狗」、「十孩兒」、「四十孫」，這些人全是身居要職的朝廷大員，如今卻心甘情願地為魏忠賢賣命，原因是大樹底下好乘涼，魏公公是天下第一位紅人，不投奔他投奔誰呢？

　　那是空前的黑暗時刻，明王朝的良民已被逼得走投無路，天崩地裂的農民暴動隨時可能發生，北方邊境則面臨著建州女真人的威脅。日薄西山的明朝顯然對即將來臨的暴風驟雨認識不夠，抑或這個王朝在魏忠賢的淫威下已對未來失去了信心。

　　一場血雨腥風籠罩著明王朝。宦官專權像烈性毒藥蔓延大地。正義泯滅，公道黯然，「閹黨」的反對派、士大夫組成的「東林黨」被鎮壓。稍稍敢講兩句真話的軍事名將熊廷弼及名臣左光斗、楊漣、周順昌、黃尊素、魏大中統統被冤殺。楊漣的屍體被家屬領出時，全身已潰爛不堪，胸前掛著壓死他時用的土囊，耳朵裡還有一根橫穿腦部的巨型鐵釘。魏大中的屍首則一直到生蟲後才被拖出來。

　　魏忠賢被捧為了半人半神的九千歲。從1626年起開始，由浙江地方官潘汝幀發起的瘋狂獻媚運動迅速蔓延開來，幾乎全部的官僚都加入了向一個宦官歌功頌德的行列。各地紛紛建立起金碧輝煌的魏氏生祠，不斷在生祠裡舉行各種莊嚴盛大的崇拜活動。地方政府動不動就在生祠裡花幾十萬兩白銀。在魏忠賢用沉香木雕成的塑像前，官員及黎民們都要三跪九叩。大字不識一個的魏忠賢，被譽為再世的孔聖人，甚至被歌頌為只有上古時代堯和舜才能與之相提並論的曠世偉人。區區一個宦官，其氣焰囂張到如此地步，這真是中國歷史莫大的謎團。

　　魯迅說：「中國只有兩種時代：做不穩奴隸的時代和做穩了奴隸的時代；中國只有兩種人：做穩了奴才與欲做奴才而不得的人」。宦官是中國奴才中的極端典型，是被閹割過的奴性十足的冷血動物。

　　其實與其他地方的宦官一樣，燕趙宦官也多是貧苦農民出身，他們在肉體上和精神上所受到的巨大傷害是無法描述的。李蓮英曾對他的小徒弟訴說早年在蠶室裡被淨身時的情形：「我現在一閉眼，還彷彿在小刀劉的地窖裡，見到一個車軸漢子，滿臉粉刺疙瘩，扁扁的酒糟鼻子，在我面前亂晃。我模糊

地看到我的老母半夜裡傴僂著身子跪在香火前。我們的苦痛是任何東西也替代不了的。」

在外人眼裡，宦官是最下賤的奴才，入宮之後受盡了帝王貴族的肆意踐踏、各種的侮辱和虐待。他們像狗一樣在主人面前阿諛奉承，並承擔繁重的勞動。他們沒有尊嚴，沒有愛，沒有溫暖，只有屈辱、恐懼、深深的淒涼和自卑。

在宮中的時間一長，宦官們無不喪心病狂，他們咬牙切齒冷眼看待世界，仇恨之感使得他們渴望著扮演毀滅世界的主角。他們耐心地等待著，像毒瘤一樣潛伏在皇宮的深處。一旦時機成熟，出現了素質低劣或庸碌無能的新皇帝，宦官們的春天便來臨了，他們像樂師一樣奏響進行曲，像獵人一樣掏出武器，把皇帝的玉璽寶印弄到手上。

他們發號施令的時刻必將給予世界以致命的一擊。他們對此深信不疑。

宦官。這些詭祕的罪人，他們是燕趙文化一塊隱隱作痛的傷疤！

第二篇

秦中自古帝王州

陝西稱「秦」，因其東有潼關，西有大散關、南有武關、北有金鎖關，所以又稱「關中」。繆希雍在《葬經翼》中說：「關中者，天下之脊，中原之龍首也。」中國風水術認為，中原的龍脈是從關中開始發脈的，所以長安高居龍首，俯視中原。而且，長安在黃河上游，有「處上游以制六合」的地理優勢。

關中是名副其實的帝王之鄉，西周、秦、西漢、西晉、前趙、前秦、後秦、北魏、西魏、北周、隋、唐等王朝先後在這裡建都，時間長達千年之久。

早聽天言，夕聆地聲。沉甸甸的黃土，到處掩藏著深厚的文明細節，一入此地，正如賈平凹在《論關中》所說：「威威乎白天紅日，蕩蕩乎渭水長行，朔風勁吹，大道揚塵，古都長安城地完整，廣漢平原皇陵排列，斷石殘碑證歷代名勝斜埋於田埂，秦碑漢瓦散見於農舍村頭常搜常有……」

在這裡，也許隨便挖一鋤下去就能挖到寶貝，也許田間地頭的一介草民就是一個《易經》研習者。這裡的文人送禮喜用漢代孔當拓片，或是一方秦碑之硯。豪瀟奔放的安塞腰鼓、如慕如訴的秦腔、古雅憂沉的建築、淒迷蒼遠的信天遊，雄沉情深的秦音讓我們感受到陝西人的厚實。

雲南人有十八怪，陝西人有十大怪——麵條似腰帶、鍋盔像鍋蓋、辣子也是一道菜、房子半邊蓋、大姑娘不對外、板凳不坐蹲起來、羊肉泡饃大碗賣、碗盆難分開、帕子不裝頭上帶、唱戲大聲吼起來。

【九州之上腴】

周族人據守沃野千里的渭水平原，並東出滅紂，建立了昌盛的周朝。周厲王時期發生「國人暴動」後，周公、召公共同執政，兩人以陝陌為界，劃分而治，陝陌以西的地方叫陝西，由周公來管理。

《史記》把關中稱作「四塞之國」。陝西的地理大體上可以一分為三：北部是陝北高原，中部是關中平原，南部為漢中盆地。在關中平原與漢中盆地之間，依次橫亙著秦嶺山脈的太白山、終南山、驪山、少華山、華山等一系列山峰，而在關中平原與陝北高原之間，則分布著隴山、岍山、歧山、梁山、九峻

❶渭北平原

山、嵯峨山、紫金山、堯山、黃龍山。歷史上豐腴的八百里秦川，就狹長地橫臥於南北兩排山峰之間，這是陝西人最引以爲豪的一片曠野，從虞夏一直到漢唐，它是中華地脈的冠冕之地，如果不是唐朝以後的過度開發，以及氣候的巨大變遷，它居於全國文化的主軸地位和旺盛的帝王之氣還繼續維持下去。

風水先生們曾用「中原龍首，天下形勝」來誇讚關中平原，在距今五、六千年的半坡人時期，這裡的農業就已經達到相當高的水準。司馬遷評論說：「關中沃野彌望，其富於天下十居其六」。而東漢大才子張衡則讚美這裡是「九州之上腴」，意爲這裡是中國最富饒的地方。戰國末年，著名的縱橫家蘇秦以「連橫」之計遊說秦惠文王時，把關中譽爲「天府之地」。西元前264年，荀子來到秦都咸陽，丞相范雎問他「入秦有何觀感？」荀子說：「秦國形勢險要，山林川谷秀美，物產富饒，是形勝也。」

唐代中期以前，終南山上長滿了梅樹，長安周圍的群山一片青黛之色，長安城裡盛開著碩大的牡丹花，街道兩旁蔥郁的槐樹與榆樹繁花飄芳，依山挾水之處，風物清淑，富庶甲於天下。

這樣一個好地方對於以農業爲經濟基礎的古代社會，其重要性可想而知。加上關中四周封閉，天然屏障就具有軍事上的作用；尤其是在首當其衝的東部，除了有黃河天塹作爲保護之外，還有函谷關、虎牢關、崤關、潼關、華山等戰略上的天然制高點。直到今天，有的陝西人還頗爲自豪地說：「想當年，日本人都打不進潼關來。」

❶秦陵二號銅車馬

所以，古人從戰略的角度把關中這個地方稱作「百二山河」，意思是秦地險固，僅兩萬人就可擋住東面諸侯百萬人的進攻。這句話未免有誇大之嫌，但關中的戰略地位卻也由此可見一斑。郭子儀就曾說：「雍州（關中）之地，古稱天府，右控隴蜀，左扼崤函，前有終南、太華之險，後有清渭、濁河之固，神明之奧，王者所都。地方數千里，帶甲十餘萬，兵強士勇，雄視八方，有利則出攻，無利則入守，此用武之國，秦漢因之，卒成帝業。」

在歷史上，周武王、秦始皇、劉邦、李淵，正是先占據了這樣一塊進可出、退可守的富饒土地之後，最終才雄霸天下。

劉邦消滅西楚項羽之後，為定都長安還是洛陽大傷腦筋，群臣大都認為應該建都於洛陽，理由是東周在洛陽建都數百年，秦在咸陽僅二世而亡。洛陽東有成皋，西有崤澠，背山靠

河，足可依仗。劉邦去徵求謀士張良的意見，張良說：「洛陽
雖有此固，其中不過數百里。田地薄，四面受敵，此非用武之
國也。夫關中，左崤函，右隴蜀，沃野千里，南有巴蜀之饒，
北有胡苑之利，阻三面而守，獨以一面東制諸侯，此所謂金城
千里、天府之國也。」劉邦聽後深爲所動，於是決定建都長
安。

錦繡龍脈

　　歷史上的關中平原山環水抱，崇山峻嶺態勢偉麗，景象非
現在所能比擬，尤其是南面的吳山、太白山、終南山、藥王
山、香山、驪山、少華山、華山、商山，更是山勢偉壯如龍，
山色綺碧，人文之氣與煙霞之氣交相輝映。

　　太白山海拔三千七百餘公尺，爲關中一帶最高的山峰，山
高氣寒，背陰處冰雪終年不融，所以當地有「太白積雪六月天」
的諺語。山中有三個湖泊，合稱「白三池」，水極爲清涼，深處
鱗魚浮游，周圍花木高聳，從長安遠望，此山山體雲霧飄渺，
宛在天際，故「遙觀太白山」爲漢唐長安八景之一。

　　如今，終南山那幽遠高卓的山色我們只能從北宋大畫家范
寬留下來的《蹊山行旅圖》裡領略一二了。終南山又名「太乙
山」，它實際上包括翠華山、南五臺、圭峰山等山峰，有如一道
畫屏聳立於長安南郊。這裡以宗教聞名全國，曾經出過無數高
僧和有名的道士；被譽爲二十世紀中國第一高僧的淨土宗印光
大師當年就是在這裡出家的。

　　漢唐時期，終南山上茂林修竹，山上長滿了梅樹，經冬之
時，大片冰白的白梅花與鮮紅的紅梅花盡吞芳華，花之香馨，

承天接地。山中有湖，山色倒映於寒翠的水面，另有飛瀑在山谷中直瀉。唐朝時，終南山上有條有名的「荔枝道」，風流皇帝李隆基常令人馬不停蹄地從這條道上把四川涪陵的新鮮荔枝運到長安來收買楊貴妃的心。

　　一片濃黛之彩的終南山下，是漢唐風景勝地樊川，此地在西漢初年是狗肉將軍樊噲的封地，背靠終南山，瀕臨潏水，土地饒沃，兼有山光水色之美。潏水兩岸寺院林立，其中以興國、興教、華嚴、牛頭、雲棲、禪定、觀音、法幢八個寺最為出名，號稱「樊川八大寺」。唐朝時，達官貴人們在樊川一帶修建了無數的別墅和私家園林，終南山腳下處處雕樓畫棟、煙花柳月，把一個清幽的宗教道場變成了富貴紅塵之地。

　　一直到了北宋，樊川一帶的景致還相當優美，陝西籍的宰相大人寇准來此遊覽後，對人讚嘆說彷彿就像到了江南一樣。

　　在喧嘩的記憶中，驪山留給我們更多的是某種遙遠而模糊不清的苦澀記憶，這座山就像個擁有絕代豔姿的巫女。相傳上古時驪山周圍居住著一支叫「驪族」的少數民族，所以人們把此山稱做「驪山」。但又有人說，因為遠遠望去，這座山就像一匹青黑色的馬（古人把這種馬稱為「驪」），所以才這麼叫它。在今天，驪山的美景冠絕關中。但「驪」這個字在漢語裡多少有點不吉利，因為它含有一層離別的意思，古人流淚而吟唱驪歌。

🎧唐三彩女立俑

　　按照歷史上風水先生們的說法，驪山這個地方不太好，因為秦始皇違反了天地的常理，派幾十萬囚徒花幾十年的時間，為自己在驪山旁邊堆起了令後世不寒而慄的驪山陵墓。對於帝王們來說，驪山可謂是座不祥之山。秦始皇在這裡建造陵墓，結果秦朝二世而亡。周幽王在驪山上峰火戲諸侯，結果西周就在他的手裡滅亡。唐玄宗在這裡縱情聲色，結果安祿山造反，唐朝從此江河日下。唐穆宗整天在驪山遊山玩水，結果年紀輕輕就死了。而唐穆宗的兒子唐敬宗就是不信邪，不聽從大臣張權輿的勸告，又去驪山遊幸，結果回來不久就翹腳了，死時做皇帝還不到兩年。到了1936年，蔣介石住在驪山腳下的華清池，結果讓張學良和楊虎城軟禁，被迫答應聯共抗日的主張。

　　山頂千門次第開，登上驪山，遙見渭水如帶，長安如繡。天盡頭，殘陽如血。「驪山晚照」為長安八景之一，晚照之中，夕陽無限好，令人感嘆歷史之興衰、世事之變遷！

　　「春寒賜浴華清池，溫泉水滑洗凝脂」。驪山作為皇家園林，規模最大是在唐玄宗時期，這個歷史上極富傳奇色彩的真龍天子終日在這裡「芙蓉帳暖度春宵」，休閒之餘，命人遍植松柏花木。當時驪山之中到處是華麗的宮殿，如長生殿、飛霜殿、九龍殿、玉女殿、宜春殿、四聖殿、集靈臺、朝元閣、觀鳳樓、鬥雞樓、羯鼓樓等多不勝數。

　　而華山無疑是陝西一座偉大的山。在「天人合一」思想籠罩下的中國，華山是倍受尊仰的「五嶽」中海拔最高的西嶽。其山勢北瞰渭水、黃河，南連秦嶺，襟山帶河雄視中原，《水經注》上描述它「遠而望之若花狀，因名華山」。花是溫香秀軟之物，拿它來比喻華山，並不貼切，因為它素來以奇拔險偉名

揚天下,與驪山幽麗的氣質大不相同。

華山的氣象,是可以象徵陝西當初雄厚博大君臨天下的氣概,登上華山,舉頭紅日近,俯首白雲低,令人遙想謫仙人李白在山頂上留下的「黃河如絲天際來」之句。

華山地區主要有三個高峰——北蓮花峰、南落雁峰、東朝陽峰。險拔的峨峰上生長著豐神秀質的華山松,姿態婆娑虯曲,當霞光映照,立時現出金碧之彩。在張大千晚年的潑墨畫和明朝畫家王履的畫中,華山壯麗的英氣被表現得淋漓盡致。王履對華山的癡迷是令人吃驚的,他潛心畫華山畫了幾十年。

自古華山天下險。唐代文豪韓愈以雄文獨傲視千古,由此可以推斷韓愈是一個胸襟博大勇氣非凡之人。

但是就是這位韓大人，爬上華山險峭之處時，竟嚇得臉色都變了，以為「吾命將休矣」，連遺書都寫好了，同去的人只得用酒把他灌醉後抬下山去。可見華山的險峻確實不一般。

華山同時是一處與崇尚自然的道教融為一體的道場，山中道觀林立，道教勢力在這裡獨領風騷。唐玄宗時，由於其妹金仙公主在這裡求仙學道，華山更顯盛況空前，名震當時。而華山眾多的道教人物中，最有名的當推生活在五代到北宋初期的陳摶老祖，這是一個高渺如神仙般的得道之人，據說他最愛睡大覺，常常一睡便是數日。

【一聲老陝】

陝西人懷著自視甚高的口氣調侃河南人是「侉子」，甘肅人是「炒麵客」，四川人是「拐子」。

「麥麵辣子菜籽油，老婆孩子熱炕頭」，陝西人大都敦厚篤實，豪灑溫良，他們是中國最為戀家的一個群體。

「天下黃河九十九道彎，在黃土高原上拐了幾道彎」，一曲悲愴悠揚的信天遊唱得人眼淚都流出來了。喝一大碗陝北的燒酒，聽那高亢熱情的喝酒歌，一股子烈氣便從肚子裡衝上來。江南人要是端起陝西的耀州老碗，肯定得倒吸一口涼氣，啊呀呀，這粗糙而沉重的白瓷碗大哉！

南北陝西人

陝西大多數地方歷史上曾是西北游牧民族的盤據之地，南

○陝北古村落

北朝時，氐人、羌人、鮮卑人還在這裡建立過好幾個王朝。所以追溯血緣，今天的陝西漢人實際上大都摻雜著驃悍的游牧民族的血液，這是陝西人比較粗獷豪爽的重要原因之一，而陝北人更是如此。當然，南方漢人在歷史上也是由各種民族匯合而成，比如越人、三苗等，但北方民族大都是強悍、流動性較強的游牧民族，而南方民族則大都是定居型的農耕民族，性情要溫柔細膩得多。

　　陝北是沉默的，同時是寬闊激越的。黃土高原遼闊蒼茫，貧瘠深厚，人們世代把窯洞建在黃土高原原的高坡上。黃土高原一方面造成了長期落後的經濟，另一方面也造就了陝北人精神性格中堅韌的毅力、寬厚的情性、以及不可扼制的激昂野性。所以，陝北人屬於比較典型的大西北人，他們保守老成，

容易安於現狀，對於物質的要求不高，近代以來擁有「二畝地，一頭牛，老婆孩子熱炕頭」的生活，就已經滿足了，時至今日，陝北人仍是中國最為淳樸勤勞的一個群體，相對落後的經濟並未使他們厭倦家園而嚮往外界燈紅酒綠的生活，他們在黃土高原上年復一年、日復一日地大口吃肉大碗喝酒，小日子倒也頂天立地自由自在。

而在以關中平原為主的陝西南部，人們在粗獷中又多了一份狡黠和靈秀，不論是這裡的土地、民風還是建築，都被古老而爛熟的傳統文化薰陶得太久了，所有的一切都有如一罈保存了千年的老酒。

陝西南部的人大都性情豪放，講究禮儀，墨守陳規而又富有靈敏的神經。他們忠厚老成，但同時精明倔強，他們包容性較強，但又對新鮮的東西保持懷疑。祖先漫長的榮光，使南部陝西人自豪，並有些自視甚高，但這種理由隨著時間的流逝逐漸成為一種心理上的負擔，這正如一個曾受人擁戴的有錢人，後來家境沒落了，他的心境可想而知。有人把近代的關中人稱為沒落的貴族，當然，這種「沒落的貴族」更多是指整個文化上的衰退，內涵上與八旗子弟那種「沒落的貴族」是不一樣的。

米脂婆姨綏德漢

歌德曾說：「永恆的女性引導我們上升」。在人類所能感觸到的美感中，沒有什麼美能夠與女性之美相提並論；在人類所具有的感情中，沒有其他感情比母性更偉大感人，震撼心靈。

　　米脂婆姨資質出眾，壯實幹練，樸實熱情，她們是陝西女人及整個大西北女人的出色代表。

　　米脂婆姨的美與江南女子的美是迥然不同的，一為結實健康的土性之美，一為纏綿婉約的水性之美。江南美女多屬於高挑苗條身段，姿色濃豔端莊，感情敏感細膩，她們出沒於明月青山或水鄉閣樓之中，身披絲綢緞面，說話軟語呢喃。江南女大都纖柔清瘦，那位「態生兩靨之愁，嬌襲一身之病，閒靜時如姣花照水，行動處似弱柳扶風」的林黛玉便是典型人物，她們被溫柔的山水寵得太嬌媚了，她們的櫻桃小口適合於唱柔情似水的溫婉吳歌。

　　米脂婆姨及陝西女性與江南女性之間的差別，實際上是文化背景的差別。陝西女性的氣質與黃土高原所散發出的質樸是一致的，她們靈巧的手會做花枕、鞋墊、圍裙、披肩、裹肚、坎肩等各式各樣的東西，她們能幫助丈夫幹活，把家庭的裡裡外外打理得舒舒服服，直到把丈夫寵得不願意出遠門去闖天下為止。

　　另外，陝西女性的一大拿手好戲就是剪紙，一把小剪刀在一張紅紙上運作，不一會兒功夫，一張張玲瓏清新、層次分明、姿態萬千的精美圖案就出來了。題材有花卉、鳥獸、植物、山水、人物、文字等。

　　陝西女性洋溢著親自然的熱情，在陽光的強烈照射和西北風的勁吹之下，她們顯得比江南女性更接近於土地，更具有旺盛淳樸的精力。

　　「米脂的婆姨、綏德的漢」，陝西這塊土地既然能孕育出優秀的女子，自然也就能孕育出優秀的漢子。綏德男人就以壯實

英俊的體魄和敦厚豪邁的陽剛之美名揚陝西。

外地人把陝西男子稱作「陝西楞娃」，一個「楞」字。不失幽默地抓住了陝西男子的特點，比如說為人老成、待人溫厚、脾氣倔強等。但如果以為「楞娃」們都是老實的傻瓜，那就大錯了，「楞娃」們精著呢，大智若愚，心頭比誰都有數。其實別人一看就知道聰明的人只是小聰明，未必真的聰明，反而還由於聰明外顯，所以別人總是防著他；真正大智的是像「陝西楞娃」的這種人，因比較老實而輕而易舉地贏得別人的信任，然後他們就可以老謀深算地來達到自己的目的。

「陝西楞娃」們迷戀家鄉的一山一水和家庭的溫暖，喜好大口吃肉、大碗喝酒、大碗吃麵。一大碗的老稠酒，一口氣就喝下去了。從表面上看他們是溫和中庸的，但一發起脾氣，七八頭牛都拉不回來。

當然，「陝西楞娃」還是有地域性差異的，關中楞娃比陝北楞娃要狡猾靈敏一些，而陝北楞娃比關中楞娃更篤實豪爽。

● 陝北羊肚白頭巾

秦樂四味

要想瞭解一個地方的人文況味及集體性格，最好的方式可能是聽一聽帶著鄉土味的音樂。

從歷史上看，漢族留下來的傳統樂器和樂曲舞蹈是很少的，漢族地區所流行的樂器和樂舞大都是從西域少數民族那兒流傳過來的，由於陝西所處的地理位置，所以它必定是西域藝術較先傳播的地區之一。

陝西人喜歡玩點音樂舞蹈，像是安塞腰鼓、集賢古樂、信天遊、秦腔、秧歌舞，像是碗碗腔、陝北評書，就連搬運東西時也要唱「報路歌」，在農田裡幹活也要唱「鑼鼓草」，喝口酒也要引吭高歌以助酒興。由此可以感知陝西人對生活的熱愛程度。

筑的形狀很像古箏，頸細而肩圓，有十三根弦，弦下設柱，演奏時左手按住弦的音節，右手用竹尺擊弦發出音響。古箏在戰國時候就已經在陝西流行了，到唐宋之前是十三根弦，而現代的箏經過改造後有二十五根弦。由此可見古時候筑和箏是很相似的，兩者在陝西都很流行，所不同者是筑爲擊弦樂器而箏爲撥弦樂器，演奏起來，筑的聲音要慷慨激昂得多。秦漢時候筑在秦地是非常時興的。

「風蕭蕭兮易水寒，滿座衣冠似雪」。說到筑，我們不禁想起了戰國末年擊筑的高手高漸離，也就是著名刺客荊軻的知己朋友，他曾在易水河畔淚流滿面地擊筑爲荊軻送別。荊軻死後，高漸離隱姓埋名流落他鄉。那時候秦始皇和其他秦人一樣喜歡聽筑，爲筑發出的音律所著迷，始皇帝常召見天下擊筑的高手，舉行演奏會。高漸離爲續荊軻遺志，隻身來到咸陽街頭

擊筑，很快就出名而受到始皇帝的召見。在演奏會上，高漸離用灌了鉛水的筑擊殺秦始皇，結果慘遭殺害。令人驚異的是，高漸離為了儘快得到召見並使秦始皇放鬆警惕，到咸陽後竟自己刺瞎了雙眼。在高漸離最後的漆黑世界裡，筑該是發出了怎樣動人心魄的悲涼聲音啊！

劉邦也是很喜歡筑的，他常常在這種樂器的伴奏下，親自吟哦楚歌。西漢初年，長安的宮廷樓閣、酒肆山水之際，到處可以聽到筑悱惻深沉的聲音。西元前202年，劉邦登上帝位，他返回當年做亭長的故鄉，回想起鐵馬金戈的往昔歲月，忍不住涕淚漣漣，於是擊筑吟唱了那首有名的楚歌：「大風起兮雲飛揚，威加海內兮返故鄉，安得猛士兮守四方。」

黃土高原的茫茫天地間，博大荒涼的景物。襯托出生命的渺小。在這裡，常能聽到蒼涼悠揚的信天遊，那高曠自由的曲調，散發著黃土的野性，令人陶醉而回味無窮。

信天遊最早的時候據說是長工、腳夫和賣苦力的人在路上為解悶而吟唱的小調，後來慢慢流傳開來。人們在孤獨疲乏之餘，隨心所欲地吼上幾句，心頭就舒服多了。

陝北人說：「信天遊，不斷頭，斷了頭，窮人無法解憂愁。」是的，對於窮苦百姓來說，信天遊就像一束燦爛的火光，把生命從憂愁和苦難中解脫出來。在嗩吶聲中，一曲信天遊悠悠地貼著一望無際的黃土飛上天空，強烈的陽光金燦燦地灑下來，那情景，豈是語言所能道出。

北方民歌早在《詩經》裡就有興、比、賦的特點，後來出現的民歌保持了這些特點，信天遊與此是一脈相承的。

莊子說：「天下莫與樸素爭美。」意思是天下最美的東西是返璞歸眞的，信天遊正是這樣。

中國北方逢年過節喜歡打腰鼓的地方很多，而其中以陝北安塞腰鼓最爲有名。現在的安塞縣不過十多萬人口，據說其中就有七、八萬人會舞弄腰鼓。

1990年北京亞運會上安塞腰鼓出盡了風頭，外國人對這種意氣風發的集體演奏嘆爲觀止。安塞腰鼓敲出了千百年來積澱在中國歷史中無比博大的文化氣韻，它是個人與整體融爲一體的宏大演奏。

記得有一年的春節聯歡晚會

❶安塞腰鼓

上，電視上播放了一段由張藝謀導演的「威風鑼鼓」，鼓手們整齊地穿了白褂子，頭上纏著塊白頭帕，手持鮮紅大旗，在古老的長城下整齊劃一地舞弄起來，那陣式和畫面多令人爲之振奮，鮮活而激情，飽含著旺盛的生命力。

在形式上安塞腰鼓有「列隊鼓」和「場地鼓」之分。「列隊鼓」以行進表演爲主，鼓手上著緊身箭衣，下著緊口燈籠褲，頭紮英雄巾，腰繫紅綢帶，強悍威武邊走邊打。「場地鼓」則以廣場表演爲主，舞弄起來，剛健雄渾，豪爽舒展，搏擊之聲振奮人心。

從風格上看，安塞腰鼓有「文鼓」和「武鼓」之分。「文鼓」鼓點清揚、動作嫻雅，悠然自得，舞步隨興所出，鼓點明快瀟灑。文鼓多以單打單舞或對打對舞的即興表演爲主，當然有時候也群打群舞。而「武鼓」則場地恢宏，氣勢非凡，人數多時可達數百人，鼓點敲起來雄沉激昂，動作舞起來豪邁遒勁。在安塞腰鼓中，最有名的就是「武鼓」，它那震天震地的浩大聲勢，予人雷霆萬鈞的感受。

筑之鬱沉，信天遊之悠然，安塞鼓之壯美，陝西人還能表演優雅的戲劇秦腔。

秦腔出現的歷史，最遲在明朝中期，蘇東坡曾在關中做過官，如果記載中他善於演唱秦腔的說法屬實的話，宋朝時候秦腔就已經形成了，在發展過程中，它受到昆劇、弋陽腔、青陽腔等劇種的影響。秦腔高雅優美，高亢激越，對於講究涵養而性情又傾向剛烈的關中人來說，這種劇種大大地受用，他們正好藉此來一展火氣旺盛的嗓子。

秦腔也是大西北老百姓最喜歡的劇種，西北人大都能哼上幾句《美人換馬》、《趙氏孤兒》等。秦腔對中國的很多戲劇影響都非常大，比如說豫劇、滇劇、山西梆子等，它和豫劇、京劇被稱作「北方三大戲劇」。

做為一個三秦之人，不會吼上幾嗓子，那是很丟臉的事，高亞平在《秦腔》一文中說得極其準確：

「秦腔境界在於吼……唱它時，要用生命的底音，那是來自洪荒時代的聲音，野獸畏懼，天地震驚，這聲音是帶銅質的，經亮麗陽光打磨的……西伯利亞冷風揉搓過的……發自肺腑，磨爛喉嚨，因有一種悲壯的肅殺之勢。」

秦地有佳餚

與大多數中國人一樣，陝西人喜歡吃，吃的歷史久了，也就形成了秦菜。秦菜在中國八大菜系上還排不上名號，這並非是因為菜做得不好，而是因為這裡曾長期是中國文化的心臟地區，各種風格的菜餚傳了進來，久而久之儘管有博採眾家之長的優點，但也失去了獨特的特色。秦菜講究色香味俱全，味道十足，但從整體上看確實算不上是自成一體的菜系。

秦菜主要是指關中一帶的菜，在選料上土特產不少，像肥而不膩的陝北棧羊、肉質鮮嫩的關中豬、腰肥體壯的秦川牛、黃河渭河的赤尾魚、武功的大蒜、韓城的大紅袍花椒、興平的乾辣椒、秦渡鎮的生薑、渭南的大蔥、秦巴山區的竹筍等。

「開瓊筵以坐花，飛羽觴而醉月」。古時候關中到處是鐘鳴鼎食之家，天下山珍海味咸集，帝王將相們吃的是玉盤裡的珍饈，喝的是金樽裡的美酒，他們給秦菜添了許多絕妙的菜餚，比如說「八寶飯」、「八景宴」、「餃子宴」。

「八寶飯」如今在各處都能看得到，這原本是陝西特有的一道好菜。相傳商朝末年周文王帶領周部落在岐山強大起來，他為了消滅殘暴的紂王，遍訪賢能之士，起用了伯達、伯適、仲

突、仲忽、叔夜、叔夏、季隨、季騧等八個能人，尊稱為「八士」。後來，「八士」幫助周武王消滅了商朝，在慶功宴上，王室的廚師特意用八種珍品蒸製成一道菜，上席時，用紅色的山渣汁澆在菜上，以象徵「八士」不朽的功勞。從此，八寶飯就流傳開來。

「八景宴」是按照著名的「長安八景」創製的，裡面的八道主菜是秦菜中最為有名的菜餚。這八道主菜是：華山松子和秦嶺熊掌烹製而成的「華松扒熊掌」，上如牛舌烹製成的「晚霞映牛舌」，鮮嫩雞脯烹製的「灞柳雪花雞」，剛出殼的鵪鶉和撇酷酒烹成的「曲江雛鶉飲」，山藥和香料烹製的「晨鐘山藥糕」，團魚烹製的「渭水團魚湯」，草堂寺所產的八種特產菜烹製的「草堂燒八素」，高麗糊和鴨掌等烹製的「雪山汆金魚」。八道菜分別象徵八處勝跡，真是妙不可言。

❶黃土坡牧羊人

西安的餃子宴做工考究，品目繁多，在秦菜中頗具代表性。餃子宴主要分為百花宴、牡丹宴、龍鳳宴、宮廷宴、八珍宴五種，每宴由一百零八個不同餡料、不同形狀、不同風味的餃子組成。餃子的造型有金魚形、杏核形、珍珠形、鴛鴦形、蝴蝶形、元寶形、燕窩形、海螺形等。餃子的製法分蒸、炸、煎、煮四種，餡料有茄汁五味、鮮鹹、糖醋、麻辣、魚香、咖哩、蠔油、紅油、椒麻等，真是名副其實的「百餃百味」。

秦菜的另一特色是回族人的清真菜餚做得好，名菜有羊肉泡饃、臘牛羊肉、烀（煮）羊腦、燒牛蹄筋、酸辣羊肚、炸胡麻羊肉等。

到陝西而不吃羊肉泡饃不算真到過陝西。製作時，選用優質肥瘦搭配的羊肉，加五香佐料煮爛，撈出切成大片，然後把半發酵的麵餅掰碎後與羊肉同放入炒瓢中，加羊肉原湯煮沸即可食。佐食小菜為糖蒜、辣醬、蔥花、香菜末四種。羊肉泡饃風味濃正醇美，深受西北人的歡迎，其中西安的泡饃做得最好，有名的泡饃館有義祥樓、一間樓、同盛祥、鼎興春等。

「老佛爺」慈禧太后對於吃已經到了窮兇惡極的地步，據說她平常最普通的一頓午飯也要吃一百多道菜，奢侈程度令人瞠目。庚子事變時，她打扮成鄉下地主婆的模樣從北京馬不停蹄地逃到西安，在西安，她吃了醇香厚重的臘牛羊肉後，覺得從來沒有吃過這麼好吃的東西，宮廷御廚根本做不出這種味道來，於是命人天天進獻大吃特吃，一直吃到八國聯軍退兵才離開西安。清真臘牛羊肉的做法是選用優質牛肉或羊肉，用花椒、茴香、良薑、桂皮、草果等調料燉爛，晾去水分而成，成品的肉色鮮嫩紅潤，肥脂潔白，用清香的荷葉包上，外面再用

草紙、紅皮紙包紮，可以長途攜帶，一個月內成品的肉不變質。

秦菜除了上面介紹的幾種外，有名的特色菜還非常多，例如柿子餅、泡油糕、水晶餅、釀金錢髮菜、八卦魚肚、狀元祭塔、酸棗肉、雞茸魚翅、對子魚、烤三雞、葫蘆雞、湯三元、湯四喜、煙燻雞、豆瓣娃娃魚、清烹羊肉等。

吃秦菜佳餚，豈可無酒？陝西除了西鳳酒較為有名之外，人們在歷史上一直喜歡喝黃桂稠酒，這是用糯米釀製成的一種甜酒，潔白似乳漿，酒中加些糖醃桂花，甘美醇香無比。

【長安回望繡成堆】

杜牧有詩曰：「長安回望繡成堆」。作為古代東方最大的城市，磅礴壯麗的長安是中華古典文明的極致。

漢長安面積達三十餘平方公里，規模在當時的世界上首

❶唐代花鳥菱花鏡（陝西博物館藏）

屈一指，城內宮閣遍布，形局宏大富麗世所罕見，被稱作「千門萬戶」。

唐長安面積八十四平方公里，是現在西安城的數倍，比元大都大一點七倍，比明清北京城大一點四倍，比巴格達大六點二倍，它是當時世界的軸心。

❶西周毛公鼎
（陝西歧山出土）

唐長安與三百多個國家和地區有著經濟文化上的友好往來，那時的國際交通已非常發達，長安往北，經蒙古草原可達葉尼塞河、鄂畢河一帶，往西沿著著名的絲路可直達西亞和歐洲，西南經成都沿著漢代開闢的南方絲綢之路可達印度、尼泊爾，往東則經河北、遼東可抵朝鮮半島。此外，通過四通八達的驛道，還可聯結海上絲綢之路到達日本、東南亞及西亞地區，據有的專家考證，少數民族和外國人口占去了唐長安總人口的三分之一左右，足見其登峰造極的繁榮與氣象。大量香軟光豔的絲綢和精美絕倫的瓷器從長安被運往世界各地，而各國的大宛馬、汗血馬、明珠巨象、翠羽、珊瑚、寶石、瑪瑙也滾滾而來。

今天，當我們站在殘敗的褐黃色乾陵神道上，望著那些當年從四面八方湧入長安的外國人塑像群時，儘管這些雕像的頭部已蕩然無存，但我們仍能從他們別具風情的衣飾上，嗅到唐長安雍容得無以復加的魅力。當大批的日本人、新羅人、驃國人（緬甸）、眞臘人（柬埔寨）、天竺人（印度）、師子國人（斯里蘭卡）、波斯人、大食人（阿拉伯帝國）、拂桑人（東羅馬帝國）漫步在豐神瑰姿的長安街頭，那種心情，恐怕要比現在中國人到紐約、倫敦、巴黎激動而美妙得多吧？

鳳閣龍樓漢長安

西元前十一世紀，雄才大略的周文王率領周部落消滅了居住在今天西安東面的崇國之後，就在灃水兩岸營造新的都城豐京。

按照《詩經》記載，到周武王時期，由於占卜到的一個吉兆上顯示：如果建立一個新都城的話，周部落當顯赫天下。於是周武王就在滈水兩岸開闊的土地上營造了新的都城——一個比豐京規模更大更宏偉的鎬京。遷入鎬京後不久，周武王果然一舉殲滅了強大的商朝。從那時起，先後有十幾個王朝和政權把都城建在這裡。

戰國後期，秦國出了個聰明絕頂的貴族，此人叫樗里子，他身上最大的特徵就是腦門上長了個雞蛋大小的肉瘤。樗里子的聰慧令秦國人嘆服不已，於是人們幽默地把他腦門上的肉瘤稱作「智囊」。有次他喝醉之後，他笑著對別人說，他死後墳墓的兩邊將會出現兩座巍峨的宮殿。過幾年，劉邦打下了天下建立漢朝後，確實修造了兩座巨麗的宮殿，這就是位於樗里子墳墓兩側的未央宮和長樂宮。

以未央宮、長樂宮、建章宮為主體的漢長安城，主體工程修建於劉邦和其子惠帝時期，其形狀由於受到地形和宮殿的限制（造宮殿在前，築城在後），猶如天上的北斗星一樣極不規則，故又被稱作「斗城」。漢長安城的規模在當時的世界上是首屈一指的，面積達三十餘平方公里。

三大宮殿群占去了當時長安城的大部。其中未央宮是皇帝居住和辦公的場所，它包括前殿、宣室、宣德、東明、宣明、昆德等三、四十座大殿，以及麒麟、天祿、玉堂等閣，漸臺、

❶長安唐三藏陵塔

織室、淩室等重要建築物，未央宮「金鋪五戶」、「重軒鏤
檻」。長樂宮是以皇太后爲首的嬪妃們居住的地方，包括前殿、
臨華、長信、永壽、永寧等殿及鴻臺、西闕等高大建築，華麗
至極。建章宮是漢武帝時修造的，龐大的宮殿樓閣數目及規模
比未央宮、長樂宮大得多，就連前殿西側的廣中殿，亦可容納
一萬人左右。整個建章宮由駘蕩、天梁、奇寶和玉堂、神明

堂、疏圃、奇華、銅柱、函德等二十六殿，以及鳳闕、神明臺等許多高聳入雲的建築組成，其規模之宏大富麗，世間罕見，被稱為「千門萬戶」。漢武帝便在建章宮治理著一個朝氣蓬勃的東方大國，同時他經常到巨大華美的神明臺上，做著仙人光臨指點長生不老妙法的美夢。

三大宮殿群位於長安城的南方和西方，足足占去了整個都城的一半。長安城的周圍有十二座大城門，城內街道縱橫，樓房比鄰遮天蔽日，市內商貿繁榮，天下巨富彙於一堂。尤其是絲路開通後，這裡更成為冒險家、商人和有錢人的樂園。

那時的長安城外，河水清澈明靜，山嶺蒼黛毓秀，沃野天邊的秦川大地一望無際。城內林木蔥郁，整個長安掩映在一片綠色的海洋之中。一直到東漢末年的董卓之亂，漢長安城維持了數百年之久的恢弘氣象。

長安大道橫九天

北周武帝統一混亂的北方後，年紀輕輕就死了，大權落到老謀深算的老丈人楊堅手裡，沒過幾年，他就建立隋朝，這一年他四十一歲。楊堅是正宗的陝西人，生長在西嶽華山腳下，他建立了在歷史上具有劃時代意義的隋朝後，一面派兒子楊廣率大軍橫掃偏安長江以南的陳朝，一面派能幹的鮮卑人宇文愷設計營建新都大興城。這個大興城，就是後來的唐長安城，到了唐玄宗開元年間，它盛景空前，無與倫比。

唐長安城整體布局異常嚴謹，主要由外郭城（居民區）、宮城（中央機關）、皇城（皇族居住區）、三大內（皇家宮殿）及其他建築組成，總面積為八十四平方公里，人口達一百餘萬。

外郭城以南北向的朱雀大街為中軸，分布著東西向十四條大街，南北向十一條街。街道筆直寬敞，設有地下排水溝，兩旁種植有大量的槐樹和榆樹，濃蔭在陽光下清光閃爍。朱雀大街的寬度經過考古人員的實測，竟為一百五十多公尺，真是令人吃驚。以朱雀大街為界，西面分布著五十五個坊（居民住宅區），東面分布著五十五坊，兩面還設有繁忙的專門性商業區東市和西市。長安城的每個坊都形成獨立的整體，設有整齊的圍牆。這樣，整個外郭城就像下圍棋的棋盤一樣，空間的秩序感極強。外郭城的這種封閉式形狀，仔細分析一下就會發現，它是大一統專制制度下的產物，它暗示一種文化觀念：強調個人作為社會和城市一分子的集體主義，強調個人必須在權威俯視下過溫和的良民生活。

皇城又被老百姓們稱作「子城」，是唐朝中央軍政機構和宗廟的所在地，面積約五點二平方公里，形狀為東西略長二千八百公尺左右）、南北略短（一千八百五十公尺左右）的長方形。今天的西安城，便是由唐皇城直接發展而來的。皇城的位置在外郭城北方，裡面衙門林立，文武百官每天像潮水一樣進進出出。

宮城位於皇城以北，面積大約有四點二平方公里，四周的城牆尤為堅固高大。宮城是供皇帝居住和處理朝政的地方，由太極宮、東宮、掖庭宮三個部分組成，其中太極宮在中間、東宮位於東部、掖庭宮位於西部。一般說來，隋唐的皇太子都住在東宮裡，像楊勇、楊廣、李建成、李世民、李治等人，做太子的時候都住在這裡。東宮內共有殿閣宮院二十多所，如明德殿、崇教殿、光天殿、崇文殿、宜春宮、宜秋宮、山池院等。

另外東宮內的崇文館實際上是皇家圖書館的所在地，皇親國戚的子弟也在這裡接受教育學習文化。掖庭宮裡居住著大批的妃嬪和宮女，據記載唐太宗一次就把掖庭宮裡的三千宮女釋放回老家，可見宮中至少有好幾千宮女。這些可憐的女人，從早到晚忙著服侍皇族，而一到了晚年，她們的景況是非常淒涼的。

　　宮城中央的太極宮隋朝時又叫「大興宮」，皇帝大多在這裡召見群臣，商討國家大事。太極宮由太極殿、兩儀殿、甘露殿、武德殿、紫雲閣、鶴羽殿、臨照殿等三、四十處殿閣亭館組成，富麗非凡，渺若仙境。另外，宮內還有一處以湖光水色為主的四大海池；當年李世民發動玄武門之變殺死兄弟時，其父李淵正興高采烈地在海池裡泛舟哩！

　　宮城裡的太極宮和另外兩處龐大的皇家宮殿群大明宮、興慶宮，合起來稱作「三大內」。三大內中，太極宮建於隋代；大明宮是唐高宗時修造的，修造的原因據說是唐高宗有風濕病，太極宮太陰潮了，他柔弱的龍體受不了；興慶宮建於唐代中期，是一座集園林與殿閣於一體的巨型宮殿群，景物絕勝令人傾倒。三大內中最為巍峨偉麗的宮殿當推大明宮含元殿，這是一座突兀高聳的巨型大殿，就像白雲中的天宮一樣，整個大殿的顏色以紅白為主，柱額、門窗為紅色，牆為白色鑲紅線，頂上全是金碧輝煌的鎏金銅瓦。含元殿是中國建築史上的一項奇蹟，它壯麗的造型像一隻打開雙翼的巨鶴，以非凡的氣度迎接著來自天涯海角的人們的朝拜。

　　唐長安最著名的遊樂之地是曲江池、杏園、樂游原及大慈恩寺。大慈恩寺由唐高宗李治修造，當他做太子的時候，為了感懷死去的慈母文德皇后的恩情，於西元647年興建長安最大的

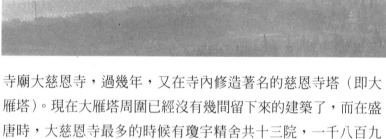

寺廟大慈恩寺，過幾年，又在寺內修造著名的慈恩寺塔（即大雁塔）。現在大雁塔周圍已經沒有幾間留下來的建築了，而在盛唐時，大慈恩寺最多的時候有瓊宇精舍共十三院，一千八百九十七間房屋。

　　在大雁塔斑駁古老的雄渾身影下，我們可以聯想地憑弔高僧玄奘及他的兩大弟子窺基、圓測，畫家閻立本在石板上描繪的精美圖像，褚遂良書寫的《大唐三藏聖教序》碑和《述三藏聖教序記》碑，線條華貴的樂舞浮雕，由杜甫、宋之問、岑參、高適等人抒寫的「雁塔詩」。而最令我們心神俱馳的則是「雁塔題名」。

　　開創於隋代的科舉制度，正式形成於武則天時代。唐朝的科舉一般說來分為明經科和進士科，進士科非常難考，因為每

①大雁塔

次參加考試的人多達上千，但錄取的不過是鳳毛麟角，少則十幾人，最多錄取也就三十人左右。

　　當時進士主要測試的是文學水平的高低，考上的人除了靠後門爬上去的之外，大都是少有的才子，考取的人在文學盛行的大唐王朝可說是名滿天下、前途無量。故成為進士幾乎是大多數讀書人的理想，而那些新進士也享受了終生難忘的禮遇，他們騎著高頭大馬，佩著大紅花前往曲江池參加「曲江會」後，受皇帝接見並參加「芙蓉宴」，那心情就如孟郊所說的「春風得意馬蹄疾，一日看盡長安花」。新進士們還要一起來到大雁塔下，把自己的大名刻在塔磚上流芳千古。當年白居易與其他十六個被錄取的新科進士完成「雁塔題名」的雅事後，興奮得徹夜難眠，提筆寫道「慈恩塔下留名處，十七人中最少年」。

皇家園林的金粉紅塵

　　我們走馬看花地周遊了一番漢長安和唐長安，眼裡全是帝王們無邊無際的宮殿。漢唐盛世的浩蕩聲勢籠罩在三秦大地的顯赫華光中，今日當我們隨意地捧起一把散發著麥香的關中泥土時，有誰能說這不是漢唐金粉樓臺落下的塵埃？

　　歷史上，長安最早的皇家園林大概是周文王在灃水西岸修造的靈囿。按照記載，古老的靈囿是一處水光連天的大型園林，水中長著茂密的蒲葦，水畔建有許多光彩異常的樓臺，其中最為高大絕美的是靈臺。靈囿裡養著無數毛色柔亮的白鳥，它們常常輕捷地叫著在靈臺周圍盤旋，岸邊肥美的鹿群自由地遨遊，在陽光下舐食青草。

　　到了先秦後期，秦始皇不但是個講求個人英雄主義的君主，他的性格中還有相當浪漫的一面，他派大軍每消滅一國後，就命令身邊的人把這個國家最好的宮殿園林畫下來，然後在渭水之畔大興土木重新修建，到了東方六國全部被消滅後，六種風格迥異的宮殿園林群就薈萃一堂了，始皇帝望著這些被他俘虜過來的「風景」，那種縱橫天下的高傲心情妙不可言。秦始皇打聽到哪位諸侯的妃子貌美，就將她捉到六國宮殿裡藏嬌；聽說諸侯國的哪件東西好了，就把它運到六國宮殿裡擺置起來。所以，六國宮殿不是君王生活或辦公的場所，而是一處供勝利者消遣的娛樂場所。當然，秦始皇消遣了一陣子之後，也就有些喜新厭舊了，於是讓七十萬囚犯營造歷史上規模空前的阿房宮和驪山陵墓，對於六國宮殿，他已沒有當初的雅興去消遣了，遂把六國王公貴族全遷進六國宮殿裡，讓他們在自己的眼皮底下老實地當亡國奴。

　　長安歷史上最大的皇家園林是西漢時期的上林苑。上林苑環繞長安西境而建，其面積走一圈足足有二百多里路。在這個大得無法想像的皇家園林裡，生長著數不清的奇花異草，飼養著數不盡的珍禽異獸。裡面修築著近百組的大型宮苑建築群，號稱「千門萬戶」的漢建章宮就是其中最大的一組，建章宮東面有二十餘丈高的鳳闕，北面有大型人工湖泰液池，池中有叫蓬萊、方丈、瀛洲、壺梁的海上仙島，池畔有二十餘丈高的華瑰無比的漸臺，南面是漢武帝爲迎請神仙而建的神明臺，高達五十餘丈，而上林苑中比神明臺還要高大的是柏梁臺。

　　上林苑襟山帶河，從林木深秀的終南山到渭水之濱，全都在它的範圍之內。上林苑中的景物，最令人嘆爲觀止的是周長達四十里的巨型人工湖昆明池，這個湖最初是爲訓練水軍挖成的，後來收歸上林苑，漢武帝在建章宮大宴群臣之餘，常帶著傾國美人如衛皇后、勾弋夫人等，在高朗清爽的秋天泛舟湖上，並親自吟詩作文。上林苑在漢武帝時代盛極一時，司馬相如曾經爲漢武帝寫過歌頌上林苑的《上林賦》，其文辭豪麗，氣派宏大。漢武帝是個閒不住的傢伙，有時候，他帶著一幫貴族子弟騎馬張弓，在上林苑裡舉行狩獵活動，玩得幾乎忘掉了軍政大事。

　　唐代的皇家園林與漢代相比之下規模就小得多了，但精美豪華的程度有過之而無不及。唐代皇家園林較爲有名的是興慶宮、華清池、禁苑、四大海池、太液池、定昆池等處。大唐王朝國力昌盛如日中天，而當時的關中氣候溫濕，山水佳麗饒沃，於是帝王們正好趁此良機縱情享樂。

現在的關中已經看不到湖泊了，漢代波濤滾滾的昆明池及滈水，早也不復存在了。但唐朝時就不一樣了，長安周圍縱橫的河流、波光瀲灩的人工湖隨處可見。

興慶宮中的龍池是個出奇幽美的大湖，水色澄碧，湖面如鏡，宮闕山川倒影在水紋中，真可謂是「山光積翠遙疑逼，水態含青近若空」。每當初夏季節，湖裡大量的荷花開了，碧水、綠葉、紅花、臺閣融為一體，令人銷魂。唐明皇非常喜歡興慶宮，他在這裡住了幾十年，常在龍池裡泛船作歌。而那位香腮如雪、膚若凝脂的楊玉環，也正是在這裡被封為貴妃娘娘。

唐代第一華美、燦若仙境的皇家園林當數華清池。現在的華清池只是唐代華清池的殘山剩水了，但風景依然可排為陝西第一，它在唐代時的風采可想而知。在當時，每年十月分唐明皇都要在大隊人馬的簇擁下到這裡來過冬。

大唐王朝的皇家園林中規模最大的是位於長安城北郊的禁苑，雖然它遠不能夠同西漢的上林苑相比，但東西長十三里、南北長十三里的規模仍稱得上壯觀。禁苑內宮亭樓臺一座緊連著一座，茂密的林木中，飼養著大量動物，王公貴族們常常喝得醉醺醺地在這裡綢衣拖地，縱情嬉樂。

【秦人畫廊】

秦中自古帝王州。對於關中百二河山瀰漫著經久不衰的帝王之氣，我們有理由滿懷敬畏，因為這塊土地在歷史上竟然先後出現了數以百計的帝王，黃帝、周文王、周武王、秦始皇、

❶鳳翔年畫中的白郎君

漢高祖、漢武帝、隋文帝、唐太宗……，每一個都是響噹噹的歷史人物！時至今日，他們之中許多人的陵墓仍然鬱鬱累累，披金戴玉的屍骨長眠於其中。

東漢末年，名士仲長統預感到天下大亂的局面將必然到來，痛苦地仰天嘆息說：「大樹將傾，非一繩所能繫維。」這句話用在五代之後的陝西倒也恰當，從那以後陝西的整個歷史便一蹶不振，任何人力都挽回不了。陝西的山水開始逐漸枯竭，鍾靈之氣黯然，所孕育出的英雄豪傑也一天少似一天。而在此之前的三千年間，八百里秦川所誕生的風流人物何止千萬，隨口說出幾個就足以令人仰慕不已——軍事上有吳起、王翦、王賁、蒙恬、馬援、耿弇、竇固、竇憲、班超、馬超、杜預、楊素、李靖、侯君集、郭子儀等叱吒風雲的一代名將。書法上有顏真卿、柳公權這樣的千古大家。畫壇上閻立本、韓

榦、韓滉、周昉、張萱、關同、李成、范寬等頂尖高手。在歷史學領域，在中國數不清的歷史學家中有誰比得上司馬遷和班固呢？另外，藥王孫思邈、發明家馬鈞、堅貞不屈的外交家張騫、蘇武，隱士梁鴻、韓康等，無一不是人中龍鳳。文學方面就更是人才濟濟了，僅僅唐代一朝就湧現出了白居易、杜牧、韋應物、常建、薛濤、韓渥、楊炯等大詩人。

潑皮劉邦

　　竹林名士阮籍觀賞了楚漢古戰場後，曾長嘆息說：「時無英雄，竟使豎子成名」。蘇東坡在《留侯論》中說：「古之所謂豪傑之士者，必有過人之節。人情有所不能忍者，匹夫見辱，拔劍而起，挺身而鬥。此不足為勇也。天下有大勇者，卒然臨之而不驚，無故加之而不忍，此其所挾者甚大，而其志甚遠也……觀夫高祖（劉邦）之所以勝，而項藉（項羽）之所以敗者，在能忍與不能忍之間而已矣」。有沒有器量，對於成為大人物有著至關重要的作用，這一點上，劉邦在一時並起的豪傑中是很突出的，而他那為了實現最高目標而不擇手段的膽識，則更令項羽、英布、韓信輩相形見絀了。

　　劉邦並非陝西人，他年輕時候是個遊手好閒不務正業的浪蕩之徒，喜歡女色，喜歡喝酒、吃狗肉，當上亭長之後依然如此。其心腹猛將樊噲那時候是個以屠狗為業的屠夫。身為亭長的劉邦常去吃樊噲煮的狗肉，吃完後讚不絕口，一分錢不付就跑了。劉邦的父親劉太公對他很失望，罵他是不成器的無賴，比不上他的哥哥那麼會經營家業；對此劉邦耿耿於懷，當上皇帝後在未央宮裡得意洋洋地對太公說：「當初您老人家經常罵

我是無賴，不如哥哥那麼會經營家業，現在我創立的家業與哥哥相比，誰的多呢？」

　　正所謂「亂世出英雄」、「時勢造英雄」。如果天下不發生大亂的話，也許劉邦這輩子就在鄉下市井中糊里糊塗地打發自己的日子了，但是他把握住天賜的良機，並一舉獲得成功。西漢初年許多叱吒風雲的大人物出身都很卑微，周勃是經常出現在喪家中吹打哀樂的吹鼓手，灌嬰是以販賣絲綢爲生的小商販，蕭何是劉邦老家沛縣城裡比七品芝麻官還要小的小官，曹參和酈食其都是看守監獄的小吏，韓信是寄人籬下連吃飯都成問題的流浪漢，樊噲是渾身上下充滿狗味的屠夫，英布是爲秦始皇修造驪山陵墓的刑徒，婁敬是守城的小兵，季布乃四

○法門寺

海爲家的楚地遊俠，有「得黃金百斤，不如得季布一諾」之稱。就是這麼一批人，在風雲激盪的歷史中，像耀眼的閃電從血腥的戰爭中脫穎而出，成爲了聲名俱泰的開國元勳。由此，陳勝那句「王侯將相寧有種乎」的名言迴盪在我們耳畔。

其實劉邦早就滋生了起義的念頭，有一回他送一幫苦力到咸陽去為秦始皇幹活，當看到萬眾歡呼聲中始皇帝威風凜凜地出現在聲勢浩大的儀仗隊伍中時，他不禁喟然感嘆道：「大丈夫出生到這個世界上，就應該像這個樣子啊！」沒想到時間僅僅過了幾年，這位據《史記》記載左邊屁股上長著七十二顆黑痣的亭長，就真的成為了歷史上赫赫有名的真龍天子。

長期以來，劉邦就看不起那些道貌岸然的讀書人。老儒生酈食其去拜見他時，他滿不在乎地一邊讓兩個女子替自己洗腳，一邊與這位老先生說話，真是狂傲之極。

但劉邦還是有點英雄氣概的，臨死前，他已重病纏身，將不久於人世，呂后哭哭啼啼地叫了個名醫來給他看病，這位名醫對劉邦說：「陛下的病可以治好。」劉邦聽了這話頓時火冒三丈，大罵道：「我以布衣出身提三尺劍取天下，這難道不是上天的意思嗎？我的命是上天給的，就算是扁鵲來了又能怎樣呢？」於是拒絕醫治而死。

然劉邦之心腸狠毒亦是歷代皇帝中出類拔萃的，誅殺韓信、彭越、英布這些功臣以保劉家天下的事暫且不說，成皋之戰時，項羽要在陣前以欲殺掉其父劉太公來威脅劉邦，沒想到劉邦竟對項羽說：「殺了之後，不要忘了給我送一碗肉湯來喝。」有一次楚兵追來，劉邦為了儘早逃命，竟將親生女兒魯元公主推下車去，其冷酷無情由此可見一斑。

楊廣的大頭症

閱讀趙蕤的《長短經》，可以得出一個深刻的結論：道德、學問、制度、權力等，就像一把鋒利的刀一樣，刀本身並無好

壞之分，刀的本身不是問題，問題全在於用刀的人，人可以用刀來救人，也可以用刀來殺人。這就是「水能載舟亦能覆舟」的道理，所以，越是聰明、有才華的人，就越要小心走向事物的反面，在歷史上這樣的例子太多了；隋煬帝楊廣就是個代表性人物。就素質和所作所為來說，楊廣是個令人不可思議的皇帝，我們很難想像一個禮賢下士的人同時是一個冷酷殘暴的人。楊廣在做太子之前給人的印象簡直就是集美德與才能於一身的明君形象，但當了皇帝之後卻是歷史上最為窮兇惡極的暴君之一。

在尼姑庵裡長大的隋文帝楊堅是個非常能幹的皇帝，但他並沒有看清楚親兒子的真實面目，他把太子楊勇廢了之後就另立楊廣為太子，這一方面是因為獨孤皇后整天在面前說楊廣的好話，另一方面宮廷內外全是讚美楊廣之聲，這使得他毫不猶豫地下了決心。當時楊廣正在江都（揚州）任職，他儒雅的風度、尊重人才的作風，贏得了陳朝舊士的擁戴，在他的經營下，江都成為了一座具有濃郁文化氣息的繁華都市。每次楊廣離開京城前往江南前，都要在父母面前淚水漣漣依依不捨，父母見兒子如此孝敬，也情不自禁地跟著流下了眼淚。

楊廣的文學資賦很高，他能寫出文情並茂的散文和詩歌，與當時文人薛道衡相比亦毫不遜色。例如那句「寒鴉數點，流水繞孤村」就曾被傳誦一時。細細打量之下，楊廣的政治生涯中貫穿著詩化而極端的浪漫主義個性，這種浪漫個性是隱蔽在心靈深處的，不易察覺，它毫無節制地氾濫開來，毀掉了本該前程似錦的隋王朝。

楊廣相貌英俊風度翩翩，對於愛情有著熾熱的追求。他的妻子蕭后原是南方梁朝帝室的後裔，具有天仙般的美貌與才情，這位江南女子很快就把楊廣迷得神魂顛倒。在蕭后的影響下，楊廣沉迷於江南的青山綠水，學會了一口流利的吳語，在振興江南的各種事業之餘，深深地愛上這塊清涼毓秀的土地，甚至當了皇帝之後，為了滿足心中的江南之愛，不惜花費巨大的人力、物力多次東遊，在江都一住就是幾個月。楊廣東遊的船隊舳艫相連，綿延二百餘里，陸上護駕的騎兵在十萬以上，兩岸插滿彩色旌旗，水陸相映，令人嘆為觀止。最後一次從長安東遊江南，據說僅僅是因為楊廣聽說江都罕見的瓊花開了，頓時高興得手舞足蹈，遂不顧天下已行將大亂，立即率領大隊人馬前去觀賞這一人間奇葩。這一次東游使楊廣再也回不去了，不但動亂的局勢已無法收拾，自己的頭顱也被砍了下來。

楊堅曾得意地對大臣說：「從前的帝主妻妾太多，兒子們不同母親，所以往往分黨相爭。不像我的五個兒子，一母同胞，情同手足」。然而他錯了，其子楊廣一邊小心翼翼地展示著自己的才華，一邊不動聲色的迎合父母，靜觀政局的變動，在十幾年的時間裡，他天衣無縫地完成了種種偽裝，等到時機一成熟，他就迫不及待地殺死了自己的父親和兄長，暴露出了靈魂深處被壓抑已久的毒蛇般的凶心。這還不算，為了毀滅罪證，他更把對自己忠心耿耿、居功厥偉的宰相楊素暗殺。

作為歷史上最著名的暴君之一，楊廣與秦二世胡亥式的傻瓜暴君有很大的差別，與孫皓、石虎這些行為坦率直接的暴君也不屬同一類型。楊廣的殘暴是隱蔽得比較深沉的，人們從表面上看無論如何也看不出這個才華橫溢、彬彬有禮的人會是一

個豺狼暴君。當上皇帝後，楊廣可以毫不遮掩地把隱伏已久的浪漫個性和獸性氾濫出來。民間用「大頭症」來形容一個極端自私的人所發作的強烈炫耀之狂，楊廣所得的正是這一病症。他當上皇帝後的第一件重要事情就是和父親美麗的妃子陳夫人同寢，然後下令在全國到處修造壯麗華美的行宮，這些行宮裡據說一共住了近十萬左右供楊廣一人尋歡作樂的美女。

楊廣讓高句麗王朝的使者轉告他們的國王到涿郡來拜見自己，結果那位國王沒有來，於是他龍顏大怒，多次集中全國精銳部隊進攻高句麗，使得百姓怨聲載道，國家元氣大傷。另外，楊廣更變本加厲的委派八百萬民夫挖鑿大運河，這條運河出現的原因與楊廣深厚的江南之愛有關，它全長二千七百多公里。

對楊廣的做法，賀若弼等正直的大臣憂心忡忡，他們多次苦苦進諫，其結果多是腦袋搬家。《伊索寓言》裡說：「一個農夫牽著一頭驢走過懸崖，農夫恐怕驢子跌下去，牽牠往裡面靠一點，但驢子堅決不肯，越牽牠越要往外掙扎，最後跌下了深谷，弄得粉身碎骨，農夫嘆口氣搖頭說：『你勝利了』」。楊廣做了十五年的皇帝，最後他也像這頭驢子一樣「勝利」了！

貞觀大帝

「每逢親王（皇帝的兒子）的聲望和力量，跟皇太子相等或越過皇太子時，王朝就註定要發生流血慘劇，這是專制政體下無法解決的死結」。李世民並非皇位的法定繼承人，儘管他在房玄齡、徐懋功等十八學士及尉遲恭、秦瓊等大批英豪的輔佐下，為唐朝的建立創下了偉烈豐功。但為了奪得皇位，他發動

🎧兵馬俑

「玄武門政變」，先下手殺死了兄長李建成全家及四弟李元吉，當時其父李淵正在太極宮內的四大海池上泛舟乘涼，李淵得到報告後傷心欲絕，爲了避免成爲第二個楊堅，最後主動把皇位讓了出來。由此雖可見李世民是個剛健強硬的人，爲了獲得最高權力不惜殺死自己的親兄弟，但事實證明李世民是中國歷史上最傑出的君主，他用高度的智慧和才能，殷勤而謹愼地治理著大唐帝國，爲中國開創了燦爛的黃金時代。

　　御人之術莫高於御人之心。李世民當上皇帝後,採取的重
要措施之一是感戴那些爲大唐戰死沙場的將士,下令收集尋找
他們的遺骨,舉行隆重的祭奠活動後加以安葬,後來又陸續撥
出專門的錢款維修墳墓。這一舉動使將士門深爲感動,他們在
戰場上前赴後繼英勇無畏,打敗了北方的突厥人、東北的高句
麗、西部的吐谷渾、高昌、龜茲等王國,使大唐的聲威震動了
整個世界。

　　貞觀五年，許多地方發生了嚴重的饑荒，為數眾多的百姓為了生存被迫賣掉自己的兒女。李世民於是下令發放糧食救助飢民，並從皇家國庫中撥出錢財將飢民賣掉的兒女全部贖回，使父母子女不僅度過了難關而且重新獲得團聚，天下百姓對此無不感戴。

　　當上皇帝後不久，唐太宗對身邊的侍臣說：「皇宮裡有那麼多的宮女，關在裡面一輩子也出不去，她們的命運實在是可憐，放一些出去吧，讓她們成個家好好地過日子。」於是命令左丞戴冑、給事中杜正倫挑選三千宮女放了出去。

　　唐太宗在位二十三年間，海內晏清，全國被判處死刑的人在最少的年分僅有二十幾個人。貞觀六年，全國共有二百九十人被判處死刑，執行前，李世民突生憐憫之情，於是對這些死囚訓話說：「你們都是有父母的人，不幸犯下死罪，現在新年就要到了，想來你們的親人正惦念著你們，朕今日開恩放你們回家去與親人團聚，要求明年秋天再回來接受死刑，希望按時回來不要辜負了朕的恩典。」朝廷大臣對此議論紛紛，認為這幫窮兇極惡之徒斷無再回來受死的可能。到了第二年約定的日期，囚犯們竟全部都回來了，一個不少。李世民認為他們尚講信義，就全部赦免了他們的死罪。這件事就是有名的唐太宗縱囚事件，後來另一位著名的開國皇帝趙匡胤在讀到這一歷史事件後，感嘆說：「我可做不到啊！」

　　開功元勳李勣（即徐懋功）生了重病，李世民親自剪下鬍鬚燒成灰藥為他治病，他感動得叩頭流血要捨生報恩。將軍李思摩在作戰時中了箭傷，李世民用嘴為他吮吸傷口裡的毒血，李恩摩感動得痛哭流涕，發誓要戰死沙場以報龍恩。忠臣張謹

死了，李世民哀傷過度，禁不往放聲大哭。貞觀十七年，著名諫臣魏徵病重時，李世民有天晚上夢見魏徵前來向他告別，醒來後他淚流滿面，果然魏徵就在這天夜裡死了，李世民懷著悲痛的心情爲他作了碑文，並親自用擅長的飛白體來書寫。

就是這般偉大的君主，晚年卻做了件愚蠢至極的事。將軍王玄策作戰時俘虜了一名叫那羅邇邇娑婆的和尚，李世民聽說他會配製長生不老藥，龍心大悅，就命令把和尚帶到宮中來爲自己製藥。一年之後，長生不老藥配製成功了，李世民懷著激動的心情迫不及待地把藥吃了下去，結果很快就毒發而死，這時候他的身體還相當健朗，年僅五十二歲。

後來唐朝又有唐憲宗、唐穆宗、唐文宗、唐武宗四個皇帝先後因爲吃長生不老藥而死，從現在看來這些帝王眞是可悲。漢代的漢武帝爲了獲得長生不老藥，更是不惜把自己的親生女兒嫁給製藥的方士。這使我們想到了春秋時候賢相晏嬰對長生不老問題高明的見解。

一次，齊景公和晏嬰、艾孔、梁丘據等八人到郊外牛山上遊玩，齊景公在山上望著齊國都城的美景，突然放聲大哭起來，嘆息著說：「這錦繡的江山，這繁華的都城是多麼迷人啊！可人爲何會死呢？我要是一死這一切就會扔下了。」艾孔和梁丘據在旁邊聽了，想想也有道理，就陪著國君哭起來，只有晏嬰一個人在一旁發笑，齊景公便生氣地責備他，晏嬰說：「人若是永遠不死的話，那您的老祖宗齊太公、您的祖父靈公、您的父親莊公全都活著，這國君的位置哪會有您的份呢？正因有生有死，您才能繼承國君的位置，可你卻想永遠不死，這不是太可笑了嗎？」可惜晏嬰這段話，李世民可能沒有讀到過。

帝王之師李泌

　　常放浪形骸於山水明月間的謫仙人李白，曾在趙蕤門下研習帝王學，他的理想是像范蠡、張良那樣，以「帝王之師」的姿態在政治上大展鴻圖，成就一番人間偉業，然後「棄天下如敝屣，薄帝王將相而不為」，歸隱山林。可惜李白一輩子都沒能實現這一願望。比李白稍晚，八百里秦川孕育出了一位仙才翩翩的大人物，他實現了「歸隱山林」與「帝王之師」兩者的完美結合，這個一代高人就是鄴候李泌。

　　李泌的早慧在歷史上極為罕見，比孔融、黃香、王粲、司馬光、徐文長這些著名的神童智商高得多，只有戰國後期十二歲就獲得了宰相地位的秦國人甘羅可與之相比。李泌七歲的時候已經對儒、道、佛思想有很深的體悟，唐明皇聽說了關於他的傳聞，有一次在與宰相張說下圍棋的時候宣他入宮。李泌到了跟前，唐明皇讓張說和李泌各以「方圓動靜」為題說一副對聯，張說隨口說道：「方若棋局，圓若棋子。動若棋生，靜若棋死。」不料李泌馬上接著說：「方若經義，圓若用智。動若聘材，靜若得意。」此聯一出，唐明皇與張說驚嘆不已，於是李泌一下子就出了名。當時的另一個宰相張九齡，對李泌非常器重，把他看作是自己的朋友。

　　李泌長大以後，對《易經》、《老子》有著博大精深的研究，又受到過世外高人懶殘和尚的指點，所以經常出沒於華山、嵩山、終南山的綠林明月之間，尋仙求道，淡泊明志，孜孜不倦地

追求道家高深的境界。與此同時,他又與玄宗、肅宗、代宗和德宗四朝皇帝保持著密切的聯繫,深受這些皇帝的敬仰和器重,他們把他視爲能夠正確指導自己處理天下大事和皇宮私事的「帝王之師」。

事實上李泌也在扮演這一「帝王之師」的角色,於幕後運籌帷幄,唐肅宗按其制定的戰略行事,「安史之亂」才得以順利地鎮壓下去。在他的大力推薦下,郭子儀得以成爲功勳赫赫的中興名將,在他的周旋下,李晟、馬隧這些忠誠的名將得以存活,在他的策劃勸說下,唐玄宗得以從四川回到長安養老。他排解了無數次皇宮裡的衝突,處理了無數件安邦定國的大

⊙二十世紀三○年代的潼關古橋

事。而當李泌敏感地察覺到災難即將降臨到自己身上時，他就告別皇帝過隱逸生活去了，直到在皇帝的懇求下不得不重新返回。

李泌是陝西歷史上一個神出鬼沒的天才，他以忠貞淡泊的心靈，實現了大自然和政治的高度默契統一，同時又將靈魂從黑暗的政治中解放出來，歸向自然。

梁鴻高逸

東漢末年的梁鴻是陝西歷史上的大隱士。像他這樣光風霽月的文人，遇上東漢末年黑暗的時代，如果想要兼濟天下無疑是走向一道形若危卵的窄門，但是他又不能忍受世間之不平。所以就獨善其身做隱士去了。

梁鴻的父母很早就過世了，早年孤苦的遭遇激起他異於常人的情志。爲了生存下去，從最高學府太學畢業後，他被迫把養豬作爲謀生的手段。

有一次，梁鴻讀書專心過了頭，一不小心家中著火了，大火不但把梁鴻的家化爲一片灰燼，而且鄰居也深受其害。事後，梁鴻把自己的豬全部給了鄰居作爲賠償，但鄰居仍然嫌東西太少，於是梁鴻便決定做鄰居的僕人，以作爲賠償。周圍的人都很同情梁鴻，紛紛譴責那位鄰居，使得鄰居很慚愧，要把豬全部還給梁鴻，但梁鴻堅決地推辭了，並決意做他家的僕人，由此可見梁鴻的品格。

有許多有權有勢的人仰慕梁鴻的才學和人品，想把他招爲女婿，結果無一例外均遭到了拒絕。與梁鴻同縣有個女子叫孟光，長得又黑又胖又醜，力氣很大能把石臼舉起來，到了三十

歲還不願意結婚，父母問她原因，她堅定不移地說：「我一定要嫁給像梁鴻那樣有高尚氣節的賢人。」

孟光的事傳到梁鴻的耳朵，他非常驚訝，便將孟光娶來做妻子。結婚的那天，孟光穿著由自己紡織的華麗衣服進了梁鴻家，梁鴻見了，一連七天沒有理睬，後來，孟光把衣服換成粗布衣服，梁鴻這才高興起來，說：「這才是梁鴻的老婆啊，可以和我一起去深山裡隱居了。」

梁鴻晚年，與其妻孟光一直在遠離家鄉的吳郡隱居，借宿於大財主皋伯通家中，每天靠給別人舂米來維持生計。孟光對待丈夫畢恭畢敬，每次做好了飯送來，從不敢仰視梁鴻，而是把放置飯菜的案一直舉到齊眉毛的地方（這就是「舉案齊眉」的典故）。而梁鴻對孟光也相敬如賓。時間長了，皋伯通覺得這對與眾不同的布衣夫妻很奇怪，便注意細心觀察，結果發現他們實際上是一對世外高人，於是就對他們很客氣，經常關照他們。

梁鴻去世後，皋伯通將他葬在春秋時期著名刺客要離的墳旁，吳郡的人讚嘆說：「要離烈士，而伯鸞（梁鴻字）清高，可令相近。」不久，孟光也去世了，後世的人們把她與傳說中黃帝的王后嫫母、春秋戰國時齊宣王的王后鍾離春並提，認為她們都是相貌奇醜但具有大賢大德的偉大女性。

第三篇

大中原的重量

　　河南古爲豫州，據九州之中，又稱「中州」，自古爲中華文化的發祥地。隨著殷墟故都、禹都陽城、偃師二里頭、仰韶龍山、鄭州大河林等遺址的發現，河南在整個華夏文明中的地位日益突顯。

　　從那瀰漫著神祕占卜結果的甲骨文、幽麗紋飾遍布的青銅彝器，我們掂出了這片土地非凡的文化重量。從夏王朝建立到北宋帝國覆滅的三千年裡，河南一直是中國歷史上最顯赫燦爛的地區，那時，它以繁榮的經濟和發達的文化著稱，層出不窮的英才有如磅礡奔流不息的黃河之水。

　　中國第一個王朝夏朝的出現確實是與治理水患有著很大關聯的。夏朝及後來的商周統治中心正是在河南一帶。歷史上河南人必須做的一件大事就是灌溉和防洪，黃河在河南境內長達七百公里，孟津至蘭考段，近代以來逐日上升的「懸河」，在治理黃河水患的長期奮鬥中，人們培養起了比其他地區更爲顯著的集體協作和宗法血緣觀念。

　　林語堂稱河南的地盤上多拳匪，歷史上河南人承受了太多戰爭之罪，他們是中國深受戰爭苦難的一個族群，經常在戰火紛飛的土地上滾打，沒有自我保護的匪氣是不行的。何況，

天下功夫出少林，少林寺就在河南的山頭上，河南人耳濡目染久了，許多人也就學會三招兩式。

河南人總是使人想起黃河岸上的老黃牛，因循守舊，謹慎而老於世故，同時毅力又不同凡響，擁有深遠的目光和廣闊的胸襟。

齊魯之地，山水雄渾，天高地厚，河海浩蕩。上古之少昊，開魯之周公，興齊之姜尚，賢達名士，燦若星河，依周禮而成定制，啓民心之醇釀浩氣。在孔孟之道的長期薰染下，齊魯民風厚重憨實，歷史上多鴻儒、多良民、多豪傑、多烈女、多君子。

山東大漢之所以敢稱大，能稱大，除了體格高大威猛，還因爲他們做事做人的大氣、勇氣、豪氣。山東人大多有憨樣，即使聰明，也不外露，爲人厚重、不喜奉迎、不喜溜須、不喜妥協，宅心仁義，少惡意。山東之民性可用「樸」、「拙」、「古」、「硬」四字盡之。

《荀子‧議兵》云：「齊人隆技擊。」用現在的話來說，就是「山東人愛打架」，春秋時有一個齊湣王，他選用官吏的辦法主要是看這人敢不敢在大庭廣眾之下與人搏鬥。孫子兵法勃興於此，猛將如雲，謀士如魚，秦漢遊俠、梁山英雄，這裡的沃野盛產充滿陽氣的山東大漢。

有人用「儒」、「岱」、「仙」、「海」四字來象徵山東，孔廟、泰山、蓬萊仙島、嶗山道士、海市蜃樓、大明湖、千佛山、趵突泉、靈岩寺、田橫島、長島、劉公島、成山頭、天鵝湖、十笏園，人境與蒼天相融，人境與大地相彙。

歐文‧威廉斯評說：「古山東人世代都是在與黃河的搏鬥中生存下來的，一次決堤改道能使大地顆粒無收，災民一無所有，所以，必須勤勞，只因勤勞，所以他們是世界上最忠誠的勞動力。」

【九朝故都的風水】

黃河是中國地氣最旺的一條水脈，它混濁的水體有助於融結天地的靈氣，所以在它的兩岸形成了許多「風水寶地」，九朝故都洛陽便是其中之一。精於風水之道的劉伯溫同時指出：黃河還是天地間的一大血脈，它過於洶湧浩蕩的水勢經常決堤改道危害蒼生。歷史上黃河對河南人恩澤無邊，也經常使河南哀鴻遍野，滿目瘡痍。

古人曾言洛陽的風水具有「宅中圖大之勢」，意思是洛陽位於中國這座大房子的正中心腹，不但便於拓展，而且也是四方朝宗之地。歷史上，東周、東漢、曹魏、兩晉、北魏（孝文帝以後）、隋（煬帝）、唐（則天武后）、後梁、後唐等九個王朝曾在此建都立業。

洛陽的建城史充滿了傳奇色彩，這座「九朝故都」令人啞然失笑，因為它的出現竟然是西周初年一次大規模占卜和風水測試的結果。

西周周成王五年，年輕的周天子在鎮壓了兩個叔父管叔、蔡叔發動的叛亂後，決定在中原地區建立一個新的政治中心，以便於加強對東方眾多諸侯國的管轄。大臣召公接受了這項重要任務，他經過一連串嚴密的占卜和風水測試之後，向天子彙報說：「占卜顯示，在澗水以東、瀍水以西，或瀍水以西、洛水之濱營建新的城市是大吉大利的。」於是天子大喜，下令動工興建成周（即洛陽）。幾年之後，一座宏麗龐大的城市矗立在了洛水北岸，其地位僅次於鎬京。為了表示對成周的重視程度，象徵國家權威的九鼎重器也被搬到了這裡。到周平王時，

∩伯夷叔齊採薇圖（昔日首陽山位於今之洛陽附近）

正式將都城遷到此地。洛陽帶著風水的詭祕，一開始就以帝王之都的姿態出現在政治舞臺上。

西元604年，愛江山更愛美人的隋煬帝在彩旗和美女的簇擁下來到了洛陽。他風塵僕僕地擺弄帝王的風采，並興致勃勃地遊覽了山水勝跡，當這位天性浪漫的權力狂登上北邙山的時候，一下子就被廣袤雄沉的景象吸引住了，但見北邊浩蕩的黃河襟挽大地，南面深秀的龍門伊闕山雲天低垂，他不禁長嘆道：「好一塊帝王之都的風水寶地，自古以來的王朝為何不全在這兒建都呢？」身邊精明能幹的蘇威立即接嘴獻媚道：「這正是上天專門留下來等候陛下的啊！」於是龍顏大悅，馬上向天下頒布詔書，下令建立新的都城。

　　楊廣非常青睞風水術，他曾經在母親獨孤皇后死後指使風水先生找一塊能促使父親早日一命嗚呼的墳地。這回，他那有名大頭症又發作了。在他的驅使下，天下一共有二百萬精壯的能工巧匠被投入到營造新都洛陽的浩大工程，這些可憐的人們為了盡早實現楊廣的夢想，不得不日夜兼程，繁忙的工地上攢動著的人頭使我們想起了秦朝時的驪山陵墓工程。由於在洛陽周圍找不到高大的圓型巨木，人們必須從遙遠的江西豫章搬來大量巨木，每三千人負責搬運一根巨木，下面用鐵轂滾動，一天不過能走二、三十里，光是搬運這些木材就花費了幾十萬勞力。

　　一座可與長安城相媲美的嶄新都城以驚人的速度完成了，僅僅作為皇家園林的西苑周長就達二百里，苑內沿龍鱗渠建起了十六所金碧輝煌的宮院，裡面充斥著來自全國各地的美人、奇花異草和珍禽異獸，供楊廣一人窮奢極侈地觀賞遊樂。為了營造四季如春的感覺，工匠們要剪雜彩為葉綴在枝條上，水池內也用剪綵做成荷花菱藕，一切布置得與春天沒有什麼兩樣。苑內還有十里長的人工海，水面上高聳著蓬萊、方丈、瀛洲等島，華麗的樓閣臺榭遍布其間。為使新都城達到風水形局上完美無缺的效果，澗水、洛水兩條河流隨後被引入黃河。就在同一年，楊廣下達了以洛陽為中心開挖大運河的命令。不久，洛陽水陸交通四通八達，成了名副其實的中心帝王之都。

　　洛陽周圍的大多數岡埠山嶺及兩條流經市區的主要河流澗水、瀍水全部發脈於嵩山，因而山水蔥郁鍾靈，秀氣相望，龍脈水脈之宗主強健。所以有人斷言洛陽「龍勢強健，人物必英武俊秀。」從戰略上來看洛陽的形局確實也不錯，它北邊有黃

河天險作天然軍事屏障，南有高聳的中嶽嵩山，西有秦嶺、潼關、澠池、函谷關等地勢深險之所，東有咽喉要地成皋關（即虎牢關，《三國演義》中三英戰呂布之處）。城郊地勢開闊水土豐美，水陸交通極為便利，並擁有大谷、廣成、伊闕、旋門、孟津、小平津等制高點可作軍事關卡。自古以來這座城市就是兵家逐鹿中原之地，誰獲得這塊風水寶地，就意味著搶到大展鴻圖的鎖鑰。

唐代孔穎達說：「洛陽北有太行之險，南有宛、葉之饒，東壓江淮，食湖海之利，西馳崤澠，據關河之勝，山河拱戴，形勢甲於天下。」而翼奉則稱讚洛陽的地理「左據成皋，右阻澠池，前向崧高，後介大河，建滎陽，扶河東，南北千里以為關，而入敖倉，地方百里者八九，東壓諸侯之權，西遠羌胡之難。」

洛陽優越的地理優勢是無可否認的，但在是否選擇它作為都城這一問題上，持否定意見的人卻大有人在。例如張良、婁敬、郭子儀等人就認為洛陽雖然處於領袖天下的中央位置，背山面河，有成皋、函谷等戰略要地可以依仗，但是它最大的不足之處是四面受敵，自古以來戰爭多發生在這裡，他們認為把首都建在如此戰爭頻繁的四面受敵之處是不合時宜的。

【黃河性情】

在黃河的兩岸，擁擠地聚居著一億多河南人，世界上沒有幾個大國的人口能與之相比。

❶黃河水車

　　河南人牛勁十足、勤勞簡樸、自視甚高、因循守舊。河南人靈柔不如南方人，剛猛不如北方佬。這裡的人剛柔相濟，受到過傳統文化嚴密的訓練，他們的性格集中了周圍陝西楞娃的老成、湖北九頭鳥的心機、山東梁山好漢的沉勇、河北棉農的淳樸。

　　張仁福在《一方水土一方人》中輯錄有河南各地人的性格條目——鄭州、滑州（今鄭州、滑縣一帶）：周末有子路（孔子弟子）夏育（周代勇士），人民慕之，故其俗剛武，尚氣力。穎川韓都（今河南禹縣）：士有申子（申不害）、韓非子之刻害余烈，高士宦，好文法，民以貪婪爭訟生分為失。開封：厥性安靜，人多豪俊，好儒術，雜以游，有魏公子遺風。河南府（今

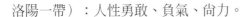

洛陽一帶）：人性勇敢、負氣、尚力。

北方意味著乾旱、寒冷、貧瘠、強悍和壯闊，南方意味著溫暖、濕潤、富庶、發達、柔婉和清麗。北方人意味著深沉的陽剛之美，厚重、嚴謹、樸實、豪放，南方人意味著婉約的陰柔之美，浪漫、靈敏、細膩、溫情。河南人既不是典型的北方人，也與南方人差別甚遠。要描繪處在北南交匯地帶的河南人整體性格無疑有點困難，因為它缺乏醒目而鮮明的地域性特色。比方說我們提到陝北人的時候，就會想起在黃土地上唱著信天遊、大碗喝酒的綏德漢子；說到山東人，就會想到殺富濟貧的梁山一百零八好漢；說到山西人，就會想起兩眼賊溜溜放光的錢莊櫃檯老闆；說到浙江人，就會想到身著綢衣水靈靈的採菱女。河南人不是三言兩言能夠描繪的，從表面上，我們看不出貌似平實無奇的河南人豐富的心靈世界。

歷史上，河南博採眾家之長，匯聚了周圍各個地區的文化養分。河南文化是一種吃「萬家奶」長大的文化。

第二次世界大戰結束後，一家歐美報紙登載了一則趣味性幽默——如果在各自房子裡落了一根針的話，屋子裡的義大利人、法國人和德國人會對此做出很不相同的反應。義大利人聳聳肩膀，滿不在乎地離去，法國人順手拿起一把掃帚把地胡亂

❶青銅羊尊

掃了一通；德國人則用一把尺子和一根粉筆把地板劃成一個個小方格，在每個格子裡仔細尋找，直到找到這根針爲止。這則幽默生動地體現了義大利人的散漫、豁達、不拘小節，法國人的浪漫、細膩、浮躁，德國人的嚴謹、求實、思辯、堅韌。

　　若是河南人，他們會一邊悠閒地啃著饃饃，一邊蹲下身來盯著地上仔細看，不慌不忙找到針後立即收藏起來。他們不會像義大利人、法國人那樣隨心所欲，也不會像德國人那樣過分拘泥嚴謹。他們凡事從容不迫，對自己的一切充滿了良好的感覺。在近現代河南人窮怕了，他們深知生活的艱辛和物質的來之不易，在他們眼裡，一根針是生活中必不可少的東西，應該珍惜，一塊錢實質上是一堆白花花的鹽。然而河南人並不怕艱苦的生活，他們吃的苦像天上的星星一樣數也數不完，然而他們懂得如何在苦中作樂，他們對此深懷自信。

●登封古天文臺

　　河南人就像寒冬的土撥鼠一樣蟄伏在中原大地的深處，他們慢慢舐吮自己的爪子，以備來年更加辛勤地耕耘。河南人還是中國傳統禮教觀念較重的一個群體，他們保守而注重實惠，尤其注重自己在家族或周圍人群中的名聲。儒家傳統的「三綱五常」、「三從四德」等禮教準則在許多河南人那兒仍很有市場。河南人就像一口很深的井。由於深受儒家中庸之道的熏陶，他們不喜歡鋒芒畢露充當出頭鳥，而是更願意將眞實的本領掩蓋起來，把好戲留在後頭。螳螂捕蟬，黃雀在後，河南人欣賞黃雀的老謀深算。若是初次見面的話，很難相信這些衣冠簡樸、神色平實的人實際上深不可測。在河南一個貌似文盲的鄉村老頭或一個擺地攤的小商販也許就是一個飽學之士。

　　在一座黑暗的圍城裡怎樣才能活得好一點呢？這是一個必須面對的人生大問題。在人生哲學方面河南人顯然很有一套，他們懂得在簡單的物質條件下如何去打發快樂的日子。他們韌性十足，能夠應付各種不同的困難。同時他們的質樸不容置疑。然而河南人的質樸與山東人的質樸是不盡相同的，山東人的質樸很少摻雜了水分在裡頭，而河南人的質樸卻很有分寸，猜不透葫蘆裡賣的是什麼藥。

　　河南人特別服從權威，性格溫順，但與江南人膽小怕事、柔弱有餘的溫順不大相同，它包含有一層剛健的東西在裡頭。

　　「天下功夫出少林」，建於北魏孝文帝太和十九年（西元495年）的嵩山少林寺對河南影響很大，千百年來這裡習武之風長盛不衰。少林功夫可分爲拳術、器械兩大類，少林拳又稱「外家拳」，以區別於以武當派爲代表的內家拳，這種拳術又分外功拳和內功拳兩種，外功拳剛勇迅疾，內功拳寓剛於柔。

❶少林童子功

少林拳術每招每式中均有攻有守，靜若春水無波，動若倒海翻江，拳發如穿山洞石，步落如入地生根；行拳時心安神定，意狠不露，以進為退，以靜養動，出之有形，擊之無形，忌暴躁浮露，拙力僵滯。

在河南與少林武術齊名的是發源於溫縣陳家溝的陳式太極拳。太極拳是一項意氣運動，講求「以心行氣」、「以氣運身」，意動而後形動，意到氣到，氣到勁到，以柔克剛，不以拙力取勝。它由一系列螺旋運動組成，一動全動，整個過程一氣呵成，如行雲流水綿綿不絕。

少林武功和陳式太極拳一剛一柔，把河南人的群體性格發揮得淋漓盡致。一陰一陽謂之道，河南人剛柔相濟，淳樸沉勇，堅忍守舊而暗含殺氣。

文明的衰落在劫難逃。星空黯然失色，歷史偉麗的謝幕徐徐降下。南宋以後以黃河驕子形象風雲吒叱近三千年之久的河南人逐漸一蹶不振。河南喪失了所有政治、經濟、文化上的軸心地位。博大而富麗的文化氣象一落千丈。昔日的盛況已成為昨日黃花，不復重現。

雄富的土地上景物花容頓失，黃河滔天的洪水長年氾濫成災，大片田地嚴重沙化鹽鹼化，河南經年饑荒，逐漸失去它在整個中國的文化位置。肩負著古老農耕文化傳統的重擔進入近現代後，步履蹣跚的河南已不是什麼中國或世界文明的領頭羊了，俗話說吃飯大如天，當美國人已坐著太空船登上月球的時候，當廣東人把吃剩下的山珍海味拿來餵豬的時候，許多河南人卻連一日三餐的溫飽問題都不能解決。他們只能在模糊的記憶中深情地緬懷古老時代的榮光。如果有人向他們談起華人首富李嘉誠、世界船王歐納西斯的話，他們偶爾也會自豪地提起他們富可敵國的老祖宗呂不韋、范蠡。

然而我們對北宋的都城東京（開封）仍記憶猶新。這座龐大的城市人口最多時達到了一百四十萬到一百七十萬，其中經營工商業及其他服務業的人口約占去了十分之一左右。僅官營手工業的各種工匠就多達八萬人以上（規模最大的官營軍器製造就擁有軍匠三千七百人）。手工業的門類有軍器、紡織、陶瓷、製茶、釀酒、雕板印刷等一把六十多種。市內以大相國寺為中心地帶，繁華的大街林立，其發達程度遠遠超過了在此之前的任何一個時期，琳琅滿目的市場除了白天熙熙攘攘的交易活動之外，甚至到了拂曉時分還有叫「鬼市子」的商貿場所。

在遙遠的歐洲，與東京同時期的威尼斯、倫敦、巴黎，人口不過幾萬人而已。當金髮碧眼的外國人騎著高頭大馬長途跋涉漫遊到達大馬士革時，馬上被地平線上一望無際的城市景觀嚇呆了，他們紛紛在著作裡留下了對這座擁有五十萬人口的天地之城的驚奇和讚嘆之詞。然而這些歐洲人不會想到，與另一個龐然大物東京比起來，區區大馬士革又算得了什麼呢？

我們對東京最直接的瞭解來自於《清明上河圖》。這幅長達五點二五公尺的民俗絹畫，反映出汴河兩岸的景象，畫中呈現出稠密的歌樓酒市、店鋪館閣、繁忙的船隻、漂亮古雅的拱橋、成千上萬情態各異的城市居民。農耕文明所能演繹出的理想模式在這幅畫中都一一得到了體現。

歷史在西元1127年劃了一道美麗的弧線之後，就將巨大的厄運拋向了河南。由於北方游牧民族的大舉進犯，「金碧輝映，雲霞失容，富麗甲冠天下」的北宋京城在維持了一百來年的鼎盛時期後便迅速地殞落，隨之而來的是整個中原地區的全面衰退。

西元1862年，法國考古學家梅‧戴沃在敘利亞北部荒涼的沙漠裡發現了由巨塔、教堂、修道院、塔樓組成的古城堡。這些建築物幾乎完整無缺地保留了下來，精美的科林斯式柱頭支撐著建築物的拱頂，牆面、柱頭、過樑上雕著十字架和象徵基督的符號。更加令人驚異的是，這些古城堡不是一座、幾座而是幾百座。當年這裡曾是布滿葡萄和橄欖樹的青翠山崗，城堡裡生活著熱鬧的人群，如今沙漠將一切都吞噬了，已沒有人在這裡居住。這些城堡的命運使我們聯想起東京城來，在今天，它的大部分早被氾濫的黃河埋在地下，昔日雍容的萬物已煙消雲散。

杭廷頓指出：歷史，是在文明的衝突與對壘中前行的。考察中國近五千年的歷史，農耕民族與游牧民族的南北衝突是非常鮮明的，這種衝突造成的嚴重後果，深刻地影響文明內部的運行。根據氣象資料表明，中國五千年來，出現過四個氣候寒冷期，其最低溫度大體出現在西元前1000年、西元400年、1200

年和1700年，恰好與北方游牧民族幾次大規模南下中原在時間
上吻合。第一次是西周後期北方狄族人的大舉南犯，第二次是
魏晉時期的「五胡亂華」，第三次是契丹、女真、蒙古人的連續
南下，第四次是滿洲人的入關。強悍的游牧人每次入主中原，
對這裡的農耕文化都是一次難以想像的浩劫，精於耕織頭腦發
達的中原人鬥不過洪水猛獸般的游牧民族，他們唯一的出路就
是逃往南方，在那兒，他們將失去的樂園重建。

❶位於鄭州炎黃二帝像

　　在夏商到秦漢的漫長時期裡，黃河流域溫暖濕潤的氣候和
肥沃的土地是河南物阜民豐的基本保障。那時黃河出邙山以
後，直奔東北方向流去，經浚縣、濮陽、大名等地，在天津附
近入海，儘管河道經常發生變遷，氾濫成災，但對多數河南地
區影響都不大。隋唐及北宋時期儘管中原的氣候大不如前，但
由於有運河這條黃金水道的庇護，處在運河與黃河中樞地帶的
河南可以源源不斷地獲得南方的糧食，從而維持繁榮的景象。

　　進入金元時期以後，黃河的流向不斷南移，上游嚴重的水土流失使得水患更加頻繁，從此黃河像一把隱伏著深重災難的達摩克利斯之劍插入河南的腹地。河南不再是一頂戴在中國人頭上的王冠，不再是令人嚮往不已的豐饒富庶之地。小水災幾乎年年有，大水災幾年爆發一次，河南人戰戰兢兢苦不堪言，唯有禱告上蒼。

　　作為黃河巨大破壞力的必然結果，河南富饒的田地大面積地沙化或鹽鹼化，土地日益貧瘠，黃沙淤沒河湖森林，進而使得氣候及生態惡性循環。以開封為例，歷史上黃河缺口侵入城中一共六次，另有四十多次氾濫於周圍一帶，致使原有的汴河、蔡河、五丈河、金水河、蓬池湖、沙海湖全部消失，長年堆積起來的泥沙使開封成為一個盆地。十四世紀後，開封已經是一座不通航的城市，它完全喪失了當年水陸交通四通八達的地理優勢。

　　金元以後黃河對河南的危害是述說不盡的，令我們驚奇的是，這樣一塊土地竟然養活了一億多人，絕大多數人都是土生土長的農民，他們並未在艱苦卓絕的生活和自然災害面前屈服，而是以罕見的忍耐力與博大的情懷傲然屹立。河南人的厚重堅韌在中國可算首屈一指。

　　然而最令人痛心疾首的還是那種人為因素造成的災難。對此我們不得不低頭深深反思：明朝崇禎十五年，李自成起義軍第三次大規模圍攻開封，垂死掙扎的明朝官軍為了打擊起義軍，竟喪心病狂地挖開朱家寨、馬家口兩處黃河大堤，企圖用黃河大水淹沒起義軍，正是陰雨綿綿的秋天，波濤滾滾的黃河洪水鋪天蓋地向開封撲來，使得開封城原有的三十七萬人幾乎

死傷殆盡，最後僅剩下三萬餘人。整個河南東部遭受了一次空前的毀滅性災難。

河南乾癟的軀殼滿目瘡痍，散發著濃厚血腥味的海風吹來時，更顯出古老黃河的無邊蒼涼。每當寒冷的冬天，穿著黑色棉襖的飢民背井離鄉沿街乞討。沉默的河南人在漫長的黑暗中苦苦掙扎，大地上哀鴻遍地。

二十世紀五○年代，河南已淪落爲一個破爛不堪的爛攤子，與其說這是經濟蕭條的地區，倒不如說是一處難民的收容所。最大的城市開封當時百人以上的工廠僅有三個，連同幾十人的小廠和手工業作坊，全部職工不足三千人，產值只有三千萬元，簡陋的高級路面只有三點二九公里。而河南歷史上的另外一個大都會洛陽當時人口不足十萬，全市只有一個五百千瓦的小型發電廠，一個以手工開採爲主的小煤礦、幾個小鐵礦、幾個磚瓦窯廠及爲數很少的個體手工業者。

河南舊時代的光芒並未與現實的光芒溶爲一片，人們沒法把它光輝的過去與後來的一切聯繫起來。這差點使我們失去了對於歷史發展軌跡所持有的方向感。

⊙1941年，黃河大水後採樹葉充飢的小孩

　　魯迅筆下的九斤老太在感慨其家族成員時說：「真是一代不如一代了！」這話對河南履歷來說是恰如其分的。

　　然而歷史並未一直沉淪下去，新的契機出現在了二十世紀末期，隨著改革發展的浪潮，河南人以極快的步伐掀開了新時代的發展篇章。

【河南多雄才】

　　江南多英才，河南多雄才。江南與河南是中國兩大人文薈萃的淵藪，江南為南宋之後出現歷史名人最多的地區，而在南宋之前頭把交椅非河南莫屬。江南英才多清柔靈敏之人，而河南雄才多雄渾沉勇之人。

　　初唐四傑之一的盧照鄰稱頌道：「洛陽多雄才。」盧照鄰的話改為「河南多雄才」也許更加貼切。歷史上的河南物華天寶、地靈人傑，黃河用它那浩大的情懷哺育了一代又一代偉邁超拔、冠於一世的風流人物——

　　先秦兩大思想家老子、莊子是河南人。北宋兩大理學家程頤、程顥是河南人。中國最著名的兩大忠臣比干、岳飛是河南人。中國謀臣的兩大楷模范蠡、張良是河南人。中國文壇震爍古今的兩大霸主杜甫、韓愈是河南人。中國天資縱橫的三大文人賈誼、張衡、蔡邕是河南人。中國最著名的兩大說客蘇秦、張儀是河南人。中國最著名的巾幗英雄花木蘭是河南人。替隋文帝奪取南朝一統江山的兩大將軍韓擒虎、賀若弼是河南人。秦國的三大王牌丞相范雎、呂不韋、李斯是河南人。替漢光武

帝劉秀奪取天下「雲臺二十八將」多是河南人。一代梟雄曹操手下的主要謀士郭嘉、荀攸、荀彧、徐庶、鍾繇、司馬懿等都是河南人。

蘇秦和張儀的舌頭

戰國這個時代許多知名人物都出現了。

蘇秦、張儀這對難兄難弟曾經在著名的謀略學大師鬼谷子門下拜師多年。三更燈火五更雞，此二人如此賣力地苦讀，是為了自己能有出頭之日，憑藉三寸不爛之舌獲得榮華富貴。蘇秦學成後，躊躇滿志地開始了奪取權勢的行動，像鷹一樣盯著地圖看了幾天之後，他決定將秦國當作獵物。他以較為便宜的價錢變賣洛陽家中的家產，湊足盤纏後前往秦國，臨走前，特意去買件名貴的黑貂皮外衣穿上，好讓秦惠王知道並不是因為缺銀子花他才跑到秦國來的。

繼承王位不久的秦惠王接見了蘇秦。在會談中蘇秦把早已準備好的一番高瞻遠矚的大道理講了出來，滔滔不絕、口若懸河，他點明了當時天下的大勢，極力慫恿秦王憑藉自己強大的力量和優越的地理條件發動統一天下的戰爭。無奈秦惠王對蘇秦這番空頭理論不感興趣，他婉言回絕了蘇秦，認為秦國現在談統一戰爭還為時尚早。

此後蘇秦待在咸陽，先後十次上書秦王大談強有力的武力是通向和平道路的基礎。無奈秦惠王絲毫不為所動，他將蘇秦視為一個高談闊論、華而不實的小人物。後來，蘇秦花光了所有盤纏，窮困潦倒的回到洛陽。他咬牙決定一切從零開始，發憤讀書，將各國之間的利害關係分析透徹。

∩少林壁畫

　　他找來古代的《陰符經》日日苦讀，揣摩其中博大精深的
謀略，並與當時七國的種種利害衝突聯繫起來研究。在足足一
年的苦讀期間，蘇秦沒吃過一頓飽飯、睡過一次好覺，他用繩
子將頭髮拴在房樑上，每當打瞌睡的時候，就拿錐子刺痛自
己，鮮血隨即流下來，一直淌到了大腿上。一年後，蘇秦已對
時局瞭若指掌，便制定了一系列針對時勢的戰略。連他自己都
得意地說：「這眞是能夠說動當世君侯們的策略啊！」

　　蘇秦再度出馬，這次他跑到北方弱小的燕國，針對時弊向
燕文侯提出了使燕國強大的方針政策，同時強調只有齊、楚、
燕、韓、趙、魏六國合縱聯手，才能夠解除強大秦國的威脅。
燕文侯很讚賞蘇秦的觀點，資助他車輛與金錢前去遊說趙國。
在趙國，蘇秦的一番理論使趙王茅塞頓開，大喜過望，他馬上
封蘇秦爲武安君，給他一百輛豪華車輛、白璧百雙、黃金萬鎰

及數不清的綾羅綢緞，讓他帶著去向其他的國家宣揚「合縱術」，一起聯合起來抗擊秦國。蘇秦「以三寸之舌為帝王師」，說得韓魏楚齊各國諸侯怦然心動，趨之若鶩，言聽計從。很快，蘇秦便令人吃驚地取得六國的丞相位置，在蘇秦執政期間的十五年，秦國的軍隊不敢東出函谷關一步。

當蘇秦被浩浩蕩蕩的車馬簇擁著前去出使楚國時，途中經過了故鄉洛陽。他的父母聽說他回來了，趕緊雇人來粉刷房子，把路打掃乾淨，準備了宴席，跑到十三里外的地方去迎接。他的妻子見到他時畢恭畢敬，不敢抬頭正眼看他一眼。當初虐待他的兄嫂從地上爬過去，跪在他的面前向他道歉請求他原諒自己當年的怠慢。蘇秦對世態炎涼感慨不已，他深深地感受到富貴權勢的重要性。

蘇秦大權在握，風光了很長一段時間。然而最聰明的人也難免有馬失前蹄的時候，後來他在燕國與徐娘半老、美麗而耐不住寂寞的王太后發生關係。各種小道消息傳進燕王的耳朵裡。蘇秦無法在燕國待下去了，他跑到了齊國，把持齊國朝政。豈料齊國有個大臣早就對花言巧語的蘇秦瞧不順眼，他暗地裡收買刺客刺殺蘇秦。結果蘇秦身負重傷，臨死前告訴齊王：自己死後要對屍體進行車裂，並宣布蘇秦是個大壞蛋，是燕王派到齊國臥底的，如今死了，齊國就安定了，誰刺殺蘇秦將受到重賞，這樣做就可以抓住兇手了。齊王照著蘇秦的話去做，刺殺的主謀大臣果然跑來領賞，齊王於是把他抓來殺了，替蘇秦報仇。

蘇秦身佩六國相印的時候，張儀正遊手好閒。有一天他跑到楚相國家裡去做客，剛好相國家裡掉了貴重的白璧，相國的

手下見張儀賊頭賊腦的四處張望，於是懷疑是他偷了白璧，把他捆起來打了個半死，然後扔在野外。張儀被打傷了，他迷迷糊糊聽見自己的妻子在旁邊放聲大哭，便忍住劇痛問妻子自己的舌頭還在嗎？當他妻子告訴他舌頭尚完好無缺時，他高興地安慰老婆說：「好，只要舌頭還在，那就不怕了，我定會有出頭之日的。」一番權衡後，他決定去投奔位高權重的蘇秦，先討個一官半職，然後再慢慢往上爬。

蘇秦認為由自己牽頭聯合起來的這個「聯合國」是個花架子，各國都以自己的利益為重並不可能真正地聯為一體的。一旦秦國的氣焰被封鎖住了，時間一長六國之間肯定要發生內訌，沒有了危機，合縱術也就失去了市場，到時諸侯們不會聽他之言，他對此充滿了憂患之感。蘇秦決定派遣張儀去秦國替自己臥底。他要把張儀這把快刀打磨得像當年自己刺股苦讀時那樣充滿銳氣。

蘇秦非常冷淡地接待了張儀，態度傲慢無禮。吃飯的時候，蘇秦在殿堂上大宴賓客，卻安排張儀單獨在一個角落，蘇秦的宴席擺滿了山珍海味，而張儀的桌上僅寒酸地擺著兩道小菜。吃完飯之後張儀向蘇秦說明此行的目的時，蘇秦很不耐煩地對他說目前還沒有機會，等待將來再說吧！

張儀見蘇秦不顧過去的交情，如此對待自己，心裡難受極了，陡然間地恨極了蘇秦，身上猛地升起一股殺氣。他發誓要與蘇秦唱對臺戲，為秦國出謀劃策破掉蘇秦的合縱戰略。事實上張儀也只有跑到秦國去另謀發展，因為其他六國都在蘇秦的掌握之中。然而此時的張儀窮困潦倒口袋裡空空如也，根本沒有盤纏到遙遠的秦國去。這時，剛好就有個腰纏萬貫的人願意

資助張儀，並親自陪他前去投靠秦國。張儀嚼舌頭的功夫猶在蘇秦之上。見到秦王后，他旁引博證點明了當時列國之間利害衝突的要害所在，措辭激烈地批評秦國的內政外交，最後獻上了破除六國合縱戰略的策略，即「遠交近攻」的連橫戰略。

秦王正苦於找不到對付六國合縱的方法，現在聽了張儀一席指點迷津的話。大有相見恨晚之感，馬上為他拍板封官，不久他又遷升為相國。

資助張儀的人見他已飛黃騰達，就前來向他告別，張儀驚訝地說：「我張儀之所以能有今天，全是依靠你幫助的結果，現在正想重重地回報，怎麼就要走了呢？」那人笑著對張儀說：「資助你的人不是我而是蘇相國，他認為你是天下少有的賢士，但又怕你樂於小利所以才故意激發你的鬥志。希望你掌握秦國的大權之後，威脅六國但又不發動強大的攻勢，使合縱戰略得以維持。這樣就算回報蘇相國了。」張儀這才明白原來一切蘇秦早有安排，就對那人說：「請您替我謝過蘇相國的恩典，有他在一天，秦國就不會破壞合縱戰略。」張儀在秦國的政治舞臺活動了不少年，為秦王出了不少鬼點子。後來，他代表秦國出遊列國，一肚子壞水弄得六國之間矛盾重重，刀戈相向。而秦國乘機坐收漁人之利。戰國後期六國貌合神離的合縱戰略失敗了，各國之間徹底失去了相互之間的信任。

鶴的身姿滑過政治

古語道：「功成名遂，身退，天之道也」。在歷史上，只有極少數人才能在政治的刀尖上自由地大展鴻圖後，靈活地脫下烏紗帽隱身而退。作為中國謀臣的典範，河南人張良和范蠡就

是這樣的人。時勢造英雄、亂世出英雄，是兵荒馬亂的鐵血時代把張良、范蠡鍛煉成了天姿神俊的風流人物。

與張良同時代的范增，是很厲害的謀士，但不幸他輔佐的是項羽，項羽雖有蓋世的個人英雄主義，但是在政治上目光短淺、剛愎自用，不時流露出婦人之仁，范增就栽在了他手上，最後於悲痛中被活活氣死。

東漢末年群雄並起，河南人袁紹是勢力最大的一股，不但糧草豐足，手下雄兵百萬，而且有「四世三公門生故吏遍天下」的強大家族爲後盾。當時袁紹帳下謀士如雲，猛將如雨，尤其是有田豐等幾個見識卓絕的人在幕後爲他出點子，從表面上看一統江山者非此人莫屬。結果呢？袁紹慘遭失敗。問題不是出在勢力強不強，而是出在袁紹自己身上，像他這樣優柔寡斷的人是不能夠成就大事的。他不但不採納田豐的金玉良謀，而且

龍門石窟

還殺害了他。可見識人很重要。在這方面張良、范蠡則不同，他們輔佐的是劉邦、勾踐這兩個心志堅忍、老謀深算的角色。在用人上，劉邦、勾踐扮演了一回伯樂，張良、范蠡則扮演了一回千里馬，千里馬常有，而伯樂不常有。

當劉邦向張良請教如何才能打敗項羽時，張良告訴他一是重用韓信，讓他帶兵占領燕趙一帶，對項羽實行戰略夾擊，二是積極聯合南方軍閥勢力英布和彭越，從而實現戰略大包圍，使項羽首尾不能相顧。劉邦用了張良的策略，果然取得了最後的勝利。

漢高祖劉邦晚年寵愛戚夫人，所以很想把太子廢除，另立戚夫人的兒子如意為繼承人。呂后得知這一消息後，請張良想個辦法讓劉邦改變主意。張良被她的誠心所感動，就替她出主意說：東園公、角里先生、綺里季、夏黃公這四個鬚髮皓白的老頭子，是當今的四個大賢人，聖上平定天下後，多次派人去請他們前來輔佐自己，結果這四個人無論怎麼說也不肯答應，跑到商山裡隱居去了，如果能把這人請來，讓他們經常出現在太子身邊，聖上見了，或許會改變主意。呂后照著張良的話去做，後來，劉邦見太子的身後站著四位氣宇軒昂的老人，心裡非常吃驚，一打聽竟是自己邀請多次不肯出山的商山四皓，於是認為太子已經在天下人心目中樹立威信，羽翼已經豐滿，就改變了撤換太子的念頭。

范蠡識人的功力就更不凡了。他與越王勾踐肝膽相照，臥薪嘗膽二十年，對飽受屈辱的越國洗刷恥辱滅掉吳國，居功至偉。大功告成之後，范蠡敏銳地觀察到自己有功高震主之嫌，大名之下難以久居，就向勾踐提出要求隱姓埋名遠走高飛。

勾踐不願放范蠡走，威脅說：「寡人將把江山分一半給先生，如果你堅持要離開，寡人將殺掉你」。范蠡於是不辭而別，臨走前他給對勾踐忠心耿耿的文種留了封信說：「飛鳥盡，良弓藏，狡兔死，走狗烹，從越王的面相和性情來看只能跟他共患難而不可以跟他享富貴和平，你要不趕緊離開！」文種認為范蠡太慎微了，自己替越王立下那麼大的功勳，他怎麼可能加害自己呢？過了不久，文種果然就在勾踐的威逼之下自殺了。

顯然，張良對劉邦為人的殘酷性早有警覺。當劉邦論功行賞大封功臣的時候，張良作為與蕭何、韓信並列的重要功臣並沒有接受三萬戶侯的顯赫爵位，他堅辭不受只要求封給「留」這塊小地盤就滿足了。當韓信、英布、彭越等人正在喋喋不休地為貪圖更大的封賞而發生爭吵的時候，張良卻常常稱病在家裡打發著清靜無為的優雅時光，他警惕地預感到了劉邦後來屠殺功臣的一連串血腥事件。他明智地放棄了權勢，劉邦自然不會殺一個構不成威脅的人。

劉邦死後，張良對政治已經沒有任何興趣可言，他決心捨棄一切紅塵中的俗務，跟隨一個叫赤松子的隱士去隱居，從此與高山流水閑雲野鶴為伍。然而呂后卻很感激他，強行把他留了下來。張良只好留下來，但從此金盆洗手不再參與政治。

而范蠡以先見之明躲過一場殺身之禍之後，乘了條小船泛滄海來到齊國，從此隱姓埋名在海邊耕讀，過著與天地為友的淡泊生活。後來，他遷居到陶這個交通要地去做生意。由於經營得法，幾年的功夫就成了富可敵國的巨賈，但他並不吝嗇錢財，經常把黃金分送給周圍的窮人。范蠡在知天樂命無拘無束中度過晚年時光。

　　張良、范蠡的心境顯然在道德境界之上，現實的羅網已經束縛不住他們過於高標的心靈，他們飄逸的身姿像鶴一樣滑向政治，然後又順心所欲地從政治鬥爭中遊弋出來，他們屬於那種能夠把黑暗的政治與聖潔的天空連為一片的人中鴻鵠。

俠客與烈火

　　「相國霜鐘」為開封八景之一。大相國寺裡的這口巨鐘高約四公尺，重一萬餘斤，每當體格精壯的和尚撞響巨鐘時，空曠渾厚的鐘聲，幾里外都可以聽到。鐘聲響起來，深沉的歷史被帶入到現實之中。鐘聲促使我們去追憶一位叫無忌的戰國風雲人物，那時他的府第，據說正是在今天大相國寺的地盤上。

　　信陵君無忌在戰國末年有著很高的威信，歷史書籍對他禮賢下士、義蓋雲天的為人津津樂道不已。信陵君平日喜好結交江湖人物，其中一人是年過古稀其貌不揚的侯嬴，他原本只是看守城門的糟老頭，貴為千金之軀的信陵君卻認為他潔身自好、人品高尚，對他畢恭畢敬。信陵君常送東西給侯嬴，但老頭子並不因為自己貧困就貪圖錢財，他總是婉言回絕。有次信陵君大宴賓客，在客人們坐好後他突然想起侯嬴來，便親自手執馬鞭趕著馬車去登門邀請。這次侯嬴並不回絕，徑直登上了雍容華貴的馬車。

　　在路上，侯嬴為了考驗信陵君是否真的禮仁下士，就故意說自己還有點事情請公子先把車子趕往殺狗屠豬的市場，到了市場上，侯嬴找到他的屠夫朋友朱亥後故意拖時間交談了好一陣子。信陵君被晾在一旁，但他並未流露出一絲不悅的神色。這下侯嬴滿意了。他認為公子是真的瞧得起自己，而不是為了

沽名釣譽，於是愉快地坐著馬車參加宴會去了。

賓客們在信陵君家裡端著酒杯等了很久，他們議論紛紛猜測公子是去請一個尊貴的大人物去了。後來，當他們看見信陵君風塵僕僕地趕著馬車回來了，衣衫襤褸的糟老頭侯嬴大搖大擺坐在車上時全氣壞了，覺得公子如此委屈貴體趕著車去請侯嬴，而這老傢伙卻不知好歹如此驕傲。在宴會上，信陵君讓侯嬴坐在自己身邊，對他恭恭敬敬絲毫沒有怠慢。侯嬴見信陵君如此真誠地對待自己，心裡十分感動，但並不表示出來。

幾年之後，信陵君遇到急事了，為了拯救被秦國圍困、危在旦夕的趙國，他屢次勸說魏王發兵前去救援都沒有成功，於是只好決定帶著手下的千餘人馬以死相拼，以報答與趙國平原君趙勝之間的交情。

這個時候深藏不露的侯嬴向信陵君獻上了「竊符救趙」的錦囊妙計，並指著好友朱亥說：「他實際上是天下少有的勇士，只不過藏身於市井之間而已，現在請他拿著四十斤重的鐵錘跟隨公子前去搶奪虎符（象徵兵權的權杖）。」

信陵君認識朱亥後，對他也很好，常給他送些東西，並不因為他是屠夫就小看他，但朱亥收下禮物後從來也不道謝一聲，信陵君覺得挺奇怪。直到現在朱亥才手持鐵錘笑著對信陵君說：「我不過是個在街頭殺豬賣肉的屠夫罷了，公子卻屈尊貴體對我那麼好，我之所以從不答謝，是因為那些小小的禮節沒有什麼用。如今公子處在危急關頭，正好是我朱亥拼死效忠的大好時機」。侯嬴年紀大了，無法跟著信陵君共赴危難，眼裡噙滿了熱淚，他目送信陵君和朱亥漸漸走遠，然後拔出劍來自殺而死，以此來回報信陵君的知遇之恩。

「竊符救趙」一舉獲得了成功，信陵君從此譽滿海內。

信陵君結交侯嬴、朱亥與孟嘗君結交雞鳴狗盜之徒如出一轍，在這三個早期的河南人身上，激盪著任俠重義的古風。

秦漢時期，崇尚武藝任俠重義的風氣是很盛行的，主要地區大概在燕趙、齊魯、河南一帶。那時在市井民間出現了許多殺富濟貧、重義輕生的遊俠，他們的所做所爲跟武俠小說裡描寫的江湖豪傑很類似。太史公司馬遷曾經評價說：「今遊俠，其行雖不軌於正義，然其言必信，其行必果，已諾必誠，不愛其軀，赴士之厄困。一既已存亡生死矣，而不矜其能，羞伐其德，蓋己有足多者焉。」

西漢初年爲數眾多的遊俠中，河南人劇孟、郭解名盛一時。劇孟在百姓中享有崇高的威望，吳王劉濞發動大規模叛亂後，名將周亞夫專門前往河南找他，當得知這位大名鼎鼎的遊俠並未參與叛亂時，周亞夫大喜過望，高興地說：「吳王發動叛亂而不去找劇孟，我已經知道他不過是無能之輩罷了。成不了什麼氣候的。」很快，周亞夫果然率領大軍鎮壓了叛亂。劇孟平素喜歡行俠仗義，多做善事，他的母親去世後，遠近的人們感激他的恩義，自發組織前往送葬的車輛竟多達一千餘輛。

另一個專門結交天下豪傑的河南遊俠郭解名冠當世，此人從不飲酒，長得短小精悍，其貌不揚，性格堅忍寡言，喜怒不形於色。他是當時遊俠裡笑傲江湖的頂尖高手，平生殺人如麻，視千金如糞土，踐踏公卿，飄若孤鴻；天下富豪及豪傑之士無不將結識郭解視爲平生的一大快事。

東漢末年是中國歷史上最黑暗的時期，當時發生了一場由官僚士大夫及太學生發起的政治運動，史稱「黨錮之禍」，它遭

到了宦官集團的血腥鎮壓。這場運動的骨幹分子除了竇武、郭泰之外幾乎全是清一色的河南人——李膺、陳蕃、杜密、賈彪、范滂等。這些傑出河南人以天下為己任，把腦袋放在刀尖上參與了這場著名的政治鬥爭。以正直而聞名的名士范滂，從大牢裡放出來返回家鄉時，慕其高義前來迎接的車輛竟多達幾千輛。建寧二年，宦官集團兩次大肆搜捕參預政治運動的士大夫，范滂被列為主要案犯之一，當詔書下達到河南鄖城時，縣令不忍心逮捕范滂，伏在床上抱頭大哭，范滂聽說了這件事，馬上前去投案以免使縣令為難。

縣令把官印拿出來對范滂說：「我今天寧肯不當這個官也要同你一起逃亡，天地這樣大，必然有我們的容身之所。」但是范滂拒絕了縣令的一番好意，解釋說不願連累他人。不久他便慷慨就義，死於宦官的屠刀下。

「天下楷模李元禮，不畏強禦陳仲舉」。李膺、陳蕃與范滂齊名，為當時士大夫的領袖，二人皆捨身取義死於和宦官的鬥爭中，從這句當時人們廣為傳頌的民謠，千年後我們仍能擲地有聲地聽到河南人那股凜然正氣。

【聖人之門】

沒有誰能繞過散發著文化聖性的孔子故地——齊魯。

真實的孔子生於今曲阜東南，先世曾為宋國貴族，遭家難流浪到魯國，父梁紇早死，從小受貧，在其母悉心教育下，慢慢成人，中年時即開始授徒講學，五十多歲時由中都宰相擢升

為司寇，但終因政見不合離職，後又遊歷列國，到處得不到統治者的青睞，晚年鬱鬱返魯，繼續講學於洙泗，隨學弟子三千，內有賢者七十二。其主要言行保存在後來成為經典的《論語》中。在孔子的言行裡，他反對苛政濫刑，主張「為政以德」，在做人修養上，注重發揚「仁」，他首創私人辦學，提出「有教無類」，主張行在文先，教學相長，誘導啟發，因材施教。此外，他還整理了一大批文獻，又據魯國歷史寫成編年史著作《春秋》。

如今，孔子的家鄉曲阜已被視為東方文化的發祥地，除了孔子，此地還誕生過軒轅皇帝、孟子、顏回、子思以及木匠的祖師爺魯班。在孔子出生之前，據說中國遠古時期三皇五帝中的炎帝、黃帝、少昊帝都曾在此定都過。後商王朝南庚也將都城設於此地，在周代，此地是周公之子伯禽的封地，這裡屬於魯國，開國諸侯周公旦被封作魯公，但他實際上一直留在鎬京輔佐年幼的成王。後來，伯禽帶了禮樂典籍回到封地。周公死後，成王為表彰他，命魯國始祭文王，魯國因有天子禮樂，從此開始發展起來。

❶成頭山

從曲阜正南門可以通達孔廟，此門喚作「仰聖門」，楣上乾隆御書「萬仞宮牆」，這是孔廟的第一個玄虛高帽，至孔廟門過了泮橋，兩邊各豎一石碑，上刻「官員人等至此下馬」，連皇帝也不能例外。

欞星門是孔廟五道大門的第一道，古代祭天，先祭欞星，因此孔廟祭祀的規模相當於祭天。左右側各題「德侔天地」、「道冠古今」。

第二重門為聖時門，形同城門，又因孔廟規格是比照皇宮而來，一例的黃色琉璃瓦，紅色的高大垣牆，金碧輝煌。

第三重門為奎文閣。古人將奎星看作文官之首，以此比附孔子。閣高二十三公尺，上層收藏著歷代帝王御賜書籍墨寶，下層則收藏歷代帝王祭祀孔子時的香帛之物。

第四層門為十三御碑亭。碑刻專門收藏歷代皇帝加封、祭祀孔子和整修孔廟的圖跡。自漢高祖劉邦開祭孔子先河，歷代諸多帝王都曾來過此地。除了十三御碑亭，不遠處還有七十多座露天碑碣。其中較有名的有唐代孫師範隸書碑、宋代呂蒙正碑、金代覺懷英雄書碑、清代翁方綱題名碑、曹魏孔羨碑、北魏張猛龍碑、東魏李仲漩修孔子廟碑。散存在其他各院的名碑還有隋陳叔毅碑、唐兗公頌碑、宋米芾的孔子植檜贊、米芾篆書碑、元趙孟頫篆書碑。

整個孔廟共九進院落，占地二十二萬平方公尺，殿、閣、樓、堂四百六十六間，門坊五十四座，碑刻一百多方，除了五道大門，再往裡又分為三路，中路大成門、杏壇、大成殿、聖跡殿、東西廡殿及寢殿；東路為孔子故宅、詩禮堂、禮器庫、崇聖祠、家廟等，西路為聖王殿、金絲堂。

大成殿爲孔廟主體建築，匾額爲雍正手書。整座殿重簷九脊，黃石朱欄，規模甚至超過故宮太和殿，加上岱廟中的寮天貺殿，並稱「東方三大殿」。大成殿十八根淺雕中共有一千二百九十六條栩栩如生的團龍！大殿內懸「萬世師表」等十方巨匾及三副楹聯，均爲乾隆手書。大殿正中塑孔子，旁列七十二弟子及歷代儒家先賢塑像。杏壇在大成殿前，相傳爲孔子當年講學之處。

❶孔子像

緊挨著孔廟的孔府，是孔子嫡長孫的府第，孔子故去後子孫都住在故宅，所以又叫「廟宅」，宋朝時孔子第四十六代孫孔宗願被封爲衍聖公，從此世代相襲而至於民國。這座規模龐大的衍聖公官署和孔子嫡系子孫的住所共有樓、廳、堂、軒共四百六十三間，占地十六萬平方公尺。九進院落，分東、中、西三路排列。

入得孔府，黑漆紅邊的大門兩邊明柱上，一副金字門聯躍入眼底：「與國咸休安富尊宋公府第，同天並老文章通德聖人家。」這的確是孔門的寫照。孔子自被封爲大成至聖先師，便已脫離凡人之列，成爲歷代統治王權禮教的一種門楣和象徵。在這裡，孔府被配享著如同皇朝一樣的威儀，但皇帝們卻並不眞想要有人僭位，他們只是需要孔府這樣的活祭物，裝模作樣地代他們祭祖演禮。

　　孔府可按皇庭規制建造，可設等級森嚴的大堂二門，以至三堂四堂，一進一個品級，一重院落一重天。而皇帝乃至文武百官至此，也嚴格按照等級行事，哪重門可進，哪重門不能進。孔府中人都心知肚明，既得文臣之首名位，又有大量田畝收成，只管心領神會於帝王之尊，讀書演禮，並不真的出來爭個要職。

　　孔府當然不只是孔子門人的府第，它還是封建王權的施捨和擺設，它也是一種統治手法的復現玩物。它的特權僅限於為歷代據說萬古不變但卻常常流血易首的王權作祭物，它還是一種物化的封建禮教，是統治者心裡的最為堅固最為正統的權利與威儀的幫襯，可在這些種種變形和粉飾的外表之下，它的內裡仍一樣潰爛，終也逃不脫魯迅所指斥的禮教吃人本質——在孔府前堂樓兩間掛著一張半身女子照片，她原是現存的孔子七十七代孫孔德成的生母王氏，當年的衍聖公因正室陶氏無子，將她一個丫頭納為小妾，生下兩個女兒一個兒子之後，就被毒死了。這樣，陶氏就有了自己的嗣子，而這位生母臨死前也只能稱自己的孩子為小姐、少爺，而且不允准得見外人，直到作為一個生育機器死去。

　　最後巡遊一番孔府，所謂東路，又稱「東學」，家廟所在，也為接待朝廷要員所在之地，設有報本堂、桃廟、一貫堂、慕思堂、蘭堂、禦書樓等。中路為孔府建築主體，三堂六廳，三堂之地為衍聖公接待官員、處理政務之所，六廳為各職能機構。最後邊為眷屬居所，後花園裡有一株分出五個分支的古柏，中抱一棵槐樹，喚作「五柏抱槐」，十分稀奇。

　　總之，孔府作為孔子延續了七十七代人的居所，其格局、建制，乃至收藏的歷代各種珍奇寶物，都可為「天下第一家」。想想人類歷史的延續，想想平凡人家的「五世同堂」，或是「富不過三代」的俗語，令人生出無限感慨。

　　孔林，乃孔子及其後裔的墓地。顯然，它也應是世界上綿延最長、沒有間斷、規模最大的家族墓地。其占地二百餘公頃，全為蒼松翠柏所包圍，濃蔭彷彿蒼翠欲滴。據傳，林內一共有樹木十萬株，計有柏、檜、柞、榆、槐、楓……初為孔子後裔或「弟子各以四方奇木來植，故多異樹」，孔子後人又不斷手植補栽，因而樹林越加繁茂延展，直到形成長達七公里的林牆。

❶孔廟大成殿的祭祀活動

孔孟之道

歷史用一種特別的形制惠顧了孔門。彷彿命運故意安排一個專門記錄中國人文明歷史的意外場景。在「三孔」之地尋幽探古，就如同進入一個包羅萬象的萬寶囊，古典時代的繪畫、雕刻、書法、工藝、建築、服飾、政治典章、經濟、文化、軍事、習俗、曲藝、烹飪，都在這裡厚積下從未斷裂的記憶。這種記憶的集體呈現，就是被復原的中國兩千年活生生的歷史圖景。前來遊歷的人往往僅窺得其中的一鱗半爪，心魂就被震懾得噤聲無語，而這一切都源自於歷朝歷代傾一個民族之力附加在孔學身上的光環，孔子是被刻意塑造，或是被有意地部分歪曲的。這是不容否認的事實。

世界上鮮有像孔廟這樣被如此神聖化的地方，但孔夫子卻從來不談鬼神，更談不上有什麼神學思想。李約瑟在談到孔子時說：「儒家學說代表一種具有深刻的人道主義精神的家長統治倫理觀，它熱誠地維護社會的道義準則……它含有懷疑的理性主義思想因素，在中國歷史上一直發揮著影響。」

我們來簡單分析一下孔子的學說。其道德倫理思想的核心，即「仁」之本在於孝悌，「仁」的執行要以「禮」為規範。他認為，要達於「仁」必推行「禮制」，但有兩個必備前提，一是政治上必須行仁政，二是道德倫理上要有以血緣宗法關係為核心的「愛人」，顯然，他的學說中包含了對君權的限制，而且在一定程度上也重視人的生命價值。

孔子還充分肯定人的精神美和人格美。「不得中行而與之，必也狂狷乎！狂者進取，狷者有所不為也！」「鄉愿，德之賊也！」「三軍可奪帥也，匹夫不可奪志也」。他想念有人格意

志的「天」，但又把「天」看成是自然之物。「天何言哉？四時行焉？百物生焉，天何言哉？」

孔子重視人為，「發憤忘食，樂以忘憂，不知老之將至。」

在認識論上，他承認「生而知之」，又強調「學而時習之」，提倡「知之為知之，不知為不知」，並注重「學」與「思」的結合。「學而不思則罔，思而不學則殆」。

從美學上來觀照，他還提出了自然人化的問題。「智者樂水，仁者樂山」，「歲寒，然後知松柏之後凋也」。

他還遵崇「樂」，「樂」已不簡單指的是音樂了，而是超越了一切內在、外在桎梏的心靈覺受，是泛宗教情感意義上的一

❶孔林

種來自內心的「靈告之聲」。一個人如果真正懂得了「樂」，那他就明悟到天人合一的境界，進可和光同塵置身於天地的無限性之中，實現了生命自身的解放。「樂」是孔子「中庸」審美觀的核心，「中庸之爲德也，其至矣乎！」，「中庸」審美觀影響了後世中國人的處事之道、藝術美學，乃至道德倫理。

此外，孔子在教育上強調「有教無類」、「因材施教」、「學而不厭，誨人不倦」。

在政治上他提出正名的主張：「名不正，則言不順；言不順，則事不成，事不成則禮樂不興。」

孔子的主張在他的時代並沒有得到採納，在死後卻逐漸演變爲一種治國方法的「儒術」和以他爲宗師的「儒家」學派。戰國時儒家即以分成八派，而自漢武帝採董仲舒「罷黜百家、獨尊儒術」後，儒家思想便成爲統治中國封建正統思想達兩千年之久的一個痼疾。在這個漫長的時空隧道中，每個時期的儒家學說都會根據當代需要而做出一些修正與解釋。如兩漢時以董仲舒和劉歆爲代表的今古文經學和讖緯之學，魏晉王弼、何晏以老莊思想解儒的玄學，唐代韓愈爲排佛而倡的「道統」說，宋明兼取佛道兩說的程朱派和陸王派的理學，清前期的漢學、宋學，清中葉的今文經學、古文經學……

在這一代一代的解經過程中，孔子學說有的東西被放大，有的肢解，有的丟失，有的變形……

孔子之後，又有孟子誕世，歷來孔、孟並提，孔子爲聖人，孟子爲亞聖。亞聖同樣生於魯國，受業於孔子的孫子，與孔子命運差不多，他一生四處遊說而遭碰壁，晚年便回家著書授徒，終成承繼孔子思想衣缽的一代儒學大師。

　　孟子曾感嘆道：「孔子登東山而小魯，登泰山而小天下。故觀於海者難爲水，游於聖人之門者難爲言。」但實際上他將孔子的學說發展爲了「仁政」學說。他認爲「仁政」必「自徑界始」，主張「省刑罰，薄稅斂」，讓「有恆產者有恆心」，「民爲貴，社稷次之，君爲輕」。但他強調「重民」在於「驅而之善」，進而又說「勞心者治人，勞力者治於人」。他主張性本善，人有天賦的「仁義禮智四端」，認爲人要排除感官物累，「吾善養吾浩然之氣」，以達「萬物皆備於我」。他將治學和認識問題歸結爲如何找回散失本心的心性修養問題。

　　孟子死後葬於故鄉，後又遷往鄒縣城南關，被加封爲鄒國亞聖公，孟廟、孟子墓不斷被重建，仿「孔林」的「孟林」也達近六千畝！而「孟母林」也有上萬餘畝林地的建制。

❶孟母廟刻碑

　　兩片世間罕見的林地，兩個來自魯地的「聖人」，一套至今時時被人閱讀翻檢的學說，甚至就是在二十世紀，加綴一個「新」字的儒學又在世界範圍再度發熱——孔子顯然沒有真正死去，他被不斷研究，他與他的後代歸葬在一個沒有間隙的歷史軌跡之上，通過這種世間奇特的延續方法，他的智慧流芳千古。

　　除了孔子、孟子兩大聖人之外，儒家早期的主要人物絕大多數都出現在齊魯一帶，諸如子思、曾參、顏回、子路、子貢、曾皙、公冶長、原憲、伏生、主父偃、孔融等。這一精英群體在齊魯文化中應運而生並非偶然現象，只有適合於營造儒家思想的人文地理模式中這一切才可能發生。

【好漢們的家鄉】

　　山東人常咧著嘴向外地人詠嘆道：「誰不說俺家鄉好？」馬可·波羅稱濟南是「園林美麗，堪悅心目，產絲之饒，不可思議」。

　　水泊梁山，群雄咸集，風雷激蕩，替天行道，笑傲人世，何其快哉。山西人走西口，山東人闖關東。據推斷，整個清代，山東移往東北的流民約有七百萬至八百萬人之多。

兩個文人的濟南

　　濟南南倚泰山，北臨黃河，集「山」、「泉」、「湖」、「河」、「城」於一體，可謂「山得水而活，水得山而壯，城得

山水而靈」。元好問美譽道：「羨煞濟南山水好」，于欽讚嘆曰：「濟南山水甲齊魯」，黃庭堅則感慨稱：「瀟灑似江南」。

　　早在春秋時期，齊國曾在這裡構築了一個叫濼邑的城，後改稱為「歷下」。西元前164年，漢文帝命歷下屬濟南國，其首府設在東平陵城。「濟南」一稱是因為城區位於古濟水之南而得名。唐代時，這一帶的經濟已相當繁榮。宋徽宗政和六年（西元1116年），濟南郡被改為「濟南府」，府治設於歷城，轄五縣。明代以後，濟南開始成為山東省會，濟南山水豐美，人文薈萃，擁有大明湖、趵突泉、千佛山三大名勝區，有明湖泛舟、匯波晚照、鵲華煙雨、錦屏春曉、趵突騰空、白雲雪霽、佛山賞菊、歷下秋風等八大景觀，有舜耕山、靈岩寺、四門塔、千佛崖、五峰山、齊長城、洛莊漢墓、平陵城遺址等風景名勝。

　　大明湖的水景自古便享有盛譽，四面綠柳輕搖，樓、臺、亭、閣之側影蕩漾其間，歷下亭、小滄浪亭、湖心亭、月下亭、稼軒祠、鐵公祠、遐園、北極閣，均與水有關，周圍水、煙、樹、崗、影、天，無一不在畫中。

　　千佛山處於濟南東南，古稱「歷山」，因隋朝在此依山鑿佛多尊，故稱「千佛山」；此山雖不太高，但古樹蒼鬱，山路盤曲，韻致悠遠。主景區千佛岩保留有隋代摩崖造像六十多尊，以極樂、黔婁、龍泉三洞最為有名。在「齊煙九點」彩繪牌坊前駐足而觀，雲海蒼茫間，九座山峰如入畫圖，曾經「家家泉水，戶戶垂楊」的濟南素有泉城之別稱，最多時城內有七十二眼名泉，尤以趵突泉、黑虎泉、珍珠泉、五龍潭四大泉群最為有名，漢代桑欽的《水經》、北魏酈道元的《水經注》、宋代曾

♠大明湖之春

鞏的《齊州二堂記》、元代趙孟頫的《鵲華秋色圖》，一直到清代蒲松齡的《趵突泉賦》，數千年來，詠讚濟南泉水的詩詞歌賦、書畫碑刻一直不斷。但隨著近年來土地污染、工業用水等人為因素，泉水所剩不多。

二十世紀四〇年代，留居濟南的作家老舍曾用心品察過這座北國古城內在的味兒，以下是他在《濟南的多天》裡的記述：

「小山整把濟南圍了個圈兒，只有北邊缺著點口兒。這一圈小山在多天特別可愛，好像是把濟南放在一個小搖籃裡。

　　最妙的是下點小雪呀！看吧，山上的矮松越發的青黑，樹尖上頂著一臂地白花，好像日本看護婦。山尖全白了，給藍天鑲上一道銀邊。山坡上，有的地方雪厚點，有的地方草色還露著；這樣，一道兒白，一道兒暗黃，給山們穿上一件帶水紋的花衣；看著看著，這件花衣好像被風兒吹動，叫你希望看見一點更美的山的肌膚。等到快日落的時候，微黃的陽光斜射在山腰上，那點薄雪好像忽然害了羞，微微露出點粉色。就是下小雪吧，濟南是受不住大雪的，那些小山太秀氣！

　　古老的濟南，城裡那麼狹窄，城外又那麼寬敞，山坡上臥著些小村莊，小村莊的房頂上臥著點雪，對，這是張小水墨畫，也許是唐代的名手畫的吧！

　　那水呢，不但不結冰，倒反在綠萍上冒著點熱氣，水藻真綠，把終年貯蓄的綠色全拿出來了。天兒越晴，水藻越綠，就憑這些綠的精神，水也不忍得凍上，況且那些長枝的垂柳還要在水裡照個影兒呢！看吧，由澄清的河水慢慢往上看吧，空中、半空中、天上，自上而下全是那麼清亮，那麼藍汪汪的，整個的是塊空靈的藍水晶。這塊水晶裡，包著紅屋頂，黃草山，像地毯上的小團花的小灰色樹影；這就是冬天的濟南。」

　　比老舍早幾十年的劉鄂，則在其《老殘遊記》裡把濟南在晚清時代的一縷芳魂留給了飽受生態之苦的後人：「一路秋山紅葉，老圃黃花，頗不寂寞。到了濟南府，進得城來，家家泉水，戶戶垂楊，比那江南風景，覺得更為有趣……

　　而一到了鐵公祠前，朝南一望，只見對面千佛山上，梵宇僧樓，與那蒼松翠柏，高下相間，紅的火紅，白的雪白，青的靛青，綠的碧綠，更有那一株半株的丹楓夾在裡面，彷彿宋人

趙千里的一幅大畫，做了一架數十里長的屏風。正在讚賞不絕，忽聽一聲漁唱，低頭看去，誰知那明湖業已澄淨的與鏡子一般。那千佛山的倒影映在湖裡，顯得明明白白，那樓臺樹木，格外光彩，覺得比上頭的一個千佛山還要好看，還要清楚。這湖的南岸，上去便是街市，卻有一層蘆葦，密密遮住。現在正是開花的時候，一片白花映著帶水氣的斜陽，好似一條粉紅絨毯，做了上下兩個山的墊子，實在奇絕。

老殘心裡想道：『如此佳景，爲何沒有甚麼遊人？』看了一會兒，回轉身來，看那大門裡面楹柱上有副對聯，寫的是『四面荷花三面柳，一城山色半城湖』，暗暗點頭道：『眞正不錯！』進了大門，正面便是鐵公享堂，朝東便是一個荷池。繞著曲折的回廊，到了荷池東面，就是個圓門。圓門東邊有三間舊房，有個破匾，上題『古水仙祠』四個字。祠前一副破舊對聯，寫的是『一盞寒泉薦秋菊，三更畫船穿藕花』。過了水仙祠，仍舊上了船，蕩到歷下亭的後面。兩邊荷葉荷花將船夾住，那荷葉初枯，擦的船嗤嗤價響；那水鳥被人驚起，格格驚飛；那已老的蓮蓬，不斷的蹦到船窗裡面來。老殘隨手摘了幾個蓮蓬，一面吃著，一面船已到了鵲華橋畔了……」

狐鬼先生蒲松齡

清朝初年，有幾位特別喜歡講鬼的故事的文人，一個是寫《聊齋誌異》的蒲松齡，一個是寫《閱微草堂筆記》的紀曉嵐，還有一個是寫《隨園詩話》的袁枚，幾人中猶以蒲松齡才情高卓。「寫鬼寫妖高人一等；刺貪刺虐入骨三分」的蒲松齡是中國文學史上的異類，他托狐鬼言志的靈幻世界，爲中國文學樹

立了一個獨異的尺規。此外，他還為民間說唱藝人寫過十四種俚曲，如《牆頭記》、《俊夜叉》等。

蒲松齡字伯仙，一字劍臣，號柳泉居士，其故居位於淄博市淄川區洪山鎮蒲家莊。蒲松齡的高祖蒲世廣、曾祖蒲繼芳、祖父、父親，都知識淵博、頗具才華，但全部懷才不遇，終困場屋，至多只考取過廩生、秀才。

蒲松齡自幼跟隨在私塾裡授童子業的父親讀書，十九歲時（順治十五年，西元1658年），參加童子試，縣、府、道均考第一，被當時主持山東學政的著名詩人施閏章讚為「觀書如月，運筆成風」。但此後應考不下七次，卻與八股無緣，屢試不第，始終沒有考取舉人。直到康熙四十九年，七十一歲高齡才按照慣例成為貢生。

由於未能攀緣科舉出仕，所以蒲松齡除了應寶應縣令孫蕙之邀於康熙九年南遊做過兩年幕僚外，與自己的秀才父親一樣，一生都困守在鄉土過著設帳授業的塾師生活，與數卷殘書、半窗寒燭為伍。最困難的時候，據他在《述劉氏行實》中說：「居唯農場老屋三間，曠無四壁，小樹叢之，蓬蒿滿之。」

他雖念念不忘功名，夢想著能突破蒲家世代懷才不遇的瓶頸，但實際上漫長的鄉間生活使他更接近大眾，更深刻地認識到現實和政治的黑暗、腐敗。終於，他將一生滿腔的憂憤之氣傾注成了《聊齋誌異》。一生以狐鬼言志，「集腋為裘，妄續幽冥之靈；浮白載筆，僅成孤憤之書。寄託如此，亦足悲矣」。

《聊齋誌異》一書揉傳統「志怪」、「傳奇」的寫法於一體，雅俗共賞，老少咸宜，精彩紛呈。最初書名為《鬼狐傳》，一開始只是在民間傳抄，作者去世五十年之後，才在浙江睦州

成書問世，定名為《聊齋誌異》，全書十六卷，共四百九十一個短篇。該書問世很快便風行天下，膾炙人口，經久不衰。

　　嶗山太清宮三官殿前，有一株山茶，高八點五公尺，樹圍約一點八公尺，樹齡約七百年，是世界少見的山茶樹。冬春之際，滿樹綠葉流翠，紅花芳豔，猶如落了一層絳雪。不遠處原有一株白牡丹，高及屋簷。當年蒲松齡寓居於此，終日與牡丹、山茶相對，遂構思出《香玉》，這則故事寫一黃姓書生在太清宮附近讀書，白牡丹感其深情化作香玉與之成婚，後白牡丹被人偷掘，香玉亦失蹤，書生終日慟哭，憑弔時又遇山茶花所化的紅衣女絳雪，與之一同哭弔香玉，花神終於感懷動容，便使香玉復生。黃生死後變成牡丹花下的一株赤芽，無意中被小道士砍折而去。白牡丹和山茶花於是也相繼死去。

　　在《聊齋誌異》中，最讓人不忍掩卷、神思縹緲的，確是那些花妖狐魅和書生的愛情故事：「一個被官府逼得逃亡在外，遠離家鄉的人，手中盤費斷絕，昏暮無處投宿，獨自踟躕於狼嗥虎吟的曠野。忽然間遇到一個姿容美麗的狐仙。從此後，不僅有了精美之食，錦繡之榻，狐仙又主動以門戶相托。逃難中媾合一段佳姻……死了妻子的失意書生想念妻子，一女鬼從牆上飄然而下，對書生訴說自己的冤屈。為保處子之身以便雪恥，她請鬼妓陪伴公子，大仇報後，公子返鄉，女鬼生死相隨，且為書生生下麒麟兒。兒子長大登進士，光耀門庭……」情到深處，可以通神，紅玉、嬰寧、香玉、青鳳、嬌娜、蓮香等浪漫而晶瑩的美麗鬼狐，讓人為之心魂俱醉。

　　「繁花古木映庭除，陋室三間寫異書。」古槐青蒼、鴛牆灰瓦的蒲松齡故居至今猶存，故居設六個院落，穿過雙層小角

門，進入聊齋小院，可見到一間樸素清雅、茅草頂、青石屋基的農家小舍，正房即是蒲松齡的書房聊齋，裡面陳列著蒲松齡當年用過的家具、石盆景、印章、銅燈和煙袋，流芳天下的《聊齋》就誕生於此，書成之時，蒲松齡感慨不已地寫了一首七絕：「《誌異》書成共笑之，布袍蕭索鬢如絲。十年頗得黃州意，冷雨寒燈夜話時。」聊齋旁有幾間低矮狹窄的小屋，即是蒲松齡當年甚為簡陋的居室。康熙五十四年（西元1715年）正月二十二日酉時，蒲松齡在此依窗危坐而卒，享年七十六歲。

出故居東門，不遠處便是幽雅的柳泉，蒲松齡自號柳泉居士，便由此得名。當年清泉畔有綠柳百餘棵，在這風月無邊之地，相傳蒲松齡常設茶待客，索求鬼狐之事，用作寫作《聊齋》之資。由柳泉南行，不遠處，蒲松齡長眠在古柏叢中的蒲氏墓地裡。

人間蓬萊

「蓬萊」這一地名，從它誕生的那一刻起，就與神仙文化結下了不解之緣。據唐人李吉甫《元和郡縣圖志‧登州‧蓬萊》記載：「昔漢武帝於此望蓬萊山，因築城，以蓬萊名之。」另據資料，漢武帝於太初元年（西元前104年）巡幸至此，尋訪神山不遇，於是築起一座小城，冠以「蓬萊」，從此有了「蓬萊」這一地名。

此前的西元前219年，秦始皇第一次巡遊來到東海之濱，天風浪浪，海山蒼蒼，在這裡，他看見了大海深處海市蜃樓，如仙山瓊閣，美不勝收，心神俱醉之餘，徵召大批方士，詢問海中神仙與仙藥事。

　　一個叫徐福的方士上書奏道：「言海中有三神山，名曰蓬萊、方丈、瀛洲，仙人居之。請得齋戒，與童男女求之。」

　　始皇大喜，立即下詔征童男女三千，百工技藝之人，攜帶五穀等物，由徐福率領，東入大海「求仙」。司馬遷在《史記》中說，徐福率領他的船隊兩度出海，最後到了一個叫「平原廣澤」的地方。這個「平原廣澤」，據推測可能位於日本某地。徐福出海的地點，有人認為在當時的琅邪郡，亦有人認為就在蓬萊（當時屬齊郡的黃縣）。

　　蓬萊閣坐落在蓬萊城北面的丹崖山上，與黃鶴樓、岳陽樓、滕王閣並稱「全國四大名樓」。唐代時這裡曾建過龍王宮和彌陀寺，北宋嘉佑六年（西元1061年），郡守朱處約始建蓬萊閣，明代萬曆十七年（西元1589年），巡撫李戴在蓬萊閣附近增建一批建築物，西元1819年，清朝知府志楊豐昌和總兵劉清和繼續擴建，使蓬萊閣具有了現在的規模。

　　蓬萊閣由占地近三萬三千平方米、建築面積達約一萬九千平方公尺的龐大古建築群（共有一百多間）組成，主閣是一座雙層木結構建築，丹窗朱戶，飛簷疊瓦，雕梁高啓，古樸偉麗，閣底環列十六根大紅楹柱，上層繞有一圈精巧明廊，可供遊人遠眺，憑欄四顧，舉頭紅日近，俯首白雲底，山丹海碧，海天空茫。除主閣外，主要建築尚有呂祖殿、三清殿、蓬萊閣、天后宮、龍王宮、彌陀寺等，眾星拱月，渾然成體，正所謂「丹崖瓊閣步履逍遙，碧海仙槎心神飛越」。

　　晚清時，劉鶚遊過蓬萊閣後記述道：

　　「話說山東登州府東門外有一座大山，名叫蓬萊山。山上有個閣子，名叫蓬萊閣。這閣造得畫棟飛雲，珠簾卷雨，十分壯

麗。西面看城中人戶，煙雨萬家；東面看海上波濤，崢嶸千里。所以城中人士往往於下午攜尊挈酒，在閣中住宿，準備次日天來明時，看海中出日，習以爲常。到了閣子中間，靠窗一張桌子旁邊坐下，朝東觀看，只見海中白浪如山，一望無際。東北青煙數點，最近的是長山島，再遠便是大竹、大黑等島。那閣子旁邊，風聲「呼呼」直響，彷彿閣子都要搖動似的。天上雲氣一片一片地疊起，只見北邊有一片大雲，飛到中間，將原有的雲壓將下去。並將東邊一片雲擠得越過越緊：越緊越不能相讓，情狀甚爲譎詭。過了些時，也就變成一片紅光了。」

蓬萊水城

蓬萊有高閣，天地壯大觀，海天一色，海鳥翔鳴，蔚為奇景。這一區域能領略到蓬萊十景中的「萬斛珠璣、獅洞煙雲、晚潮新月、漁梁歌釣、日出扶桑、神仙現市、萬里澄波」。

蓬萊的另一奇觀便是海市蜃樓，每年秋天是海上最容易出現海市奇觀的季節，迷濛神奇的海市出現時，但見飄渺的幻景「聚而成形，散而成氣，千姿百態，瞬息萬變。忽而似樓臺，如亭閣；忽而像奇樹，如怪峰；時而橫臥海面，時而倒懸空中，若斷若連，若隱若現，朦朧中似乎還有人影在晃動。一會兒長橋飛架，一會兒樓閣高聳，東部倒掛的奇峰剛剛隱去，西邊林立的煙囪又赫然入目……」

由於海市，有了蓬萊、瀛州、方丈三神山之說，才有秦皇漢武的尋仙之事，更有白居易筆下的「忽聞海上有仙山，山在虛無縹緲間」。蓬萊民間自古便盛行崇尚神仙之風。蓬萊的神仙文化，緣起於海市，興起於戰國時期，至明、清時期，郡志上記載的地方性神仙人物已多達數十位。相傳正月十六是天后（海神娘娘）的生辰，所以蓬萊人有正月十六趕廟會的習俗。這天，人們從四面八方趕往蓬萊閣天后宮，進香膜拜、求籤許願、捐香火錢。各地農民組織戲班、秧歌隊到蓬萊閣戲樓、廣場上表演，屆時蓬萊閣上人山人海，熱鬧非凡。

而在此之前的正月初十三、十四，漁民們要過漁燈節，人們紛紛到蓬萊閣的龍王宮送燈、進奉貢品，祈求龍王爺保佑，以圖新的一年出海平安和漁業豐收，按照風俗，許多人要供祭船、送漁燈、放鞭炮，同時舉行娛樂活動。若是新春時節漁民造了新船，船主會擇「黃道吉日」，讓船頭披彩，船桅掛紅旗，然後設供品，點蠟燭，焚香紙，鳴鞭炮，行大禮，接著用朱砂

筆爲新船點睛、開光，高呼「波靜風順」、「百事大吉」，再送船入海。

　　蘇東坡道：「東方雲海空復空，群仙出沒空明中」。當地傳說，呂洞賓、張果老、鐵拐李、漢鍾離、曹國舅、何仙姑、藍采和、韓湘子共八位神仙在蓬萊閣上聚會飲酒，酒至酣時，商議到海上一遊。漢鍾離便把大芭蕉扇往海裡一扔，坦胸露腹仰躺在扇子上，向碧海漂去；何仙姑不甘示弱，將荷花往水中一拋，佇立荷花之上，凌波踏浪而去。其他諸仙也紛紛將各自寶物拋入水中，借助寶物游向東海。這一舉動驚動了龍宮，八仙與東海龍王發生衝突，引起爭鬥，東海龍王還請來南海、北海、西海龍王，掀起狂濤巨浪，雙方打得難分難解。幸好觀音菩薩從此經過，經勸解雙方才罷戰。從此留下「八仙過海，各顯神通」的美麗傳說。

　　元朝末年，全真教興起後，八仙傳說中的呂洞賓、漢鍾離成爲該教「北五祖」中的人物，各種神仙傳說紛紛附會於蓬萊，經民間通俗文化的大肆渲染、傳播，「蓬萊」於是成爲「仙境」的代名詞。

梁山義匪

　　做爲一般老百姓，生活在底層，爲日常生活煎熬曠久，他的內心一定會閃過俠客隱士的自然欲求。行俠仗義，縱橫江湖，劫富濟貧，懲惡揚善，這是貫穿著好漢之血的隱密渴求。

　　齊魯大地爲俠義精神作出了不朽的演繹，水泊梁山，群雄咸集，風雷激盪，替天行道，笑傲人世，何其快哉。

　　梁山位於山東西南部梁山縣境內。此地原來名良山，只因漢文帝次子梁孝王葬於此而名「梁山」。梁山由梁山、青龍山、鳳凰山、龜山四主峰和虎頭峰、雪山峰、郝山峰、小黃山等七支脈組成，占地面積面積三點五平方公里，主峰海拔一百九十八公尺，山勢雖不高，但因其群峰連綿，拔地而起，給人以嶙峨崢列之感。

　　梁山附近的梁山泊古時曾屬於龐大的巨野澤，後縮小為一個很小的湖泊，唐朝末年以後，黃河多次缺口氾濫，水匯山麓，聚為水泊，大小水泊相連，至北宋末年形成大片澤國，湖中港汊交錯，蘆葦縱橫，並有許多天然小島，形局險要複雜。當時許多破產農民、漁民以及一些被政府通緝追捕的逃犯遂藏匿於此，人數愈聚愈多，形成江湖勢力，宋史《蒲宗孟傳》中，就有「梁山泊素多盜」的記載。宋江起義軍是梁山最著名的一股江湖勢力。

　　在《水滸傳》中，梁山和宋江起義軍的陣勢被誇大地描述為：「四面是高山，中間是平地，建有宛子城、忠義堂和六關八寨，山下有金沙灘、鴨嘴灘、蓼兒窪，山的四周有八百里梁山泊！」高文秀的元雜劇《黑旋風雙獻功》中，梁山的氣概就更加不凡了：「寨名水滸，泊

❶梁山好漢

號梁山，縱橫河港一千條，四下方圓八百里。東連大海，西接濟陽，南通巨野、金鄉，北靠青、濟、兗、鄆，有七十二道深河港，屯數百隻戰船；三十六座宴臺樓，聚得百萬軍馬糧草。」

北宋末年，官府設置「西城括田所」，宣布將整個梁山泊數百里水域盡數收爲「公有」，規定百姓凡入湖捕魚、採藕、割蒲，都要依船隻大小課以重稅，若有違規犯禁者，以盜賊論處。貧苦農民、漁民交不起重稅，遂於宣和元年（西元1119年），會聚在宋江等人的麾下正式起義，憑藉梁山泊易守難攻的地形，阻殺前來鎮壓的官兵。

梁山一百單八將，三十六人爲天罡，七十二人爲地煞，這是《水滸傳》的虛構。著名學者余嘉錫曾著有《宋江三十六人考實》，據史料記載，宋江起義軍共有三十六名頭領，具體是宋江、晁蓋、吳用、盧俊義、關勝、史進、柴進、阮小二、阮小五、阮小七、劉唐、張青、燕青、孫立、張順、張橫、呼延灼、李俊、花榮、秦明、李逵、雷橫、戴宗、索超、楊志、楊雄、董平、解珍、解寶、朱仝、穆橫、石秀、徐寧、李英、花和尚、武松。宋江起義軍約有萬人左右，一度「橫行河朔、東京，官兵數萬，無敢抗者。」約兩年後，在進攻海州（今連雲港）時，被海州知州張叔夜設伏包圍，損失慘重，最後被迫接受招安。

以宋江起義爲歷史原型的《水滸傳》彌補了中國人某種隱在的內心缺失。在這部俠義高張的奇書中，水泊梁山什麼樣的豪傑都有，諸如晁蓋之類的鄉村土老肥，時遷、白勝之類的雞鳴狗盜之徒，關勝、呼延灼之類的朝廷名將，魯智深、武松之類的老江湖，柴進、盧俊義之類的金枝玉葉，林沖、揚志之類

的落魄英雄，諸如老謀深算的吳用、呼風喚雨的公孫勝、小毛賊朱貴、大粗人李逵……眞可謂各色人等、群雄並集。一幫頂天立地的好漢，因大頭目宋江執意招安，爲兄弟們謀個「更好的出路」，陷入朝廷權奸的算計，一百零八好漢，最後四下飄零，落得個淒慘的結局，眞正是其事可感、其情可嘆、其遇可哀。

時過境遷，滄海桑田，水泊梁山不復原貌，但此地所記錄的眾多水滸故事和遺跡卻保存了下來。隨著《水滸傳》電視劇的熱播，這裡更是熱鬧非凡。整修一新的「宋江寨」，威風地雄踞虎頭峰頂，聚義廳和其他建築一應復原，一百零八好漢的彩繪塑像和大幅壁畫熠熠生輝，廳前「替天行道」的杏黃旗高懸柱頭，黑風口「黑旋風」李逵像猶在，義軍的曬粉場、演武場、天書閣、宋街也以漸次修復。

往事歷千年，《好漢歌》縈懷不散，人們仍然在不斷地撫摩梁山、念想梁山、詠嘆梁山。

山東大漢闖關東

山西人走西口，山東人闖關東。民以食爲天，進入清代以後，一向守土安命的山東人爲「稻粱謀」而掀起了空前的闖關東移民大潮。「關東」者，指的是山海關以東的吉林、遼寧、黑龍江三省區域。

一部元代之前的中國歷史，就是一部政治、經濟、文化、人口不斷南移的歷史。中國人口的比例如果以淮河爲界的話，到元末明初時，基本上已經達到了八比二，即南方占八○％，北方占二○％。所以，伴隨著戰爭瘡痛引發的後遺症，以及政

治中心的北遷，明朝初年政府把南方的人口大量遷到了北方，
有大批山西人在這一時期遷到了飽受戰火之苦的山東，主要居
住在德州、濱州、聊城、泰安、菏澤、濟寧一帶。

　　西元1644年，清朝定都北京後，百萬滿族人隨軍入關者就
達九十萬人之多，致使關外「荒城廢堡，敗瓦頹垣，沃野千
里，有土無人」，一派荒涼景象。關東是滿清的「龍興之地」，

❶沂蒙山區農家

為強根固本，1653年，順治帝頒布遼東召墾令，命地方官「招徠流民」，給予不少優惠政策，於是山東、河北等地不少農民開始成規模地舉家「闖關東」，東北的菸草業、蠶桑業就是這些人發展起來的。但僅僅過了十五年，出於保護滿族固有文化的考慮，清廷宣布關閉山海關的大門，封禁關東地區。此後，仍不斷有眾多流民偷偷違禁「闖」入關東，至乾隆四十一年（西元1776年），關東的華北農民總計達一百多萬人，其中大多是外出謀生和外出逃荒的人。

1860年，咸豐帝正式宣布關東地區全面向流民開放，以山東人為主的流民大量出關，闖關東從此由「涓涓細流」演變為「滾滾洪流」。此前發生的兩件大事是促成這一政策的主要原因。

1855年（咸豐五年）發生大水洪災，黃河在河南境內的銅瓦廂斷堤改道，滔滔黃水奪路北流，結束了南宋以來南流七百年的歷史。黃河的這次改道，對其下游地區造成了巨大災難，尤以山東受災最重。原本依賴黃河水源的眾多城市、村莊、田地日漸衰落，改道後的新河道常年氾濫，加劇了洪澇災害和土壤鹽鹼化，大批農民因此破產逃荒。據有關資料，作為中華的第一大「血脈」，黃河在歷史上改道次數多達千次以上，改道範圍最北面到天津，最南面到徐州甚至再往南，而咸豐五年的改道是後果空前嚴峻的一次。

另外，捻軍、太平軍與清軍在山東多次交戰，戰火燒得山東「大半糜爛」。

在天災人禍的衝擊下，原本就人多地少、土地兼併嚴重的山東雪上加霜，大批農民流離失所，蜂湧「闖關」，局面已無法

控制，黑龍江將軍特普欽於是奏請朝廷「開關」，他在奏摺中說：「東三省之開放設治，遂如怒箭在弦，有不得不發之勢矣。」在此情形下，清廷被迫打開虛掩的大門，正式允許流民進入關東。

關東成為移民的天堂，這裡有壯麗的白山黑水，有遼闊而肥沃的黑土地，有遍野飄香的稻米、大豆，有蔚為大觀的流民們用血汗壘起來的新家園。幾十年後，一個全新的「移民社會」在東北形成了。至1911年，東北約有一千八百萬人，其中約有一千萬人是由山東、河北、河南等地先後自發湧入的流民，其中以山東人最多。據推斷，整個清代，山東移往東北的流民約有七百萬至八百萬人之多。

進入民國後，「闖關東」的風潮仍然相當強勁，每年進入東北的人至少也在二十萬人以上。1937年，抗日戰爭全面爆發，華北難民再次大批湧向相對穩定的東北，太平洋戰爭爆發後，日軍為增加後方勞動力，鼓勵華北移民遷入東北，僅1942年就達到一百二十萬，「闖關東」再次掀起高潮。

【祖認泰山】

所謂登泰山而小天下。泰山乃五嶽之尊，可以說是中國第一名山。孔子說：「山川之靈，足以紀網天下者，其守為神。」可見在崇尚天人感應的中國，人們對山的敬畏之情。

泰山古稱「岱山」，又名「岱宗」，位居山東之中，突起於齊魯丘陵之上，山勢累疊，主峰高聳，顯出一種「撥地通天」

的氣象，不由得使人產生「會當凌絕頂，一覽眾山小」的感受。「泰山」為春秋時的改稱。古人以東方為萬物交替、初春發生之地，在古代，泰山之神是地位顯赫的青帝，他是天帝的孫子，同時是永生的象徵。

泰山自古為帝王的封禪之所。祭天以報天之功，稱為「封」；祭地以報地之功，稱做「禪」。中國帝王對泰山的封禪，除了表示對天地的崇敬外，主要目的是求長生。歷代帝王中凡認為功勞甚大，大都會來此舉行封禪大典，祭拜天地，較著名的如伏羲氏、神農氏、炎帝、黃帝、帝堯、帝舜、大禹、商湯、秦始皇、漢武帝、漢光武帝、唐太宗、唐玄宗、宋真宗、元世祖、明太祖、明成祖、順治帝、康熙帝等。

除此之外，道教、佛教也競相來此興建寺廟，更有歷代文人雅士咸集於此，賦詩唱和，遣懷逸興。歷史上登臨此山並留下過詩文的文化名人不計其數。

中國人通常把丈人比為「泰山」，這一典故來源於唐玄宗封禪泰山時候，命張說做「封禪使」，張說的女婿鄭鎰，趁機從九品官一下子升到五品，唐玄宗很奇怪，問他怎麼突然升得這麼快？鄭鎰不好意思，答不出來，旁邊的人答道：「此泰山之力也！」意為丈人做泰山封禪使而帶來的青雲之力。

泰山以雄、奇、險、秀、幽、奧、曠而著稱，泰頂四大奇觀依次為：旭日東昇、晚霞夕照、黃河金帶、雲海玉盤。

遊泰山主要有三條線路，一是從山下岱廟起步，沿東路中溪盤道，登六千六百餘級達岱頂，二是從泰安火車站乘汽車沿西路盤山路達中天門，換纜車到南天門，徒步至岱頂，三是乘車至桃花峪，由索道至岱頂。整個泰山景觀分為岱廟、東路、

西路、岱頂、桃花峪等區。

岱廟即古代舉行封禪大典的地方。舊稱「東嶽」或「泰山行宮」，後為道教神府，主殿為㠀殿，採用帝王宮殿式建築，殿壁繪泰山神出巡壁畫，名《啟蹕回鑾圖》，主要景點有遙參亭、岱坊、正陽門、配天門、天㠀殿、漢柏院、東御座、唐槐院。岱廟中現存名家碑刻一百五十一塊，最著名的有李斯小篆書寫的胡亥詔書、張遷碑以及東漢衡方碑、西晉孫夫人碑、唐代神寶寺碑、魏齊隋唐造象碑、歷代詩文碑刻等。

❶東嶽泰山

❶岱廟

　　東路景區指一天門至十八盤一段，盤路六千二百九十級，前半部分地勢開闊，石階盤曲，古建築奔來眼底。中天門至南天門山谷狹窄，途經岱守坊、王母池、呂祖洞、紅門宮，萬仙樓、斗母宮、經石峪、柏洞、壺天閣、回馬峽、中天門、雲步橋、五大夫松、朝陽洞、對松山、十八盤。經石峪係指一面斜坡上刻著一千四百多年前的「金剛經」部分經文，為泰山重要文化遺跡之一。

　　岱頂景區指南天門至玉皇頂一段，又稱「天庭」，喻為遊人至此，上可達仙界，飄飄欲仙之感漸生。此處主要景點有南天門、天街、碧霞祠、唐摩岩、玉皇頂、掉海石。

　　南天門扼守十八盤盡頭，從下往上看，儼然如雲煙飄緲天上，碧霞祠內塑碧霞元君鎏金銅像，山東人稱為「泰山奶奶」。祠北唐摩崖滿布歷代石刻，又稱「大觀峰」，最著名的是唐玄宗親筆撰書的《紀泰山銘》。

　　玉皇頂又稱「天柱峰」，爲泰山至高點。玉皇廟中心有「極頂」石，廟旁有「古登封臺」，既爲歷代帝王登山祭天之處，也爲觀日出最佳之處。

　　西路景區指大眾橋沿盤山公路至中天門一段，全程有十五公里，沿途瀑布飛流，群岩競秀，主要景點有黑龍潭、長壽橋、無極廟、元始天尊廟、天勝寨遺址、扇子崖等。

　　岱麓景區指泰山南路的東起紅門西至大眾橋一段景點，有六朝古刹普照寺，院內「六朝松」歷一千六百多年，至今繁陰匝地。不遠處是馮玉祥將軍墓和他出資修建的大眾橋。

　　桃花峪景區在泰山主峰以西，景區內有個竹園、櫻桃園、桃花源、龍角山、五峰疊翠、彩帶溪、一線天、釣魚臺等景點。

　　後石塢景區在泰山之陰，有丈人峰、天燭峰、八仙洞、九龍崗等景點，怪石如筍，因有筍域一說。而沿途多松木，鴛鴦松、臥松、飛龍松、姊妹松，燭焰松，一松一世界。

　　泰山在中國人心目中自古就有神聖的尊位。它與黃河、萬里長城一樣，早已成爲中華民族精神的標記。

第四篇

西北考古

西北絕不僅只是一個地理學意義上的名詞，除此之外，它還有文化學、語義學、美學、生態學、人類學、考古學等方面的重要指稱。比如，西北可能是華夏民族的發源地之一嗎？中國人可能是從青藏高原發源，一步步向東遷徙過來的嗎？西北地方那些遠較漢族中心政權城市發達的文明是如何聚合，又是如何一步步爲沙塵所掩蓋吞沒？這種文明的衍生歷程又有什麼重大的研究價值？

我們可以確知的是，西北曾是一個水草豐美、牛羊成群、繁榮富庶的人類天堂。無數的傳說以這裡爲其母地，神祕的宗教、歌舞在這裡自由生長，自然界的奇特景觀塑造著它的奇魅瑰麗，它像是一塊人類夢寐以求的安居樂土化石。

讓我們百般感念和無限惋惜的是，正是人類自己的戰爭、掠奪，乃至毫無節制的日常生活奪去了她那廣袤無垠的綠色，人類自以爲是的喧嘩和擾攘蒸發乾了它那原本繞城萬里綿綿無絕的綠水，直到這個孕育了華夏文明的母地退化成了一個個沙塵的風暴中心。每當聽到從西北傳來消息說今年又有多少個村落淪爲已不適合人類居住的地區，因而被迫搬遷時，一種深深刺痛震顫了我們的心靈。

在整個西北，被遮蓋的文明故城除了樓蘭、高昌、交河等著名遺址，一同被風沙抹去的還有疏勒、

于闐、龜兹、焉耆、莎車、鄯善、車師、烏孫等五十餘個都城。

翻開歷史，正是這些王國以及與處於中心統治地位的漢唐政權長年的爭戰征伐，使得這片土地烽煙四起，狼奔豕突。但即使是在烽火連天的歲月，西北，這片托載絲綢之路的文明母地從來也沒有忘記自己做為聯結中亞、西亞及歐洲大陸樞紐的神聖使命。張騫、班超為漢朝打開了通向西域的大門，法顯、玄奘從這裡到達「西天」並取回了「真經」，馬可·波羅也由此進入元朝的熱鬧中心。還有不請自來的則是普爾熱瓦爾斯基、斯文·赫定、貝格曼等探險者以及以斯坦因為首的文物大盜賊。這個昔日東西方政治交會之地、希臘文明、美索不達米亞文明、中亞文明碰撞融合之域，還有佛教、祆教、摩尼教、景教、伊斯蘭教生根於此的聖地，隨便淘走的幾件東西，當然都是有著獨特的文物價值，更何況是遇見了汪洋大盜。

再多的慣偷也偷不走這片土地，這是一種人類生活的印記，是文明滋惠並投射下的影像，它是跟太陽一起種在這片土地裡的，儘管經卷雕塑、壁畫或是甲骨沒了，這仍是一片被掩蓋著許多祕密的地域。

天知道那些更厚的黃沙下面還藏著怎樣的祕密！

西夏文字、法盧文字是如何死了？樓蘭人到底到哪兒去了？藏經洞為何被封閉？西夏王陵為什麼被叫成「東方金字塔」？

我們都只能猜想。目的卻是想讓它復活。因為我們短淺的目光已不能穿越厚積的黃沙，我們只能期望、等待奇蹟或是偶然，也許除了上述聲名赫赫的故地，在甘肅馬家窯、齊家文化、寧夏仰韶文化，新疆新石器文化遺址以及還未及被發現的其他遺址下面，埋藏著我們想要的答案。

【華夏根據地】

進入或解讀西北的方式，就這樣合謀而成爲了一條設想與推導的途徑——這樣，它立即就符合了深埋在我們心中的「西北情結：首先，華夏先祖祖居何處？現今滿居在中國版圖的人種來自何處？五十六個民族又是怎樣產生的？是否來自幾十處猿人在不同地點進化而成？如果不是這樣，又應該是如何？根據地還能否找到最直接的證據證明？

常言道：「人過留影，鳥過留聲」，只要有人類生活過的地方，就必然會留下人類文化的痕跡；只要有從猿到人的進化期，就必然會留下人類早期活動的文化遺存。人類早期都歷經使用石質工具這一過程，人類學和歷史學將這個時代確定爲石器時代（實際上更早期應爲「木器時代」，因爲棍棒才是猿人們

❶碌曲縣郎木寺

最方便的工具。只不過「木質工具」易朽壞，不能保留到今天），又將其分爲「舊石器時代」和「新石器時代」。前者的相對時間約在距今十五萬年前，後者的相對時間約在距今一萬至四千年前。兩個時代又大約各分爲早、中、晚三期。

到目前爲止，中國版圖上的考古發現中，舊石器時代的遺址發現極爲罕見，規模既小，且零散地分布在相隔千里的幾個地方，它們本身相互孤立，且與當地發現的後期的古人類遺址沒有承繼關係，因而難以認定，難成序列，研究無法深入，但近幾十年的新石器時期的遺址和文化遺留的發現頗豐，基本上覆蓋了以蘭州地區爲界的整個中國東部，也即是古代認爲的中原及今人密居的國土。這種情況提示我們：占中國國土一大半，且爲今日中國人口主要居地的東部地區的考古學證明，這裡的人類出現的最早時期未超過距今八千年。那麼，八千年以前的這些人的先祖在哪裡生活？按人類進化的基本規律，這裡的人們至少在五萬年前就開始使用石器工具，然而以此爲半徑的絕大部分地區的古代遺址，均未發現五萬至一萬年前成片的舊石器時期的遺址。

目光再次回到廣袤的西北，也即甘肅、青海、內蒙、新疆等的大部分地區。因爲只有這塊地方還剩有巨大的未密集發掘的地域，地下的情況基本上處在神祕未知的起點上。從考古學角度看，中國大地上，這一地區由於地廣人稀，自然氣候惡劣，少有人進行考古勘探，但卻擁有足以裝得下人類早期聚居地的面積——這當然算不上是一個過分的猜想。西北——這塊地方歷來被視爲神祕之地，不僅有著與中原人不一樣的民俗和深刻的宗教信仰，更因爲在虞夏時代，中原處於文明頂峰的時

⚫騰革里大沙漠

期，卻傳說著來自這一地區更古老的「故事」。

　　人類早期的先祖大多誕生於高原地區，非洲猿人早期就生活在非洲高原地區，之後，隨著海水的退卻和地平面的升高，露出丘峰和平原，人類便逐漸向半坡臺地及低谷平原遷徙。人類學家認為，全世界的人類早期都是按照這一規律生活的。

　　依據這個規律，著名歷史學家任乃強先生早在二十世紀四〇年代就大膽地提出了一個「異端學說」，他認為華夏古人類起源於青藏高原，初起時只有一個民族，就是氐羌族，為今日所有中國版圖上各民族共同的先祖。近代羌學家在研究並追溯羌人祖地時，往往以「羌塘」地區為羌人之祖源地，「羌塘」就是指現今崑崙山北緣的「若羌」地區。任乃強先生認為，古羌族就在那一地區的幾個地方聚落生活。

　　民間考古學者白劍正是任乃強先生「華夏先祖起源於青藏

高原」學說的追隨者，他更是把「青藏高原」具體化為青藏高原的北緣部分及緊鄰此地的新疆一部、塔里木盆地一部、羅布泊、玉門、嘉峪關等平川地區，以及崑崙山脈北部沿線的部分半山地區——亦即今日已沙漠化、半沙漠化的大片地區。他的論據如下：

第一，地質學和氣象學已經給出了最權威的結論，前述的「西域」地區，約在一萬至八千年前，水草充足、土地肥沃、氣候溫和且雨水適量，極宜人畜居住和繁衍，此地出土的動物化石、巨樹化石及現在還清晰可見的縱橫交錯之乾枯河床（《水經注》中有這些密布的河流名稱及流域情況的詳述），都是有力的證明，其寬闊的地域也足夠「裝」得下大片的舊石器時期人類的聚落地。

其次，華夏民族古史傳說中最早期的神話故事，均發生在此地，其內容涉及古帝、天神傳說，「崑崙神話」及其故事中的大量地名均在於此。

⊙崑崙山

○藏傳佛教儀式曬大佛

　　中國古傳的最高天神黃帝，就出生在崑崙山上。山上有黃帝居住的豪華型「天宮」，黃帝時常在此宮中憩歇，時而在空中巡視；還有與黃帝有曖昧關係，後世稱爲「王母娘娘」的女性天神西王母，也居住在崑崙山上，西王母也具有最高神格，據說她專門飼養了幾隻長有三隻腳的青鳥，這些鳥時常從崑崙山

上飛上飛下，爲王母尋找食物等；還有古史傳說的吳帝、伏羲、射日英雄后羿、嫘祖、女媧等眾多的天神始祖均產生於崑崙山。可以說，中國史傳中最早期的故事都發生在崑崙山一帶，故有人將其統稱爲「崑崙神話」。

第三，今天尚居各地的漢人，包括國境外的華夏後裔和各個民族，保留的深刻祖俗，有著驚人的一致性，儘管已相隔數千年，各部族和各民族傳承的祖俗，均有不同的變形和走樣，但現在所能探究並正在流行的祖俗，本質相類，明顯地來自同一文化系統和同一神話系統祖源。

現存的五十六個民族中，特別是幾個大型的民族，如漢、彝、藏、羌、回族等，以及西南各少數民族，包括日本民族、朝鮮（韓國）民族，均有著本質上幾乎一致的祖俗；太陽神（星辰）崇拜、神鳥崇拜、雜祭儀式、三臺文化、母神（嫘神）崇拜，以及各類龍、虎、龜、鳥等圖騰崇拜。這一切祖俗文化歸根溯源都來自「崑崙時期」在崑崙山一帶共居時培育出來的祖源文化，它們被遷徙到四面八方的後裔們帶到了世界各地。

【夢中樓蘭】

　　讓我們暫時離開「崑崙神話」，出發去尋找另一個讓我們華夏民族魂牽夢縈的夢中樓蘭。

　　話題起於西漢年間，作為朝廷使節的探險家張騫出使烏孫國，在到達一個水草豐美、物華天寶的神奇綠洲之後，張騫完全被震驚了，在遠離漢政權中心的西部，居然還有此等人間富庶之地！

　　此後，這個叫做樓蘭的古國就不可避免地成為了漢朝與匈奴爭相劫掠的地方。樓蘭只是西域三十六國之一，《史記》云：「樓蘭、姑師，城廓，臨鹽澤。」又據《漢書·西域記》，樓蘭建國於西元前176年左右，但在西元630年，原本水草豐美、牛羊遍地的美麗都城突然神祕消失了。然後著名的唐僧從印度歸國，途經此處時，這裡就已是一片死寂的不毛之地！而再至元朝時馬可·波羅來到中國，此地在他的日記中更是淪為了荒涼恐怖的鬼谷！

　　樓蘭自此成為一個讓人百折縈迴的夢中之城，傳說或是夢想，又更加大了這種迷幻，一個復活或想像中的樓蘭姑娘，一身古遠而濃豔的樓蘭服飾，漸次在歌聲中醒過來，它也因此再度成為旅遊探險者或是歷代考古學家的一個心結。可是樓蘭畢竟被埋藏了，沉沒在歷史的沙土之下，也只是在那裡，樓蘭才不僅是西域的交通樞紐，也是幾個世紀以來絲綢之路的中心，而且，它可能還附帶著別的充滿了神祕符號的考古資訊。

　　中國人在尋找夢中的樓蘭，外國人也在尋找，畢竟，通過這個絲綢之路上的重要驛站，大半個西方世界都曾見識過東方

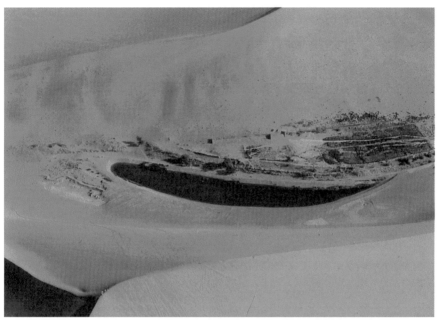

❶月牙泉

文明的輝煌。這同樣也是他們夢迴縈繞之地。

　　1900年3月，瑞典探險家斯文・赫定在考察羅布泊的游移過程中，突然發現了這片廢墟……這個瑞典人壓抑住心中的狂喜，於次年做了更充分的準備，再次來到這片沙漠，終於，一座佛塔、三個殿堂以及帶有希臘藝術文化風格的木雕、古羅馬錢幣，以及一大片廢墟和烽火臺被發現了！

　　這正是踏破鐵鞋無覓處的樓蘭古城！樓蘭古城終於甦醒了！隨後不久，整個世界為之轟動。而更讓人不可思議的是，出土的文物中，有一種佉盧文——而它原本是一種起源於鯿而今已失傳的文字。

　　1927年瑞典學者沃克爾‧貝格曼成為中國西北科考團的成員之一，此時貝格曼還是在斯文‧赫定的帶領下工作，此後，在著名的羅布老人、七十二歲高齡的奧爾得克帶路下，歷經艱辛，在靠近一條臨時叫做「小河」的遺址附近，終於發現了這個後來被稱為「奧爾得克古墓群」的遺跡。貝格曼的激動心情，在事隔一年為《斯文赫定七十誕辰紀念文集》所作的一篇文章中顯露無遺。當然，這也可以理解為是在這個神祕的墓地裡，那個安靜而嫻雅地沉睡了數千年的樓蘭女屍終於復活了：

　　「一些木乃伊黑色的長髮和令人難以置信地保存完好的臉……一具女性木乃伊，面部神聖端莊的表情永遠無法令人忘懷！她身著高貴的衣著，中間分縫的黑色長髮上面冠以一具有紅色帽帶的黃色尖頂氈帽，雙目微闔，好似剛剛入睡。漂亮的鷹鉤鼻、微張的薄嘴唇與微露的牙齒，為後人留下了一個永恆的微笑。這位「神祕微笑的公主」已經傲視沙暴多少個春秋，聆聽過多少次在這「死亡殿堂」中迴蕩的風嘯聲！而又是在什麼時候，她面對明亮、燃燒的太陽，永遠地闔上了雙眼？正是為了尋找這樣一些問題的答案，我才來到此地探險。」

　　樓蘭古城很快成了冒險家的樂園，隨後，整個西域變得熱鬧起來。

　　1979年，中國考古學家王炳華帶隊繼續在樓蘭盤桓，突然發現一根木棍露頭，一排的戰士用手推車推了十五天，終於推出了一座由四十二座墓組成的墓葬群，更奇特的是，墓穴由七圈排列有序的同心圓木椿環結，一座墓竟用木六百九十棵！而且，據檢測，這些都是距今三千八百年的遺存！顯然，樓蘭古城比人們想像的時代更久遠！僅僅只憑這些墓葬的年代推測，

在它變成一座商旅繁華的都市以前，人們已在這塊土地上耕耘了兩千多年！

有學者認為，樓蘭也許並不是一次廢棄的。前期發現的「樓蘭古國」是秦漢時期在原居邑地上重建或擴建的，因為在新建此城前兩千年前，此地已有人居，從女屍身上的穿著來看，距今四千年前的樓蘭人已進入了一個發達的文明時期。

然而，樓蘭故國還不能認為就是舊石器時代的先祖聚地。從前述的樓蘭遺址上的墳墓塚用木樁圍護的情形來看，當時的樓蘭之地肯定已經遭到沙塵暴的襲擊，只是還未遭「滅頂之災」，而當時的人已是最後堅守在祖地的一批了。

❶嘉峪關

　　找尋的步伐不能就此停下，絲路之上被黃沙掩埋的古城絕不止於樓蘭古城。在著名的天山東部火焰山下，由於吐魯番窪地東連河西走廊、西接塔里木盆地諸國，因此漢朝與匈奴在此曾展開過長期的爭奪。五世紀初，高昌國在此建立，並迅速占據了整個吐魯番窪地，而在此之前更早時還有一個在師前國，依交河河床作屏障，兩國與匈奴、突厥國，以及漢朝唐朝等長時間的爭戰，風雲附會，分分合合，但最終都或敗於漢，或亡於唐，只留下著名的交河古城、高昌故城。

　　交河故城被廢棄於元明之際，其遺址至今保存完好，其最後居民爲維吾爾人，前後興盛一千五百年，已成爲絲路文明興衰和西北古代城市建築的稀有標本。

　　地處火焰山下的高昌故城城牆猶存，分外城、內城、宮城三部分，夯土爲牆。遺址出土了大量的珍貴文獻，或爲研究絲綢之路歷史文明積澱的寶貴「文書」，只是至今還未完全破譯。

　　除了樓蘭、高昌、交河故城，絲路之下還隱藏著另一些古城，如位於崑崙山北麓和塔克拉瑪干沙漠南緣的于闐、位於現今塔克拉瑪干安迪爾牧場的安迪爾古城、位於今吉木薩爾縣城北十公里的「破城子」、位於今庫車縣城附近的皮朗古城、位於喀什噶爾河附近的托庫拉薩來古城、位於今烏魯木齊西面的冒吉古城、位於霍城縣克干山南的阿力麻里古城、位於伊寧市北的磨河舊城、這些故城或爲一國之都，或爲一朝一代的軍事要塞，或爲治所，時間跨度從漢朝至元朝，記錄下了整個絲路的文明的腳印。

　　從這些遍布西域的早期的故城來看，有一點是十分清楚的，那就是至少在唐代，西域的很多地方還是水草豐茂、適於

人居的,當然,我們也完全可以再往前推,比如在漢代以前,整個西域都可以說是人類生活的樂土。

這片土地留下過太多外國人的名字。

最先來到這片土地的外國探險者是俄國人:普爾熱瓦爾斯基於西元1876年首次進入羅布泊,此後又來過一次,他的探險成果彙於《從伊犁翻越天山到羅布泊》,其後是科茲洛夫的《羅布焯兒》,別夫佐夫《喀什噶利亞和崑崙旅行記》,羅布羅夫斯基的《1893～1895年俄國皇家地理學會中亞考察隊紀要》,格盧姆求什麥羅兄弟的《中國西部旅行記》,著名的無政府主義者克魯泡特金也於西元1876年到達過塔里木,俄國人之後,便主要是瑞典人,稍後還有美國人杭廷頓,寫有《亞洲的脈搏》、《氣象與文明》,以及日本人橘瑞超,英籍匈牙利人奧利爾·斯坦因等。

這是一個地理大發現的偉大時代。所有的探險者都把目光投向了這塊人跡罕至的但傳說動人的毛荒之地,只不過,在追尋這些不管出於何種目的的探險家的時候,我們的視線首先集中投向了瑞典。

第一個必須提到的是斯文·赫定,他出生於瑞典一個中產階級家庭,1886年入大學,師從柏林大學地理學教授李希霍芬。1890年,斯文·赫定經由俄國達到中國的喀什噶爾,行程較短。1893年,斯文·赫定第二次到達中國喀什,橫越沙漠抵達了今天的和田一帶,這是一次對他來說的「死亡之旅」,險些喪命。1899年,經過更充分準備的斯文·赫定再次來到新疆,這次行程得到瑞典國王及諾貝爾的資助,次年,一個極其偶然的機會,他發現了樓蘭古國時期的重要遺址,隨後,樓蘭古城

❶羅布泊乾河床

響徹世界探險界。

　　1926年冬天，斯文·赫定在德國漢莎航空公司的資助下第四次來到中國，他這次帶來了一個考察團，並在六個月的艱難談判之後，由中、瑞兩國共同組成了中國西北科學考察團。

　　斯文·赫定一生熱愛中國文化，尤其對古老文明情有獨鍾，以至於他總是忙於進出中國，而他本人終生未婚。有人曾拿這個問題問過他，他的回答是：「我已經和中國結了婚！」

　　斯文·赫定不同尋常的人生經歷都和中國發生著緊密的關係，「他近乎無法理解的工作能力，獨一無二的奮鬥方向，明確的目的、力量和決心」（瑞典學者彼得騰貝里語），都獻給了中國。當然，他的畫家身分，以及作家、地理學家、地圖測繪家等頭銜都使他和中國取得了一個廣泛的聯繫。他的作品共計如下：《穿越亞洲》、八卷本《1899～1902年中亞科學考察報告》、《長征記》、《皇城熱河》、《絲綢之路》、《大馬的逃亡》、《游移的湖》、《亞洲腹地探險八年》等。他的著作曾被譯為三十多種文字，此外，他還繪就了五千餘幅速寫和水粉畫作，以及往來各地的五萬封信，這些都是研究西北的第一手資料。

　　在《亞洲腹地探險八年》中，斯文·赫定滿懷深情地這樣對羅布泊念想著：「去羅布泊對我們來說意味著出現了光輝的前景，在原計畫中，我就曾向南京政府提出過塔里木河下游和孔雀河的利用問題。引水進入羅布沙漠，使兩千年前的古樓蘭城附近的村莊復活，把那裡的沖積平原變成良田和花園，這情景在三十四年前——1900年3月28日我發現樓蘭廢墟時——就曾夢想過。」

♪西北大地連綿不絕的山脈

「在我給南京政府的備忘錄中涉及到的另一個強烈吸引著我的問題是：讓汽車公路經過樓蘭，使這條古老的絲綢之路復甦，建立起中國內地與喀什噶爾之間的交通運輸和聯繫紐帶。」

❶甘南藏族少女

這是一個大膽的夢想。這個夢想至今值得實行。

1899年至1902年間，斯文・赫定在走遍塔里木河下游的每一道河汊的同時，還一一測繪出了其間主要的湖沼原來的水位、水量以及水質等資料，他尤其對羅布泊做出了全面的考察和推測。他認為，他所得出的幾萬個數字可以證明，雖然這個湖泊眼下已然乾涸，但在此地，在唐代時期，一定是一個水草豐茂的窪地，也就是說，在它附近，一定有一個歷史上的繁華時期的聚居區。1905年，《羅布泊探祕》出版於他的祖國，其篇幅幾可相當於中文的八十餘萬字。

就在這部有關羅布泊的全景式科學考察報告出版的同年，美國學者杭廷頓也抵達了羅布地區，他在經過較長時間的探險考察後，發現了一群今天依然赫赫有名的樓蘭墓葬，隨後，他將他的研究成果彙整成一本名叫《亞洲的脈搏》的書，他在書中也提出了一個大膽的理論，認為羅布泊在漢代以前範圍極為遼闊，後來一步步收縮，至中世紀再次擴大，然後再次進入收縮期。

羅布泊一時間成為了一個探險考察的熱門地區，英國人斯坦因第三個到達此地。在接近十年的時間中，他兩次進入羅布泊，最後他提出自己的觀點，即樓蘭古城因自然氣候原因被放棄後，影響到塔里木河下游的無規律改道，所以，此說又被命名為羅布泊「塔里木河分流說」。

　　其後，瑞典學者霍涅爾提出過「交替湖之說」，中國科學院新疆分院否定了游移說，但羅布泊到底游不游移，則至今也還是個有分歧的問題。彷彿這地方從來都是這麼神奇，即它一會兒游移，一會兒又靜止不動。

　　人們對羅布泊的態度還在搖擺不定，這倒是更符合探險者的願望。

　　1980年3月，彭加木在羅布荒原探險遇難，1996年6月，余純順也把自己永遠地埋在了此地。他們都永遠地留在了這塊乾涸的湖泊，他們不會再游移了。當然，他們也許是來尋找別的夢想的。比如，這個曾經有過的數十眼泉水，這個曾經到處跑著的新疆虎、野駱駝，還有花花綠綠的馬鹿、野豬，或者，一眼望不到邊的次生胡楊林、野麻以及紅柳，如今又到哪裡去尋它們的蹤跡？

　　這是一種永恆的出自對文化的熱心和景仰，雖然明知找不到，但還是要出發去尋找。這是一種內心深處的訴求，這是一種永遠都不會褪色的情緒，讓我們在斯文·赫定的《游移的湖》中再來回味一遍這種讓人迷醉並心旌搖盪的情緒吧：

　　「我彷彿聽到從兩千年前傳來的回聲，信差的坐騎晃動著脖子上的響鈴，從敦煌到樓蘭，沿著絲綢之路，捎來了中原大地的訊息。三十二年前我重新發現樓蘭城時，彷彿尋覓到了這些

古老的訊息。樓蘭人的生活繁忙，行人、騎手、商隊、馬車，川流不息，一幅幅生動的畫面在我眼前展開，使我夜不能成眠，伴著永恆的星辰等待黎明的到來。終於，賦予生命的河水決定改道進入沙漠南部，在那裡造就了一個湖泊。樹林、草地、街巷、花園和田疇失去了水源，枯萎了、死掉了。樓蘭人無法繼續生活下去，只得背井離鄉，遷徙到其他可以賜予他們水和果蔬的綠洲……」

【文明的寶瓶】

莫高窟自建立以來，就是一個標準的佛寺，只是時序演進到西元1900年左右，這地方卻又跟一個叫王圓籙的道士牽連在了一起。

王圓籙本是湖北麻城人，曾是晚清的一名軍人，只不過後來解甲後沒有了回家的路費，因此就近留在了莫高窟，成為這個戰亂年代凋敝寺廟的一名住持。王圓籙和他的助手一樣，都粗通文墨，助手姓楊，靠給寺院抄寫經文為生。是當他們清理著第十六號洞窟的甬道時，突然顯出一幅宋代的壁畫，兩人正猶疑間，突又一聲巨響過後，剛清理乾淨的洞壁突然又裂開了一條大縫！兩人膽戰心驚地順著洞隙往裡看，又看到了一扇緊閉的小門，隨後，他們就進入了這道掩藏著敦煌藏經室文獻的房間。

寶藏大開，立即吸引了各路人馬的目光注目。彷彿這裡是一個中華文明的寶瓶，寶物是取之不盡的。所有的黑手都及時

地伸向了它。地方官員不停地索要，王圓籙便又胡亂地送了一些人，隨後，全世界的大盜小偷就齊趕往這個中國西北的小地方。

最初嗅到味道的是法國青年伯希合，這個精通漢語的年輕人來之前就已通過清朝官員得到了部分手抄本，他一下就認出了這些東西乃是唐朝珍品。然而，當他來到敦煌時，才發現另一個中國通斯坦因已把這裡的東西運走了一大車，伯希合立即花了一個月時間精心挑出了一批文物，以五百兩紋銀換走了二十四箱。當這批東西到達北京時，因中國學者羅振玉慧眼識金，清政府這才下令將劫後餘生的八千卷寶藏運往北京，一來一去的中間，文物繼續流失。中國人偷，外國人更要偷，更惡劣的是，德國人馮勒柯克凡看中一幅壁畫，就使用鶴嘴鋤、手鋸等工具將壁畫和牆壁一同割走。此間專為敦煌寶藏而來的外國人，有名的有日本的橘瑞超、吉川小一郎，俄國的奧登堡，美國的華爾納等，舉凡文書、繪畫、壁畫、塑像等，很快就流向了倫敦、巴黎、聖彼德堡、新德里、紐約等世界主要的博物館。在最混亂的年代，一門有關中國民族文明、華夏文明的敦煌學問就以這樣的方式走向了世界。

敦煌是中國二十世紀考古的重大發現，與樓蘭的情況差不多，當近代人們發現它時，實際上只發現了莫高窟等幾處離地面較高的建築物和石窟，後來又相繼發現的幾百座洞窟，都是從沙地中挖掘出來的。據參與發掘工作的人員認定，敦煌一地向周邊延伸出去，還應有多處類似遺址，可惜都已被埋在厚厚的積沙下，難以發掘，目前發現的多個洞窟都分布在多處的沙山上。

敦煌南接祁連山，西連塔克拉瑪干大沙漠，北臨北塞山，東南靠三危山。自北魏伊始，下歷西魏、北周、隋、唐、五代、宋、西夏、元，直到十四世紀，一代一代的人在這裡開窟修院，香火不絕。

莫高窟現存石窟四百九十二間，壁畫總面積約四萬五千平方米，彩塑像三千多幅，內容多為佛經故事，藏經洞共存有五萬件左右的珍貴文物，史涉宗教、歷史、文學、藝術、地志、民俗等內容，文字則有漢文、吐蕃文、回鶻文、突厥文、于闐文、敘利亞文、西夏文、梵文、粟特文、蒙古文等。

初到敦煌旅遊或考察的人，走到它身邊，首先是對它精美的壁畫和宏大的龕窟規模表示驚嘆，緊接著也許就會低頭沉思一個最簡單的問題：為什麼古人要把這麼精美的建築和藝術品建在一個風沙肆虐、毫無生機的地方？今人前往朝拜還要經過一段距離很長的沙漠才能如願，古人是怎樣修建它的？如果當時也是這樣的環境，人居尚且困難，如何進行如此浩大的工程？材料、工具怎樣運輸和加工？工匠們的生活補給怎樣解決？又為什麼要建在這人跡罕至的地方？蓋建寺廟聖地的根本目的就是供信徒朝拜，可是建在這樣一個偏僻以至拒絕信徒朝拜的地方有什麼意義？

這些問題只能有一個答案，五千年前，這一地區還是一片水源充足的綠洲。

近期治理敦煌沙害的一篇報導，簡要地回顧了一下沙害的嚴重程度和治理措施：「二十世紀四〇年代，敦煌莫高窟最底層的洞窟大部分已埋在沙中，西元1961年，科研部門在窟頂設置了以工程措施為主的多種防沙實驗工程。但限於當時條件，

❶香妃墓

工程實施後，隨著積沙量的增大，防沙工程很快失效，使二十世紀八〇年代以前的防沙工作一直處於清除窟前積沙的被動局面，雖然每年從窟區清除積沙約三千多立方公尺，但對沙害問題並未起到有效的防治作用。」

　　這篇短文中給出了兩個清晰的資訊：一是沙暴的危害自古就有；二是積沙的具體資料，「每年從窟區清除三千多立方公尺」，顯然，其清除積沙的數量就是外來積沙的堆積量，每年約

三千多立方公尺，敦煌目前所保護的洞窟主要集中在其南北長約一千七百公尺的山崖上，積沙的清除地域也主要集中在這一崖線上，反過來說，這三千多立方公尺的積沙分攤在這條崖線下，假設清除寬度約為五公尺，那麼，這裡每年外來積沙量為年均厚達十幾公分，這個量可以推而廣知，整個西部沙漠每年以均厚十公分積沙的速度在增長。一年十公分，幾千年會有多少呢？況且，敦煌地區的沙漠化形成於整個西部沙漠的後期，那些早於敦煌地區沙漠化的地區會更早地遭遇積沙，會有比敦煌地區積沙多出幾倍的絕對量。因此，可以肯定，西部地區早期的古人類文化遺址就這樣被埋在了至少深二十多公尺的積沙以下。

世界上最大的撒哈拉大沙漠，其面積約九百多萬平方公里，相當於美國的國土。當近代人們知道這個地方時，它已完全沙漠化了，但今天我們都知道，撒哈拉沙漠早期也是一處古人類的樂園。今天，那裡雖然已沒有任何生命，但到處都呈現著曾經擁有生命的跡象。那裡的地面上，到處都散落著新石器時代早期人類使用過的石器工具，人們還在一些山崖上發現了描繪當時人們狩獵、祭祀的崖畫，這些足以證明撒哈拉沙漠在五千年前，是一處有著茂密的森林、清澈溪流的地方……然而，這一切都被約起至一萬年前、終於五千年前逐漸加重的沙漠化給吞噬了！

在埃及北部，即舉世聞名的金字塔群的坐落地，也有著同樣的命運。今天的金字塔和獅身人面像早已與沙塵為伴，無奈地忍受著沙暴的擊打和折磨。今人能夠目睹五千年前埃及文明的盛況，同樣歸功於埃及考古工作者的辛勤工作。當他們發現

獅身人面像時，此像幾乎被積沙完全掩埋，花費了不知多少勞力，才把積沙清理乾淨。

埃及如此，印度、兩河流域、阿拉伯沙漠均是如此。現今的沙漠也許就是早年人們生存的樂園。地球上只要有人的地方，也許早晚都不免於被破壞得不適合居住。這並不什麼危言聳聽，大漠為我們敲響了警世之鐘。

【回民的黃土高原】

漢代時期，中原王朝正式與西域諸族有了接觸，此後，中亞的人便與中國各個朝代開始互通往來，在文化、風俗、物產等方面，融合交匯。這種融合交流的推演，漸漸地產生出一些聲勢浩大的民族，據民族學學者牙含章考證，如唐朝之回紇，也就是宋朝的回鶻，還包括元朝的畏兀兒，在歷時數百年中已被同化，只有在地理上稍遠的居住在新疆的維族人，習染較少，當然，還有回族，也即元朝時從西亞及當時蒙古人在歐亞的四個汗國之一「回回國」遷來的那一部分，以伊斯蘭教為共同信仰，逐漸壯大。

說起西域的宗教，除了沿絲綢之路東傳的佛教，事實上，袄教、摩尼教、景教（基督教）也是通過這條文明的通道傳入進來的，它們都在西域廣袤的土地留下了自己的印記，只不過隨著時空的淘洗，有的已掩沒在了漫漫的黃沙之中。

在整個漢唐時代，西域都可說是佛事活動的昌盛地帶。各國不但興建規模宏大的佛教寺院，還修鑿出大量佛教石窟造

像，以及繪製出一大批精美的壁畫，如，若羌東面的米蘭古代佛寺殘存的有翼天使，鄯善、于闐地區帶犍陀羅藝術風格的佛像造型，在龜茲、焉耆、高昌等佛教文化中心的龜茲石窟群和高昌石窟群。在河西走廊更是出現了敦煌莫高窟、安西榆林窟、永靖炳靈寺石窟、天水麥積山石窟、古代涇州南北石窟寺，寧夏固原須彌山石窟等，它們均為石窟藝術的傑作，而同一地區武威的站佛寺、山丹坐佛寺、張掖臥佛寺，也是不可多得的佛教寺廟建築精品。

西域是佛教藝術在漢唐中國時的中心地帶。廣漠的西域，地理條件越來越惡劣，人們的生活越來越清苦，當然，他們的內心訴求很容易與佛教教義吻合，因而從中得到心靈的慰藉。這也是西域佛教興盛的一大重要原因。

伊斯蘭教是沿著水陸兩路而進入的，南邊一路是從朱州經大運河輸入，北邊是在唐永徽二年通過絲綢之路進入。十三世

❶叼羊

紀，因蒙古可汗國的軍事行動和後來統治的需要，一律以「回回」通稱，元明時期，僑居中國的穆斯林，其中包括中亞人、波斯人和阿拉伯人，全部轉爲中國人。回回民族形成，賡即以戶爲單位建立居住區、禮拜寺，並逐漸分出三大教派。大部分時候，回族和漢族之間的融合溝通並沒有什麼障礙，元朝農民

❶甘肅牧羊群

起義時，兩個民族還並肩作戰，歃血爲盟。回民的支脈在中國漸漸散開，以偏遠的西北最爲集中。

　　張承志描述回民高原時說：「我描述的地域在南北兩翼有它的自然分界：以青藏高原的甘南爲一線，到達它的模糊南緣。北面是大沙漠，東界大約是平涼坐落的緯線，西界在河西走廊中若隱若現──或在漢、藏、蒙、突厥諸語族住民區中消失，或沿一條看不見的通路，在中亞、新疆的綠洲中再度繁榮。」

這確是一塊廣大而貧瘠的土地，它在回民進入之前大多數地方的自然生態就已十分惡劣，植被凋零的山脈、一川碎石大如鬥的戈壁、洶湧渾濁的黃河以及幾個僅存的綠洲，便是人們的家園。

家園的軸心之一是不斷被建立起來的清眞寺，較著名的如寧夏回族自治區同心縣舊城內清眞寺，以及新疆喀什市中心艾提尕廣場上的清眞寺，前者建於明萬曆年間，並於乾隆時重建，寺前的磚砌照壁有極其精美的磚雕，禮拜殿右前側還建一座亭式建築，技藝十分精湛。位於喀什的清眞寺占地約十五畝，由一百四十根綠色雕花木柱支撐，可同時容納七千名穆斯林作禮拜。

清眞寺讓回民的心靈與肉體安頓下來，在這片充滿艱難的土地上，信仰的力量不斷沐浴著焦渴的大地，並使人心變得愈加堅硬和結實。

在那些大漠戈壁的深處，人的肉身雖然對於歷史來說是暫時的軀殼，但這軀殼是要喝水的，可是缺水，沒有人相信，他們中的一些人幾乎一生都沒吃過乾淨而流動的水，那水是頭一年冬天的雪，被家家戶戶儲藏在房後的一個類似土坑中，沉淤滯結，腥臭難聞，可就是這種水也並不能保證，於是，爲了照顧一頭貪婪且喉嚨冒煙的小羔羊，羔羊的主人反被渴死。

在漫長而堅韌的時光中，人們領教了回民這個民族獨特之氣血與風骨，如杜文秀吞食孔雀膽隻身入官營，馬化龍自縛出金積堡，在清營被酷刑拷打五十六天，凌遲處死時仍念念不忘復仇！白彥虎選擇率部出走，定居到如今的俄羅斯……

西北望，長太息。這是一個骨頭特別硬的民族！

【大漠孤煙直】

　　西北讓我們想起了什麼？我們想從西北復活一些什麼？優美的風景不在了，成群結隊的牛羊不見了，美麗富饒的撒滿月亮的河流不見了，甚至那些並沒有招誰惹誰的野馬、野駱駝也不見了，暫時還存在著的，那精美的敦煌壁畫，那蒼涼的樓蘭古城，它們又還能存在多少年？從安西一直向西走，會經過這樣一些驛站：紅柳園、大泉灣、馬蓮井、星星峽、沙井子、苦水驛、長流水、黃蘆崗，然後到達哈密。聽聽這些有聲有色、動人心魄的名字吧！可是，也許要不了多久，西北也許大多都只會給我們留下一些同樣供我們緬懷唱嘆的名字。

　　在一段時間內，西北神奇的地理地利條件，以及極具探險考察的人文歷史沉積，將這片土地塑造成了一個冒險家的樂園。兩個名詞——絲綢之路和西域，也就是從這時傳遍了世界。

　　1887年出版的德國地理學家李希霍芬的《中國》第一次提出了「絲綢之路」，隨後，另一個西方學者赫爾曼出版了《中國和敘利亞之間的古代絲綢之路》，再次加強了這個概念，至斯文‧赫定《絲綢之路》出版後，這個名稱就算是固定了下來。

　　絲綢之路並不如想像中那樣充滿了浪漫和幽雅、詳和與富庶，事實上，在途經流沙、雪山、大漠、荒野，一趟下來，少說也須幾個月的艱難跋涉，更不用說惡劣的天氣，未可預料的種種兇險。

　　出西域者，非有過人的毅力、超強的體魄、堅定的信念不可。大部分人要踏上這條道，或因為隨隊出征，或因為逃難，或因為做盜賊與強人，或因為冒險，或因為流放，凡此種種，無不

從一開始就浸入了一種淒冷孤絕的悲涼之氣。

　　人生最感悲壯者，就在陽關或是玉門關。「西出陽關無故人」、「春風不度玉門關」，想之念之，一字一頓，都是一個個令人傷心膽怯的寒顫。

　　玉門關與陽關均在敦煌以西。而絲綢之路的南北分道正緣於此。自漢代確立此道，它不僅是南北兩道的分歧點，同時也是商旅和貨物往來的集散地。

　　稍遠的陽關和玉門關也成了控扼南北兩道的咽喉，還因為東西方文化交會於此，它們又為日後佛教的傳播與影響的中繼站，也才順理成章地有了後來的敦煌莫高窟。

❶新疆坎兒井

　　玉門關在漢武帝時始為軍方設置，附近和闐產玉，很久以來，和闐就是一個著名的寶玉產地，後來的玉則主要輸入中原。為什麼要輸入中原呢？華夏先民有好玉傳統。華夏先祖早期就在此山採玉，後遷入中原後仍到玉山採玉，必經此地，故名「玉門」，甚至到了商代，中原人仍到此玉山採玉，商代中原「婦好墓」中出土的玉器經專家鑑定，其中絕大部分玉料來自此山。因為古人認為此為祖地之玉，是最上乘的玉，故稱「昆玉」。商代的統治中心離玉山曲行超過五千公里，也要不辭辛勞到遙遠的西域去採玉。除了傳統因素，他們對這遠在幾千公里外的西域地區的熟悉程度，比近在幾百公里內的蜀地還熟悉。又因為西域是華夏先祖的祖地，西域的「玉門」一名，有三名，最早的在敦煌西面，後來移至敦煌東方，再後來又遷至今鐵路線旁，從此地名由西向東的挪移情況，也明確透露出，古居此地的人是由西向東遷徙的。

　　目前玉門關已殘破得只剩一堵城牆，有西、北兩門，在城堡的西、北兩面均有萬里長城遺跡，長城往西，每隔一段距離，冒出一方形烽火臺，可以遙想當年此地戰略地位之重要，而當兵之人苦守烽火黃河之苦，玉門關南邊之陽關，至今也還殘留著四公尺寬的城垣，烽燧、陶片、箭鏃、古錢物清晰可見。

　　睹物追昔，那麼多胡漢軍兵，那麼多生靈塗炭，竟只為了「一將功成」，為著窮兵黷武，統治者總是要輕啟戰事之門。戰事之門就是罪惡之門，從南北朝到唐代以至至今，這兩座關城就成了令人熟悉的絕域悲淒與塞外荒涼的母地。

○羊皮筏子

遙想戰事風起，戰士遠行千山萬水，到得如此空曠死寂之處，將懸著的心兒永遠也不得安歇，每日受著飢疲病餓以及可能戰死的煎熬，無人為伴，無人可以述苦，命尚不保，而況家人？

「大漠孤煙直，長河落日圓。」不錯，索命的爭鬥聲敲打著麻木的心靈，隨風漫捲的黃沙遮住眼目，哽咽低怨的琵琶永遠在流淚，胡雁兒夜夜哀鳴，一些同伴的屍骨已被寒夜吞沒⋯⋯這是一種中國文化史上獨有的氛圍，為加深這種淒淒慘慘切切的「美學」意境，最後抄下李頎的《古從軍行》，以作為這一章的結束吧：

「白日登山望烽火，黃昏飲馬傍交河。

行人刁鬥風沙暗，公主琵琶幽怨多。

野雲萬里無城廓，雨雪紛紛連大漠。

胡雁哀鳴夜夜飛，胡兒眼淚雙雙落。

聞道玉門猶被遮，應將性命逐輕車。

軍革戰骨埋荒郊，空見蒲桃入漢家。」

第五篇

吳越溫如玉

　　除了碧眼紫髯的孫權、長著雙瞳孔的項羽，以及「傷心詞祖」李煜等偏安一隅的帝王之外，江南好像從來沒有出過統治全中國的皇帝。

　　林語堂說：「吃大米的南方人，沒有福氣拱登龍座，只有讓那吃饃的北方人來享受。」季辛格則說：「歷史從來不產生於南方」。

　　東南是溫柔富貴之鄉、花柳繁密之地；是青山軟水，澤國古鎮；是十里洋場、七里山塘、二十四橋的明月；是西湖香荷、鱸魚蓴菜；是楊柳風裡的寒山寺鐘聲，是朝霞共綢衣一色的麗人。

　　江南人的花拳繡腿怎是虎彪燕頷的北方好漢的對手，他們文弱的身體適合於畫畫、寫詩，彈琵琶、唱越劇，喝綠茶、採紅

菱，要麼做精明的商人或溫良的小農。他們的膽子小、文思敏捷、體態輕盈、皮膚白嫩、語言柔軟。總之他們不適合於戰爭，不適合於拔劍見血、騎馬闖天下。

「人人盡說江南好，遊人只合江南老。春水碧於天，畫船聽雨眠。壚邊人似月，皓腕凝雙雪。未老莫還鄉，還鄉須斷腸。」

「駿馬秋風薊北，杏花春雨江南。」

「春江桃葉鶯啼濕，夜雨梅花蝶夢寒。」

一江春水向東流，流出楚楚動人的江南來。說來說去把江南說成個綢衣珞璐的妙人了，頭上倭墮髻，耳墜明月珠，緗綺為下裙，紫綺為上襦，如雪的香腮明靜而羞澀。但江南偶爾也出專諸、要離這樣殺氣浩然的俠客，方孝孺、王思任、金聖歎這樣不怕死的硬骨頭文人，尹風中鄉試、會試、殿試全部名列前頭的驍勇悍烈的武狀元。

滿清人騎著高頭大馬殺向南方的時候，「嘉定三屠」、「揚州十日」不也發生在江南嗎？

【夢裡花落江南春】

「海日生殘夜，江春入舊年。春江流粉氣，夜色濕裙羅。」三月之季，江南草長，從揚子江到富春江，春水漣漪，雜花生樹，群鶯亂飛。一首叫《春江花月夜》的唐詩把明月、落花、絲竹和朦朧的女人全都揉碎在脈脈含情的春水裡。

晉人寫的春歌道：「春林花多媚，春鳥意多哀。春風復多情，吹我羅衣開。」繁花綠樹掩映著春水，使稠濕的花氣承天接地。船娘燒好了船菜，清清嗓子，對著盈盈的水光，軟酥酥地唱上一曲吳歌。在遠處，茶山上白雲隱約，採茶女在採茶。

❶富春江

吹面不寒楊柳風，春水油油地變成了梨花雨。春雨潤如酥，鑽進地裡「春八鮮」，蘆蒿、茭兒菜、豌豆葉、蒜苗、春筍、蘑菇、萵筍、蠶豆便長起來，西湖蓴菜橢圓形深綠的小葉子也探出了水面。綠波裡魚兒在跳，灰白的松江鱸魚、潔白的燕子磯刀魚、瑩白的太湖銀魚。春秋時候的梟雄夫差酷愛吃鱸魚做的魚膾，而另一個大梟雄曹操則對刀魚讚不絕口。

渺渺春水，淡雅欲笑，翔翔春山，綽約欲飛。

農曆二月十二這天，按照吳中舊時迎春的「賞紅」風俗，未出嫁的閨女們要在清晨剪出五色彩繒，貼在各種各色的花卉上，以圖吉利。另外，她們還要把彩繒紮成漂亮的紙花插在秀髮上，去七里山塘街參加祭祀花神的廟會，據說敬奉花神，便會出落得花容月貌。

到了清明，雲水深處，到處是上墳的人，墳頭添了一抔新土，周圍撒滿紙錢白幡。信佛的香客們腰間斜掛著緔黃的黃布袋，撐著船兒去廟裡進香。若是在水木清華的紹興，這時家中若添了女兒，則人們會在女兒出生當天，把一罈好酒埋在桂花樹下，待到它年女兒出嫁時，再把這罈「女兒紅」老酒挖出來做喜酒。

春天，無論在哪裡總是好的，但是哪裡的春天都比不上西湖的春天。袁石公描繪道：「山色如娥，花光如頰，波紋如綾，溫風如酒」。

西湖的春天給大才子袁宏道留下了至深印象——

「西湖最盛，為春為月。一日之盛，為朝煙，為夕嵐……湖上由斷橋至蘇堤一帶，綠煙紅霧，瀰漫二十餘里。歌吹為風，粉汗為雨，羅紈之盛，多於堤畔之草，豔冶極矣。然杭人遊

湖，止午、未、申三時，其實湖光染翠之工，山嵐設色之妙，
皆在朝日始出，夕舂未下，始極其濃媚。月景尤不可言，花態
柳情，山容水意，別是一番趣味。」

江南的春天，最可看者，西湖的花月、太湖的煙波、普陀
山的碧海、虎丘的茶花、揚州的芍藥、牛首山的春光、九溪十
八澗的雨意、富春江的倒影⋯⋯

鶴夢煙寒水含秋遠

江南的秋天沒有一碧萬頃的高曠藍天，只長長地浮著幾行
溫涼的纖雲，看上去像是繡棚裡掛著的幾條白綢。

採蓮南塘秋，蓮花過人頭，低頭棄蓮子，蓮子青如水。荷
塘裡，枯荷闊大的葉子猶在，一朵朵蓮蓬直直地挺在水面上。
穿著白米粒青布薄衣的江南女在採蓮子，荷葉多的地方，人影
散亂，水光拂動著青青的蓮子。

一船船的紅菱雪藕在水鄉飄著，飄進了古鎮集市。鮮紫的
菱角個兒大，殼硬飽滿，剝開一看，裡面乳白的菱肉脆嫩甜
爽。吳中的雪藕頂有名，孔小，質地細膩，清醇甘美，它光潔
的形狀常常被喻為紅粉佳人的皓腕。吳中雪藕曾經是皇宮裡的
供品。蘇州的葑門外河塘縱橫，豐腴的黑泥淤積，自古以來就
盛產各種藕、菱、芡實、菰米、慈姑、荸薺。說到藕，南京莫
愁湖的花香藕也是一種尤物。彩霞滿天裡，蘆花白，鱖魚肥。
寒鴉數點，一灣秋水。幾棵水楊柳旁，一間茅屋低垂，開著菊
花的籬笆上斜擺著漁叉、漁網。鵝黃的山色綴著彩邊，使玉露
生涼的水木多了一些深邃的清冷。錢塘江的烏桕樹紅了，漲潮
的季節就要到來。海上明月共潮生，瀲瀲隨波幾萬里。

江南的秋天是在菱歌和桂花中漸漸撲向大地的。在晴朗的日子裡，可以看得見大雁的身影掠過西湖。秋水無涯，秋天的柔光，無邊無際。柔光照著江南，把它清華的風骨打開。

小鎮的雕樓朱欄、酒旗拱橋全在雨水裡暗下來。小樓一夜聽秋雨，明朝深巷賣黃瓜，賣菜蔬的商販沿街叫賣，一擔擔的紅菱、鮮藕從船上運下來，婦女們挽著裝滿熟老菱的木桶，上面蓋了荷葉，肩背一桿小秤走街串巷，邊走邊喊，甜亮的聲音細細地灑在秋天。

秋風乍起，想起晉人張翰來。張翰在洛陽朝廷裡做大官，是當時才學超群的名士，他對黑暗混亂的時局充滿了無奈與失望，並預見到天下不久將會發生大動亂。一天，秋風吹起，令他無比地思念起江南故鄉的菰菜、蓴羹與鱸魚膾，不禁嘆息說：「人生貴適志，何能羈官數千里，以要名爵乎？」於是馬上辭官回鄉，立志做一名不求聞達、親近自然的吳中俗人。不久後，歷史上最慘烈的一次大動亂果然爆發了，與張翰在朝廷裡共事的大多數官僚都遭到了屠殺。張翰為人曠達重義，對於虛名，他曾經留下一句著名的話：「使我有身後名，不如即時一杯酒」。

由於張翰「蓴羹鱸膾」的典故，秋天的鱸魚便成了潔身自好的一種象徵之物，品嚐鱸魚佳餚便隱含了人生哲思在裡頭。江南文人是很喜歡吃鱸魚的，比如說自稱「桃花仙人」的唐伯虎。鱸魚，又叫「玉花鱸」，色白有黑色，頭大巨口，通體裸露無鱗，春末溯江而上，到了秋天游入近海。江南鱸魚最出名的是松江四腮鱸魚，體型較其他鱸魚小，腮蓋上各有兩條橙紅色的斜條紋，好像四片露在外面的腮葉，故而得名。

　　1928年秋天，于右任在太湖之濱欣賞桂花，太湖三萬六千頃浩淼的秋波使這位以書法馳名中國的陝西人神志高逸。他乘船盡興而歸，途中在離靈巖山不遠的木瀆鎮石家飯店吃了頓晚飯。石家飯店始創於乾隆年間，擁有風味獨特的二十大名菜，其中尤其以鲃肺湯做得最好，色澤清雅鮮氣撲鼻。于右任嚐了一份鲃肺湯後大飽口福，覺得自己走遍南北此味第一，就又連要了幾份。吃罷，詩興大發，他提筆在飯店中堂的舊畫上寫下了一首詩：「老桂花開天下香，賞花走遍太湖旁，歸舟木瀆猶堪記，多謝石家鲃肺湯。」墨蹟酣暢傳神，令在座的人擊節嘆服。此事很快被上海報界消息靈通的人士知道了，於是在報紙上渲染報導出來，引得江南文人紛紛驅車前往品嚐。石家鲃肺湯自此揚名於江南。

　　蒹葭蒼蒼，白露為霜。霞鋪江上，雁落平沙。在江南的秋天，我們需要一邊喝著紹興黃酒、傾聽清雅的江南絲竹，一邊發些古意蒼茫的幽情：

　　「銀燭秋光冷畫屏，輕羅小扇撲流螢」，是閨中的江南秋。

　　「細雨夢回雞塞遠，小樓吹徹玉笙寒」，是雨中的江南秋。

　　「碧雲天，黃葉地，秋色連波，波上寒煙翠」，是斜陽下的江南秋。

　　「魚吹浪，雁落沙，倚吳山翠屏高掛。看江潮鼓聲千萬家，卷朱簾玉人如畫」，是漲潮時的江南秋。

　　「多情自古傷離別，更那堪，冷落清秋節。今宵酒醒何處，楊柳岸，曉風殘月」，是離別後的江南秋。

　　「玉樹歌殘秋露冷，胭脂井壞寒螿泣。到如今，惟有蔣山青，秦淮碧」，是思古的江南秋。

【歷史的江湖】

在南方中國文化中，吳越文化、荊楚文化、嶺南文化、滇雲文化和巴蜀文化是五個特質突出的區域文化，其中尤以吳越文化最為柔麗清婉。

梁漱溟把中國文化比喻為富有韌性與彈性的「牛皮糖」。吳越文化無疑是在這塊「牛皮糖」上最華潤的部分。

像許多著名的大學者一樣，英國人貝爾納指出：「中國許多世紀以來一直是人類文明的巨大中心之一」。但這個巨大中心自身卻如同風水先生描繪的地氣一樣，不斷發生著令人眼花繚亂的變遷，吳越文化就是在這種歷史變遷中逐漸豐碩燦爛起來的。

❶西湖

　　吳越多靈山秀水，多亡國之君，多才子佳人。大上海的花花世界、南京神秀的山水、姑蘇的小家碧玉、紹興的師爺、寧波的商幫、溫州的個體戶、杭州的貴族氣息……自古以來吳越就是士農工商的大舞臺，吳越人玩不來彎弓射鵰的把戲，舞弄不動鬼頭大刀，難以仗劍橫行天下，卻也將江南妝點得遍地珠璣、秀色可餐。

移民天堂

　　十九世紀時，美國考古學家約翰‧斯特芬在中部美洲猶加敦半島的熱帶叢林裡發現了一座幻境般的城市。這裡有壯麗而古老的宮殿群和廟宇，但荒無人跡，斷垣殘壁中蕭穆雄偉、形狀獨特的塔身高聳，上面描繪著圖案精美的壁畫。然而，令人毛骨聳然的蛇頭在攢動，健壯的美洲豹自由自在地走來走去，它們成了這兒的主人。這座被濃密原始森林所包圍的古城就是古代馬雅文化的一個遺址，它為什麼會消亡，至今仍是個謎。

　　大約在西元前四千年左右，非洲撒哈拉一帶的熱帶森林和蒼蒼沃野消失了，巨大的沙漠割斷了中南非洲與北非、地中海地區的聯繫。這無疑是氣候變化的結果。

　　文明的變遷固然不可思議，但它卻是歷史過程中的一條重要原則。除了良渚文化漂亮的玉器和河姆渡文化的牙雕小盤紅色漆碗等寥若星辰的傑作之外，與北中國黃河流域比起來，遙遠的吳越時代彷彿成了歷史的一個暗角，一條茫茫大江和漫長的海岸線使得溝通北方異常困難，崇山繡嶺上儘管居住著不少山越人，但他們被認為是射生飲血、水溽刀耕的落後民族。

　　那時，吳越一帶到處是濕熱的沼澤，毒蟲及悶熱的天氣常

常傳播瘟疫疾病。在太伯仲雍奠基吳國、吳越人無餘稱王創立越國前，吳越大地在歷史上沉寂了很長的一段時間。直到東漢末年，吳越地區仍然是中國一塊無足輕重的雞肋。

吳越文化的歷史性里程碑是在三國時期樹立起來的，它姍姍來遲，並從此像一艘乘風破浪的海船，開始了充滿著痛楚與希望的旅程。一個叫孫權的東吳大帝是這次旅程最初的洗禮者和舵手，在他足智多謀且深得人心的政治策略下，江南被經營得井井有條，土地大規模開耕，經濟得到發展，有真才實學的人紛紛嶄露頭角，所謂兵精糧足、據長江天險而治。大梟雄曹操不由得在馬上搖鞭讚嘆道：「生子當如孫仲謀。」

西元184年後，整個北方籠罩在充滿血腥味的滾滾狼煙裡，多數北方人在這次漫長的動亂中慘遭不幸。而江南在這一時期則相對穩定，長江天險扮演了護身符的角色，使江南人用不著整日整夜憂心忡忡地生活在恐懼之中。倖存下來的北方人腦子大都較為靈光，勇氣和智慧是他們躲過浩劫的重要因素，他們被迫像驚弓之鳥一樣大批逃向南方。素有仁德的孫權下令接納這些可憐的人，使他們獲得一個棲身之地，他高瞻遠矚的炯炯目光已經隱隱感到他的國家需要這些精明能幹的農民來開發，這些北方人帶來的先進農耕技術將是未來江南發展的重要能量。

淪落江南的不僅僅是農民，還有不少飽學之士及舉家南遷的名門望族。他們在江南雖不能與朱、張、顧、陸四大貴族比肩，但卻也對推動吳越文化的書卷氣起了不可估量的作用。

一百多年過去了，江南人製造出的雕紋樓船盡可載著綾羅綢緞漂洋過海，自由地往來於南北，然而大海並未平息下來，

∩越王勾踐劍

無邊的鉛灰色烏雲密布，瓦釜雷鳴，暴風雨就要來臨了。

「永嘉之亂」是在北方游牧民族狂飆突進的號角聲中拉開序幕的。這次史無前例的大動亂，其劇烈程度簡直無法形容。整個富饒的北方都成了血流成河的屠宰場，一千多年，後我們彷彿仍然聽得到冤魂不散的鬼魂們，淚水漣漣地發出無比悲慘的哀叫聲。

這時候西晉僅僅才實現了三十六年的統一歷史，皇位的爭奪使這個年輕的王朝毀於一旦。它使我們想起了在蠻族入侵下古羅馬帝國滅亡的情景。中國氣象學的奠基者竺可楨指出：五千年來中國的氣候在不斷地發生變化，這種變化對於古代中國有著至關重要的影響。兩晉以後相當長的一段時間裡，氣候變得寒冷，北方的大片草場南移，使得以放牧為生的游牧民族大量南遷。

南移內遷的游牧民族數目相當驚人，據部分資料顯示，前後共有八百七十萬人左右。他們與農耕的漢民族之間所產生的衝突，在所難免。在這次爭奪生存空間的波瀾壯闊的廝殺中，西晉王朝極其不光彩地全面潰敗了。以鮮卑、匈奴、羌、羯、氐五個民族為主的游牧人，紛紛占山為王，瓜分了寬闊的北方。他們先後建起十幾個王朝，使政權更迭有如兒戲。

孔雀東南飛。垂死的西晉，它的的最後一線曙光就是退守江南。一支由皇室子弟門閥世族為首的逃亡大軍，浩浩蕩蕩向南開去，他們的人數約在七十萬到一百萬人，他們的行蹤如此驚慌失措，是為了早日到達江南以安身立命。

　　江南的居民及貴族對此顯然缺乏充分的心理準備，作為吳國的臣民，他們的亡國之恨仍在隱隱作痛，他們對龐大的流亡勢力充滿了敵意。但是，不管江南人是多麼地不情願這般眾多的北方人闖入自己的家園，然歷史證明，這次移民狂潮對於南方經濟文化發揮了決定性的影響。兵荒馬亂的北方把巨大的文化光環拋向了江南，連同它大批風華正茂的精英人才，這意味著江南將成為傳統文化灼灼其華的一個新窩。

　　經過短暫的陣痛之後，一個由司馬氏家族作為統治者的東晉政權在江南出現了，在此以後的近三百年裡，南方政治上的黑暗、軍事上的無能，與經濟文化的迅速發展形成了鮮明的對比。

　　南渡之後，大批訓練有素的北方農耕能手勤勞耕作，不久就使江南的黑土地成為糧倉。而深厚的中原傳統文化，一經與江南清靈的山水揉合，馬上就綻放出神奇的瑰麗姿采。那些疆場上戰戰兢兢、如履薄冰的流民，再也用不著抱頭鼠竄了，他們盡可放心大膽地繼續紙醉金迷的生活，盡可穿著寬大華貴的衣服，大搖大擺地顯示風流倜儻的氣質。他們在明媚的青山綠水間玄談闊論，談累了就吃宴擺闊，吃累了就彈琴賦詩，如果興致好的話，還可以寫字書畫。江南的江山如此多嬌，江南的美人沉魚落雁，士族們的創造靈感被空前地激發起來，他們樓上看山、城頭看雪、舟中看霞、植花邀蝶、壘石邀雲、築臺邀月。與此同時，「永嘉之亂」所帶來的亡國之痛，在風月之中逐漸地被淡化。

　　這是一次勝利大逃亡。江南的經濟和文化得到了開發，北方人開始用仰慕的眼神來打量它的富饒，幾年後，一條貫通了

南北的大運河將源源不斷地把江南的糧食運往北方。不管怎麼說，江南從此成為了人文薈萃之地。事實上，中國的繪畫、書法、詩歌、音樂，都是在這一時期的江南士族手裡成熟起來的。士族發達的頭腦和高冠博帶掩蓋下的軟弱四肢，體現了中國歷史的一種方向。

時光悠悠地飄向十二世紀。歐洲的基督教徒組成的十字軍正大舉向耶路撒冷開拔。那時，一個天縱其才的畫家卻當上了皇帝，他庸劣的政治才能把北宋王朝治理得一團糟。

西元1127年，一支最初由一萬人組成的女真族騎兵部隊血洗了整個遼國後，跟著南下踐踏了北宋都城東京。他們將這座宏偉富麗的大城市洗劫一空後，用一隊牛車將兩個皇帝和三千名王公貴族運往冰天雪地的北方之境。

江南又一次露出了詭祕的微笑。這微笑黯然傷神，充滿著深深的無奈。有誰能理解江南歷史的根脈，誰就會為一個文化博大的農耕民族歷經之苦難感到悲哀。一個世界上最聰明的民族，最熱愛和平、最具有忍耐力的民族，在危險的奮鬥關頭，卻缺乏化解這種危險的殺氣。福斯特說：「我覺得，對於一個民族來說，最大的不幸莫過於他們所居住的地方自然就能出產不虞匱乏的生活物資和食物，而氣候又使人幾乎不必為穿和住而擔憂。」福氏的話彷彿使我們明白了為什麼統一天下的往往是北方人而不是南方人。

從歷史群體意義上講，漢族是一個缺乏殺氣的農耕民族。而這樣的民族在戰爭中是危險的。與一萬名犀利的女真族騎兵相比，百萬宋軍如同繡花枕頭，然而他們平常卻白白吃掉了那麼多上好的大米。

風起雲湧的南渡浪潮在劫難逃。除了少得可憐的人作了寧為玉碎、不為瓦全的選擇之外，半數以上的北方人都拖家帶口，加入了逃亡的隊伍。如果沒有長江擋住驍勇的女真人，真不知道他們還能往哪逃。

歷史上最沒有進取心的南宋王朝，在風雨飄搖之中建立起來了。當金兵已到長江南岸的消息傳到首都臨安（杭州），開國皇帝趙構經過一番喬裝打扮之後馬上跑到海上的船艙裡躲起來。趙構的千古失策就是把屢敗金軍的忠臣名將岳飛殺掉。

北方人儘管打仗不行，搬家卻極為敏捷，所有能帶走的東西都被帶到了南方。金國女真人在這方面顯然不開竅，等到他們意識到問題的嚴重性時為時已晚，這些歡呼雀躍的勝利者，他們奪取的江山空空如也，早已不是先前繁榮的景象。

大量的移民被妥善安置在長江以南的各個角落，他們不久以後就發現，腳下這塊溫潤美麗的土地並不是避難之所，它楚楚動人的沃野遠勝過北方故里，豐收的喜悅使他們憂鬱的情懷如釋重負。

一個受傷的民族在江南水土的撫摸下漸漸

❶風雪天一閣

🔊明孝陵神道

　　緩過氣來，接著便心安理得地在半壁河山中苟且偷生，而其經
濟文化甚至比從前發展得更快速。

　　江南巨大的潛力淋漓盡致地被發揮出來。北方的魚羹宋五
嫂、羊肉李七兒、離茉羹李婆婆之類的傳統美食在西子湖畔發
展起來。移民們早先的大嗓門慢慢在山水的清輝中甜膩得像一
隻黃鶯從花底滑過，他們逐漸對老白乾失去了興趣，轉而喝綠
茶或黃酒，他們開始喜歡穿花俏的綢衣，粗枝大葉的眉開始水
汪汪地顧盼傳神。而北方七夕飲酒穿針、用胡桃做臘八粥、用
地窖貯存冰塊等古老的風俗也在江南盛行起來。

　　臨安（杭州）在這一切中有如一件綴滿了明珠的華服。多
得難以形容的財富很快就使這個一百多萬人口的大城市在西子

湖的石榴裙下手腳酥軟。王公貴族們每天要做的事除了消遣就是遊玩。他們春天的時候到孤山的月下看梅花、到八卦田看茱花、到虎跑泉試新茶、到陽溪樓吃煨筍、到蘇堤看桃花、到保椒山看曉山。夏天的時候到湖心亭採蓴菜、到飛來洞避暑、到三生石喝茶。秋天的時候到滿覺隴賞桂花、到勝果寺望月、到六和塔聽秋潮。冬天的時候到旗海樓觀晚月、到西溪道玩雪、到三茅山望江天雪霽。總之凡是消遣的事,他們都躍躍欲試。商船蔽日的臨安成了尋歡作樂的場所,報仇雪恥只是幾個血性詩人不切實際的夢想罷了。

無可奈何花落去,北方的繁榮時代一去不復返了。現在,南方將徹底地取代北方,它滿頭的荊棘換上了光豔奪目的桂冠。

三個亡國之君

南京盡出有名的亡國之君。唐朝人把南京稱作「六朝故都」——六個偏安江南的小首都。鍾山龍蟠,石頭虎踞。我們捉摸不透南京蔥郁的「王氣」,它居然孕育出那麼多玩物喪志的帝王。

西元547年正月一個寒冷的夜晚,梁武帝在粉色的帷帳裡做了一個夢,夢見北朝的魏國官吏紛紛獻出土地向他投降,他坐在巍峨的大殿裡接受降書和滿朝文武的拜賀,禁不住呵呵大笑起來。這個夢被認為是吉祥的徵兆。梁武帝對此深信不疑,他對身邊的人說不久將會有好的事情發生。

果然,到了這一年的三月分,東魏大將侯景由於與權臣高澄不和,派人拿著河南十三州的地圖前來洽談投降的事。梁武帝大喜過望,當即封侯景為河南王。許多大臣反對說:「我們

剛剛跟東魏和好不久，邊境上相安無事，如果現在接納他們的叛臣，恐怕未必妥當吧」。侯景對於梁朝是顆災星」。梁武帝對此很不以為然，將這些人視為膽小怕事。他命令善於紙上談兵的侄子蕭淵明引兵北上接應侯景。面若白玉的蕭淵明是個金玉其表的紈褲子弟，他的軍隊在彭城遭到驃悍的東魏軍迎頭痛擊，全軍覆沒，自己也做了階下囚。

老謀深算的高澄陰險地望著南方，他狡猾地想起了鷸蚌相爭這個寓言。他帶信給梁武帝說，這次戰爭純屬不得已之舉，只要交出侯景，東魏願意與梁朝重修舊好，並將蕭淵明放回。梁武帝讀完這封語句懇切的信，長長嘆了口氣，不顧大臣的反對答應交出侯景媾和。消息傳出，候景暴跳如雷，眥皆盡裂，他決定採取最嚴厲的報復行動。

羯族人侯景帶領窮兇惡極的大軍揮戈南進。猩紅的軍旗上，龍虎圖紋面容猙獰。梁朝人完全低估了侯景的實力，他們在猛烈的進攻下潰不成軍。首都建康城（南京）很快被包圍住。

直到這時，梁武帝才明白自己做了無可挽回的蠢事，他披著金黃龍袍的尊體，在仕女的攙扶下猶想作困獸之鬥。然而一切都晚了，侯景把皇帝所在的臺城包圍得水洩不通。臺城裡的人在飢餓中死去，高大的城牆發出一陣陣惡臭，堅守了一百三十天之後，城終於被攻破了。侯景冰冷的身影出現在皇宮中，他用馬鞭指著梁武帝，吩咐左右將梁武帝活活餓死。這位南朝梁國的開國君主是中國皇帝中的一個特例，他建立了一個富裕的小朝廷，在位時間長達半個世紀之久，然而最終卻在晚年悲慘地餓死。

　　侯景下達了殺無赦的軍令。東吳以來經營了兩百多年的建康城，由壯麗的大都會變成了廢墟，成千上萬的梁朝人像螻蟻一樣死去，血染紅了長江水。大盜移國，金陵瓦解，一百萬人的江左名都在地表上消失了。幾年之後，庾信懷著巨大的哀慟之情寫下了著名的《哀江南賦》。

　　一生對佛教頂禮膜拜的梁武帝顯然更適合做一位藝術家。他對人生哲學有著獨到的深邃見解，精於經學及歷史研究，撰有《群經講疏》二百餘卷、《通史》六百餘卷。他能寫出意境美妙的詩文來，棋琴書畫樣樣才華橫溢，即使在休閒之餘也能輕而易舉地製出和十二音律相對應的十二支長短不同的竹笛。這無疑是個世間罕見的通才，然而他卻過分地專注於藝術，使得理想阻礙了現實性極強的政治事務。

　　「煙籠寒水月籠沙，夜泊秦淮近酒家。商女不知亡國恨，隔江猶唱後庭花」。唐朝人杜牧在詩中含沙射影地嘲笑說，在煙水朦朧的秦淮月夜，南京的琵琶女是不適合彈奏《玉樹後庭花》這首纏綿的亡國之音的，因為這首曲子的作者正是南京的亡國之君陳後主。

　　西元589年，即梁武帝死後的第四十個年頭，在遼闊的北方，尼姑庵裡長大的隋朝皇帝楊堅正忙於視察疆土，黑色的大氅和一身戎裝更加襯出他威嚴的儀表。過不了幾天，他那以強悍雄壯著稱的八路大軍就要乘船沿江而下，直搗南方陳朝的老窩建康城。

　　然而在嚴重的危險面前，陳朝人既沒有作出強硬的防備對策，也不驚慌失措。他們的皇帝陳後主自持有長江天險作屏障，根本就不相信北方人會殺到江南來。他把那些前來勸諫的

大臣統統視爲杞人憂天之徒。大臣們暗自傷神；沒有人再敢來煩擾陳後主，除非他吃了豹子膽。

翠袖拂檻露華濃。陳後主對國家大事深惡痛絕，他終日在臨春、結綺、望仙三幢樓閣裡飲酒賦詩，與一千多名裹著彩色綢衣的美女遊玩度日。三幢檀香木建成的樓閣高數十丈，裡裡外外用金、銀、明珠、翡翠裝飾起來，樓下的水池畔點綴著奇花異草，每當微風吹過，檀香木的芳香在幾里外就能聞到。這是自東晉以來天下最爲瑰麗的建築，裡面除了脂粉味之外還是脂粉味，陳後主在這裡縱情打發著奢靡的帝王生涯。除非到了萬不得已的時刻，陳後主才會從美女堆裡爬出來，前去聽取大臣的彙報。

那是白霧漫天的初春季節，以才情著稱的陳後主正在臨春閣裡春風得意地組織宮廷樂隊，演奏他的新作《玉樹後庭花》和《臨春樂》，深宮裡珠圓玉潤的亡國之音響徹雲霄。

乘著濃麗的江霧，隋朝的大軍頃刻之間便突破了陳朝的長江防線，陳兵望風而逃，建康成了甕中之鱉。這時陳後主還在喝著美酒作詩，直到隋軍兵臨城下，他才得到可靠的消息說京城已被包圍了。陳後主這下才知事態嚴重。當尚書僕射袁憲向他詢問最後的決策時，這位天性散漫的皇帝沉寂了片刻，然後胸有成竹地說：「鋒刃之下，朕自有妙計」。搞得袁憲等人不知他葫蘆裡賣的是什麼藥。

沙漠裡的鴕鳥在危險到來的時候常把頭伸進沙土裡，它以爲只要自己看不見敵人，敵人也肯定看不見它。陳後主使用的就是「鴕鳥戰術」。隋軍殺進皇宮之時，陳後主和張麗華、孔貴妃坐在一個大籃子裡，躲在華林園景陽樓旁的枯井中，根據這

⋂杭州靈隱寺

一錦囊妙計，他們將會非常幸運地躲過一場滅頂之災。不料，枯井引起了搜捕士兵的注意，他們假裝要往裡面扔石頭的時候，陳後主不得不喊出聲來表示求饒。隱隱的青山透著桃花豔紅的顏色，雨水打濕了雲朵。暮春三月，一隊矯健的騎兵押著一排囚車前往長安。囚車裡有一個憔悴的白面郎君，此人正是陳後主。

　　然而，南京最有名的亡國之君卻是李後主——五代十國時期南唐小朝廷的末代皇帝李煜。除了少數人之外，歷史上沉溺於文學藝術的帝王，大都在政治上翻了船。這使我們感到文學藝術好比魚，權力好比熊掌，魚和熊掌不可兼得。李煜二十四歲當皇帝的時候，南唐實際上還統治著長江以南江蘇、安徽、江西、湖南等地的上千里土地，這是當時最為富庶的地區，如果經營得當的話，它完全可以和任何一支割據勢力相抗衡。

❶江南小巷道

然而，李煜雖具有獨步千古的文學才華，精於書法、繪畫、音樂，但在政治上卻是個蹩足的角色。

李煜根本就不懂得治國之道。他把那些有實際治理能力的人統統拒於千里之外，而把文學藝術方面才華橫溢的人像菩薩一樣供奉起來，封他們做大官，賞賜他們美女和豪華屋宅。這些人眾星捧月般地圍繞在李煜周圍，使他充滿了「良將如雲、謀士如雨」的錯覺。

南唐沒有良將，沒有謀士，由於得不到任用，他們紛紛投奔北方雄才大略的趙匡胤。南唐有的只是文學家和藝術家，他們的頭兒李煜就是一個最優秀的文學家，董源、趙幹、顧閎中、周文矩、周太沖、鍾隱、徐熙、馮延巳、徐鉉等，都是文學藝術史上一流的文人。然而秀才遇到兵，有理說不清，一旦打起仗來，大文學家、大藝術家們除了做刀下的亡魂之外，只

有蒙受恥辱乖乖地舉起柔荑般白皙的雙手。

在古兵器時代，笑傲江湖的總是那些充滿了陽剛血性和剛勁力量的英雄人物。北方人雖然常常鬥不過游牧人，被迫不斷修築長城加以防禦，但他們對付江南人卻綽綽有餘，尤如牛刀殺雞一般。一部中國歷史就是北方人不斷戰勝南方人，然後經濟文化重心不斷南移的過程。

英雄向來出產在氣候寒冷、民風粗獷的北方。除了項羽、專諸、要離、勾踐等寥寥幾個遙遠歲月裡的英雄之外，我們已經記不得江南還出過哪些英雄人物。浮華綺麗的江南只盛產才子和佳人。大才子李煜不幸出生在帝王之家，被捲入到政治的漩渦，與虎視眈眈的強權人物趙匡胤比起來，他更像是一隻顧影自憐的山雞。

西元975年，李煜的帝王生涯徹底宣告結束。宋朝的大軍還沒使上一半的氣力，就已輕取了南唐。京城被圍的時候，李煜還在城中填詞，詞還沒有填好，城就被攻破了。在此之前，李煜曾委派口若懸河的寵臣徐鉉去朝見趙匡胤，請求他不要派兵攻打南唐，因為南唐就像兒子對待老子一樣對大宋充滿了敬仰，同時每年還供送大量財物以表孝心。然而趙匡胤的回答卻是：「在我的榻旁，豈能讓別的人打鼾。」

李煜成了可憐兮兮的亡國之君，在離開南京時他做了首詞：「四十年來家國，三千里地山河。鳳閣龍樓連霄漢，玉樹瓊枝作煙蘿，幾曾識干戈。一旦歸為臣虜，沉腰潘鬢消磨。最是倉皇辭廟日，教坊猶奏別離歌，垂淚對宮娥」。

李煜的爺爺李弁雖然出身貧寒，但多少還有些英雄氣概，而他的這個孫子卻是如此地懦弱。李煜的三年多俘虜生涯是在

孤獨和悲傷中度過的，「此中夕日，唯有以淚洗面」。陳後主做了俘虜之後仍然在酒氣和女色中快樂地消磨著人生，直到病死才善罷甘休。但李煜卻不能夠，這正是他和陳後主在本質上的差別，他有一顆無比敏感而自尊晶瑩的心靈，他寫下了不少以思念故國爲題材的不朽篇章，而這些篇章卻成爲他致死的重要原因。

根據史料，北宋第二代皇帝趙光義是「燭影斧聲」疑案的製造者（疑弒兄篡位），他在霸占了李煜心愛的女人小周後不久，就用一種叫牽機藥的劇毒將李煜毒死。服用滲有牽機藥的毒酒之後，李煜身體向前倒下，頭和腳像牽機一樣縮在一起。

紹興師爺的飯碗

「紹興師爺湖南將」、「無紹不成行，無湘不成軍。」這些清朝後期婦孺皆知的俗語，並非是好事者無事生非的調侃，而是對濃厚地方特色的通俗性歸納。

十九世紀後，大清帝國的官場出現了不少夾縫，紹興師爺和湖南將領就是夾縫地帶上一文一武的兩支重要力量。

師爺，說得好聽點叫做幕僚，說得難聽點就是寄人籬下替人做嫁衣的狗腿子。吃這碗飯不僅需要有縝密的心機以處理大量的日常事務，而且還要懂得如何恰到好處地獻媚以迎合上司。總之這是官老爺身邊不可或缺，專門辦理瑣事或出謀劃策的參謀人員，他們必須精明能幹，長得伶牙俐齒，而且八面玲瓏。在文學作品裡，師爺往往被描繪成長著山羊鬍子的智囊人物，他們油腔滑調，黑色軟呢的瓜皮帽下，一雙賊溜溜的眼睛不懷好意地東張西望。

　　作為師爺這一官場文人群體的淵藪，紹興是江南地區除蘇州以外的一個文化圈，這裡山水妖嬈，英才輩出，書香門第和一流文人如過江之鯽。

　　紹興人在對付科舉考試上顯然很有一套，從順治元年到光緒末年的兩百多年裡，考中進士的人竟多達六百多人，另有近二百四十人中了舉人。一個地方就有如此眾多的人在功名場中嶄露頭角，可謂相當罕見。然而，通過文官考試而在仕途上青雲直上的畢竟是少數人，更多數的紹興文人就像沒有躍過龍門的鯉魚一樣被擋在幽深的殿堂之外，這樣一來，他們必須對人生作出實際的選擇，以承擔養家糊口的責任。落第之後擺在落魄文人面前的謀生手段，要不拿起竹尺每月收幾吊小錢做個安分守己的私塾先生，要不就做充滿銅臭味的商人，不然便是飄泊天涯在大官身邊討好賣乖的師爺。

　　天下熙熙，皆為名來，天下攘攘，皆為利往。在名利場中打滾了一陣子之後，靈氣過人、精明有餘的紹興文人便紛紛把手中的橄欖枝投向了師爺這個行業。

　　「師爺」在許多人眼裡僅僅是根雞肋而已，然而紹興人卻將其視為自己一展鴻圖的敲門磚。他們敏銳地觀察到一條不規則的晉身法則，那就是需要有靠山，擁有靠山也就意味著一隻腳已經踩進了權力的蜜缸。靠山是「朝為讀書郎，暮登天子堂」的現實保證。每個師爺往往都有一座靠山，只要關係貼得緊，日後雖不敢說能夠飛黃騰達，但衣錦還鄉卻也算不上是奢望。

　　紹興人溫文爾雅的面容下城府隱藏得很深，他們普遍擁有在處理繁雜事務方面的幹練才能，這種才能與敏捷的洞察力和細密的心思，是紹興師爺在官場裡成為搶手貨的基本要素。

他們天生就是做師爺的料，在大清官場裡，他們前仆後繼，以致於在外地人眼裡「紹興師爺」成了紹興人的代名詞。一個「紹」字，藏了一張利嘴，一支刀筆，一根辮子，把老奸巨滑、口若懸河的紹興師爺刻畫得活靈活現。

紹興人之中，更多的是像狡猾的狐狸一樣老於世故的讀書人。這些讀書人讀書的初衷並不是爲了成爲師爺，但他們之中許多人卻不得不吃師爺這碗飯。然而對於那些官老爺們來說，一名好的師爺就是一支翅膀，所以他們對紹興師爺情有獨鍾。

紹興師爺從職業看可以分爲幾種類型：刑名師爺（負責辦理刑事、民事案件），錢谷師爺（負責辦理財政、賦稅），書啓師爺（負責掌管來往書信），掛號師爺（負責批答文件），征比師爺（負責考核徵收田賦）。另外，還有的師爺是專門爲官老爺出謀劃策的，這種師爺的地位相當顯赫。

紹興師爺就像鴿群一樣在衙門裡竄來竄去，他們的身影頗引人注目。其中不乏才華橫溢的名角師爺，如曾國藩的師爺房士傑、張之洞的師爺馬家鼎、左宗棠的師爺程塤。婁春藩更是紅極一時，先後做過李鴻章、王文韶、榮祿、袁世凱、楊士驤、端方等封疆大吏的師爺。

但並非所有的紹興師爺都很走運，他們之中「爲五斗米折腰」卻一生鬱鬱不得志的大有人在。畫家徐渭就因爲無法看主人眼色行事，所以在當師爺的時候窮困潦倒。清初的許葭村、龔未齋，寫得絕妙好文，卻因爲不善於向上司拋媚眼，結果「一囊秋水，顧影生寒」，有時竟窮得無米下鍋。

看來，沒有一整套的拍馬技術，沒有那種把官老爺放的屁誇讚爲「依稀絲竹之聲，彷彿蘭麝之氣」的本領，紹興師爺光

靠才幹，要想在官場上出風頭是很困難的。

寧波商幫的風頭

林語堂曾作過一個有趣的比較：假如中國的南方和北方各出一個不孝之子，都被他們的父母一頓棍棒趕出家門，而且都被迫外出闖蕩一番，二十年後衣錦還鄉。那麼北方歸來的浪子可能是一位騎著高頭大馬的將軍，而南方歸來的浪子可能是一位腰纏萬貫的商人。

「無紹不成行，無寧不成市。」我們想起了歷史上的希臘人、腓尼基人、英國人，以及「海上馬車夫」荷蘭人。與這些商業民族的相同之處是，寧波人棲息在碧波萬頃的海岸線上。大概是大海使得人們胸襟開闊的緣故，在柔秀的浙江人中，寧波人多少有種氣魄。這種氣魄是促成他們注重實效、具有商業精神的重要原因。

德國人利希霍芬說：「在商業上，寧波人完全可以和猶太人相比美。」孫中山感嘆道：「在歐美各國，亦多有寧波商人的足跡，其能力與影響之大，在國內首屈一指。」尤其是在近代，風頭勁猛的寧波人「民性通脫，務向外發展，其上者出而為商，足跡遍於天下」。在當時寧波商幫與北方盛產金融家的山西商幫是商界的兩大巨頭。海水使寧波人獲得優秀商人所必備的天賦。他們善於用精緻的玉碗喝燕窩蓮羹，善於躲在花木掩映的漂亮閣樓裡喝茶。他們更善於讓各地大把大把的鈔票流進自己的腰包。

早在古老的越國時代，傳奇人物范蠡，就從浙江駕著小舟辭官前往齊國經商，後來竟成為富可敵國的一代大賈陶朱公。

發達的商業頭腦使得寧波人至少在晉朝就已形成了經商傳統。
那時，商人的地位極其低下，寧波人穿著由政府專門為商人指
定的黑鞋子出沒於大江南北。從唐朝到南宋，寧波是重要的對
外貿易港口，白帆蔽日的商船往來於日本、高麗、真臘（柬埔
寨）等國，江南的絲綢和瓷器被源源不斷地泛海運出。李鄰
德、李廷赤、張支信、李處人等商人的船隊依靠航海發了橫
財。

「航海梯山，視若戶庭。」寧波人堅毅的冒險精神在他們的
商業活動中顯露無遺。在近代，寧波人有兩次移居海外高潮：
第一次是在光緒、宣統年間，這時期移居海外經商的人數多達
近十萬人；第二次是在二十世紀四〇年代末，大批的寧波商人
移居到香港、澳門，或以臺灣為跳板，轉向歐美及大洋洲發
展。目前，據初步統計，移居港、澳、臺及海外的寧波人約有
八萬人左右，他們遍布於日本、美國、新加坡、英國、俄羅
斯、澳洲、馬來西亞、加拿大等五十多個國家和地區，其中的
大多數人都以經商為謀生手段，不少人是工商界鉅子或金融界
大亨。

伴隨歐美列強堅船利炮帶來的沉重恥辱，近代中國工商業
開始了充滿著淚水和荊棘的發展歷程。在這一歷程中上海灘自
始至終以它妖豔的光環吸引著整個世界，人們把這座日新月
異、大染缸式的國際城市稱作「冒險家的樂園」。大批三教九流
的人物雲集於此，他們就像前往美國西部挖掘金礦的淘金者一
樣，在這塊交織著危險和夢想的地盤上奮鬥不止。在此當中，
一大批精明的寧波實業家迅速崛起，他們以商業明星的姿態結
成相互呼應的鄉黨。

　　巨富葉澄衷，剛到上海的時候僅是一個在黃浦江上搖舢舨的小角色。工商界巨頭朱葆三，獨占鰲頭的大買辦資本家虞洽卿，都是中途輟學到上海打工的學徒，這些寧波人沒有任何靠山，沒有權力背景，一切白手起家靠自己打天下，他們的成功在權力壟斷一切的中國簡直是奇蹟。

　　與朱、虞相似的是「國際船王」包玉剛，他使人想起希臘船王歐納西斯。包玉剛1949年從上海來到香港的時候，只是一家小型進出口公司的小老闆而已，1955年，他獨具慧眼地購買了一艘已有二十八年船齡的燃煤貨輪，創辦經營航運業的環輪船務公司。此後生意越做越大，業績蒸蒸日上。到1979年底，包玉剛已擁有兩百艘總數超過兩千萬噸的商船隊，成為當時世界上最大的獨立航海業集團。二十世紀八〇年代後，其事業如日中天，他在貿易、製造、保險、金融及航空方面都有很大的發展，與李嘉誠並駕齊驅，成為香港商界的巨無霸。

　　黃楚九、項松茂、劉鴻生等，都是民國時期寧波商幫中各領風騷的一代大賈。「大世界」遊樂場於1917年落成開幕，這座舊上海規模巨大的娛樂場所之創辦人就是黃楚九。他的腦袋極為靈光，絞盡腦汁想出種種吸引有錢人的花樣來，使得「大世界」每天賓客如潮，人們在這裡可以看電影、欣賞名角演戲曲、聽摩登女明星唱流行歌曲，或坐歐洲「飛船」等，各種玩樂的項目名目繁多。「大世界」一度成為大上海的一大樂地，外地人到上海而不到「大世界」被視為是一大憾事。

　　項松茂是五洲固本皂藥廠的總經理，二十世紀二〇年代，他組織技術力量生產出五洲固本肥皂，這種質量優越的肥皂重新奪回了被洋皂獨霸的中國市場。

🎧舊上海街道圖

劉鴻生有句名言:「我並沒有把我所有的雞蛋都放在一個籃子裡。」他靠經營煤炭業發了財後,把所有資財分散投資,不惜血本嘗試新的商業項目,一時成爲舊中國商人的楷模。

寧波人有錢了,腰板也就挺得更直。在近代中國,寧波商幫曾經熱鬧了好一陣子。

【笙歌吹斷水雲間】

　　六朝金粉，煙水濃抹。翠袖三千樓上下，黃金十萬水西東。秦淮河是江南景物的一大尤物，千百年來這個幽香襲人的花柳繁華地，引得多少墨客騷人競折腰。麝香龍涎、錦繡珠簾的秦淮河，是一條由女性和詩性揉合而成的河流，它柔曼婀娜的水光令人銷魂，成為許多風流豔史的發源地。吳越自古多嬌娃，顧橫波、馬湘蘭、李香君、柳如是、董小宛、卞玉京、寇白門、鄭妥娘，「秦淮八豔」國色天香，芳影在月下的朱欄畫舫中望之如神仙中人。

　　比起沈從文筆下由吊腳樓組成的湘西小鎮，江南水鄉少了渾厚而遙遠的古樸，多了一點空靈縹緲的典雅。

　　「滄浪之水清兮，可以濯我纓，滄浪之水濁兮，可以濯我足。」拙政園、網師園、退思園、耦園、曲園、怡園，在將人文與自然視作一體性的東方國度，還有什麼比精美典麗的蘇州園林更好的容身之處呢？

緋色秦淮

　　秦淮河在明朝兩百來年的錦繡歲月裡，達到了它豔史的鼎盛時期。相貌奇醜、出身貧寒的太祖朱元璋，對南京有一種特殊的好感，他把都城建在這座江左名都之後，下令從蘇、浙、贛、閩、川、兩湘、兩廣九個省及周圍三州十五府強遷富豪一萬四千多戶，並在全國各地挑選能工巧匠四萬餘戶長住京城。此舉使得秦淮河兩岸遍地是鐘鳴鼎食之家，古雅的別墅鱗次櫛比，雕欄畫棟，綺窗珠簾，奢麗極一時之窮。

🎧無錫蠡園

　　明代南京在農耕中國寫下了重彩的一筆。它擁有一百多個不同的工商業行當，僅絲織業一項就可分爲織緞、綾裱、羅絹、縐紗、絲棉、絨線、頭巾、荷包等二十多個不同種類。據南京博物館收藏的明代《南都繁會圖卷》，畫中僅不同類別的店鋪招牌就有一百零九種，如「袖絨老店」、「勇申布莊發兌」、「糧食豆穀老行」、「銅錫老店」、「京式小刀」、「福廣海味」、「西北兩口皮貨發售」、「應時細點名糕」、「萬源號通商銀鋪」等，另外，「牛行」、「豬行」、「羊行」、「驢行」、「雞鴨行」、「油坊」、「染坊」、「絲市」、「綢市」、「花市」、「珠市」、「魚市」、「米市」、「油市」、「木料市」等多如牛毛。

　　梨花似雪春如煙，春在秦淮兩岸邊。十里秦淮的一大絕貨就是女色，這些款款生情的嬌娥爭妍鬥豔，朝歌暮弦，使得江南的富貴紅塵分外妖嬈。參加科舉考試的場所貢院和高等學府夫子廟一帶，是勾欄、瓦舍人煙湊集的鬧市區。也許是士子如雲的緣故吧，周圍煙花青樓隨處可見。南邊爲「南曲」，屬藝妓所在，北邊爲「北曲」，爲娼妓所在。文人雅士們在這裡「夜夜長留明月照，朝朝消受白雲磨」。

　　中國歷史上曾出現過許多名妓，像南齊杭州名妓蘇小小、唐代徐州名妓關盼盼、長安張紅紅、霍小玉，北宋汴梁名妓李師師、謝天香，南宋揚州名妓張惜惜，明代開封名妓杜十娘、蘇州陳圓圓，清代北京名妓小鳳仙、蘇州賽金花等。「以花爲貌，以鳥爲聲，以月爲神，以柳爲態，以玉爲骨，以冰雪爲膚，以秋水爲姿，以詩詞爲心」，這些淪落風塵的青樓粉黛，不僅僅因爲是絕代佳人才引起人們的注意，實際上她們之中的許多人都具有獨特的品性和才華。

「一個女性低垂的雙肩好像垂柳柔美的線條，她的眸子如杏實，眉毛如新月，眼波如秋水，皓齒如石榴子，手指如春筍」。在林語堂的妙筆下，女人總是天然就有著許多美質。他所描繪的這種林黛玉似弱風扶柳般的女性，把我們帶到了秦淮河畔。

明末清初秦淮河一帶最有名的名妓是「秦淮八豔」。婀娜多姿的體態，蓮步輕移，身著一套碧綠湖綢素妝，雲鬢高聳，流蘇飄逸，鬢邊斜插一朵盛開的紅玫，素淨中卻含有豔情的餘韻。顧橫波、馬湘蘭、李香君、柳如是、董小宛、卞玉京、寇白門、鄭妥娘——八個驚豔絕俗、不乏傲骨的秦淮女，將我們帶入到鐵戈硝煙中日薄西山的明朝末年。

柳如是由於家貧而在青春妙齡年華墜入秦淮青樓，她剛烈的性格很像隋朝時代俠骨貞慧的紅拂女。這位才華縱橫的美女並不願老老實實地待在雕樓裡算計男人口袋裡的銀子，她見識超卓，胸襟偉曠，常常女扮男裝與著名的復社領袖張溥、陳子龍，妄圖力挽狂瀾拯救行將滅亡的大明江山。後來她嫁給文壇泰斗錢謙益。當清軍殺到江南的時候，柳如是極力勸他一起跳水殉國，但錢謙益僅下水試了一下便說：「水太冷了，不敢下去」。他乖乖的留著辮子，前往北京做大清帝國的禮部待郎。柳如是則留在南京，在南明最危急的關頭，她賣掉自己所有的金銀珠寶支持抗清運動，並親身打扮成昭君出塞的樣子前去鼓舞士氣。柳如是飽受了亡國的淒苦後，死於山水清佳號稱「天下一角」的常熟虞山。

經由《桃花扇》的渲染，明末四大公子之一的侯方域與李香君的愛情悲劇已廣為流傳。人稱「香墜扇」的李香君，住在秦淮河畔的媚香樓，她身材小巧玲瓏，具有沉魚落雁之姿。

從「落花無主，妾所深悲；飛絮依人，妾所深恥。自君遠赴汴
梁，屈指流光，梅花二度矣……」等句子來看，可看得出這是
一名才高志傲的女子。李香君成爲侯方域的紅粉知己後，便對
愛情堅貞不渝。侯前往抗清前線不久，權臣馬士英的心腹開封
府尹田仰爲其豔名所動，以黃金三百鎰爲價錢，邀李香君一
會，沒想到李竟毫不動心。田仰大怒，派人威脅硬請，結果香
君以頭撞牆血染扇面。這麼個性格卓絕的女性，結局卻不見得
有柳如是好，她的知己侯方域投降清廷，山河破碎，李香君的
理想徹底幻滅，便出家當尼姑，與棲霞山滿山烈火般的紅葉長
相廝守，她的香塚至今仍留在那裡。從此人們再也聽不到被視
作秦淮一絕的李香君那傳神的唱腔。

　　深居在釣魚巷的董小宛是「秦淮八豔」中年齡最小的一
個，然而花容也最爲出眾，眉如翠羽、肌如白雪、腰如束素、
齒如含貝，嫣然一笑，傾城傾國。董小宛後來與江北如皋才子

○鎮江金山寺月夜

冒辟疆一見鍾情,便下嫁他做小妾。董小宛像陶淵明一樣熱愛菊花。有一次,有人把一盆名貴的「剪桃紅」贈送給她的丈夫冒辟疆,這盆名菊花繁而厚,葉碧如染,濃條婀娜,枝枝有風雲之態。這時董小宛生病臥床已三個月了,她見了這盆菊花,陡然精神大振,病一下子就好了不少,此後每晚「高燒翠蠟,以白團回六曲圍三面,設小座於花間,位置菊影,極其參橫妙麗,始以身入。人在菊中,菊與人俱在影中」。

秦淮河留在人們記憶中的不僅只是女色,還有它燦爛的燈火樓船。每當初夏季節的端午節,成百艘綺窗雕欄的畫舫圍了翠帷,兩旁掛了一排排的羊角燈,面綴著精緻的流蘇,在畫舫裡一色的大紅蠟燭燭光裡,兔形燈、魚形燈、鹿形燈、龜形燈等各式各樣的羊角燈照得十里秦淮燈火通亮,交相輝映。在嫋嫋江南絲竹之聲中,遊人如織,船娘那熱情清靈的歌聲漸漸地越唱越高,飄向夜空。

秦淮河在乍離乍合的華光中緩緩逝去。在它的兩岸,綠柳婆娑,小樓和畫船簫鼓並未因為潛在的巨大危機而失去光澤。當滿族人的騎兵在白山黑水之間縱橫馳騁的時候,秦淮河仍是一派美好的歌舞昇平光景,公侯戚畹甲第連雲,宗室王孫翩翩裘馬,烏衣子弟們在粉堆裡像花蝴蝶一樣飛來飛去,他們遊海有挾彈吹管,開瓊筵則有妓女侑觴。秦淮河畔,喧囂達旦,桃葉渡口,喧聲不絕。人們正忙於趕在覆巢將傾之前尋歡作樂、揮霍生命。

秦淮河的荳蔻年華並沒有能夠長期維持下去,在經歷了明末清初動盪的戰爭歲月之後,繁華像夢一樣地消失了。在清朝占領江南後最初的幾年裡,它的荒涼令所有當年曾領略過它溫

馨風情的人傷感不已。

　　一天，石礫堆積如山的破板橋上有人吹響了一曲洞簫。

　　這淒怨的簫聲如慕如訴，在秦淮河畔已經很久沒有聽到過了。橋邊的矮屋中一個老嫗推開門深情地說道：「這是張魁官的簫聲啊！」

水鄉的美麗低吟

　　江南最溫婉的實際上是平淡的古鎮，有許多亮光從那兒飄出來，濕漉漉地帶著朦朧的亮度把水、土地和天空連成了一片。

　　古鎮大都傍水而居。「水陸平行，河街相鄰」，幽靜的居民院落狹小、沿著河面排列成線，河岸上垂柳依依，半截石欄上到處是青苔。住宅的前門和後部幾乎家家有通向河面的石階，為居民取水、洗滌及舟楫停泊之用。

　　面水人家、臨水人家、跨水人家，與花橋、酒旗、水榭、白牆、灰瓦、精雕細琢的窗櫺、往來的船隻、遠處的煙波蒼天，構成了一幅色調素淡古典的民俗圖卷。人置身於其中，如同進入到一個恬淡自在的純淨世界。

🎧 老上海交誼舞

　　水是導致江南古鎮空靈之氣歷久不衰的最大因素。林語堂說：「中國的確有許多方面是近乎女性的。水與女性的氣質關係密切，在它的祕密濡染下，江南的風物日益柔秀。」

　　古鎮優雅的線條使我們想起了淡妝嫻惠的浣紗女。一條烏蓬船在花橋下探出頭來。一曲吳歌水靈靈地滑過楊柳岸。大片菜花稠濕鬱香的氣息無邊無際。古鎮人家小廟兒似地聳著，杏花春雨裡，走進小酒館坐一坐，沽一壺黃酒。窗外的老石板路上，牆角爬著些青藤。微風燕子斜，細雨魚兒出，雕磚、水光、落花；徜徉在清幽的雨巷，遙憶起民國時期新月派戴望舒的詩歌來：「撐著油紙傘，獨自彷徨在悠長，悠長，又寂寥的雨巷，我希望逢著，一個丁香一樣地，結著愁怨的姑娘。」

　　周作人亦寫道：「穿鎮而過的狹窄河道，一座座雕刻精緻的石橋，傍河而居的民居，民居樓板底下就是水，石階的埠頭從樓板下一級級伸出來，女人在埠頭上清洗，而離她們只有幾尺遠的烏蓬船上正升起一縷白白的炊煙，炊煙穿過橋洞飄到對岸，對岸河邊有又低又寬的石欄，可坐可躺，幾位老人滿臉平靜地坐在那裡看著過往船隻」。

　　水光接天的古鎮，常常讓我們想起陳逸飛那幅充滿了斑剝青灰色的《故鄉的回憶》。只有那般模糊空曠的青灰色，才能夠傳神地描繪出江南古鎮陳舊而燦爛的釉面。只有浮出功名利祿的人，才能真正了解到古鎮之精髓所在。只有被歷史感化過的人，才能被水中古鎮搖落的碎片深深地打動。周庄、同里、陸墓、南潯、黎里……江南古鎮像一串散落的珠子，被水色和鮮花梳洗之後串起來，它們現出的是江南人精美而樸實的風雅生活。

園林之風雅

　　就像一枚銅幣的兩面，水鄉古鎮代表的是江南民間俗文化的一面，而私家園林則代表了江南上層雅文化的一面。與悲歌慷慨的激烈情志相反，江南園林涵攝的是退讓謙和的人生觀。這種人生觀與老子倡導的投向自然、逃避政治的道家思想一脈相承，從頭到腳充滿了人和自然合一的旨意。

　　江南人軟白得像嫩豆腐似的雙手，早已喪失了當年專諸拔出魚腸劍刺殺吳王僚時的衝天英氣，但擺弄起生活來卻另有屠龍之技。歷史上的江南人是老奸巨滑的，他們替自己營造了園林這樣一種安身立命的最佳處所。園林將江南人睿智、老練、精明、靈敏、恬靜、狡黠、詩化、深沉、柔弱的性格特點顯露無遺。

　　江南多的是具有文人傾向的官僚巨賈，這些深知官場險惡的人口袋裡銀子多了，便崇尚起悠閒自得的生活來，於是他們從如履薄冰的官場裡退出來，躲在漂亮的園子裡瀟瀟過日子。還有些官場老手一邊緊緊抓住權力不放，一邊用民脂民膏修建園林拿來供妻兒老小居住，同時自己在閒暇之餘也可消遣於其中。

　　早在春秋晚期的吳王夫差時代，江南就有了姑蘇臺、天池、梧桐園、鹿園等大型園林。三國時孫權建有芳林苑、落星苑、桂林苑等園林。但這些園林基本上都是帝王的離宮別館。而傳統的江南園林則是遠離政治囂鬧的避身之所，它們和帝王的宮苑之間有著很大的差別。江南園林一般說來小家碧玉，講究清靜的情調，有如一個個充滿了詩情畫意的香盒子。一直到漢魏時期，江南沒有關於私家園林的記載。東晉姑蘇顧辟疆園

是第一座有名的私園，此後構思精巧的私園不斷出現。

　　江南園林的興盛與整個江南經濟文化的發展是息息相關
的，明清時期，隨著江南士人在科舉考試場上的全面勝利，江
南園林也達到了盛況空前的鼎盛階段。

❶豫園

　　神思飛揚的江南文人在明清時代獨領風騷，這一期間有名的私家園林，蘇州有近八十處，杭州有七十多處。就連盛景已不復重現的江南隋唐第一名都揚州，在清代也修有三十多處私家園林，其中影園、王洗馬園、卞園、員園、東園、冶春園、南園、筱園更是時稱「揚州八園」，名聞遐邇。

　　直到民國年間，江南名園保存較好的仍然有：蘇州的拙政園、獅子林、網師園、留園、西園、滄浪亭、怡園、環秀山莊、耦園、曲園、藝圃、鶴園等；揚州的棣園、何園、个園、匏廬、餘園、珍園、萃園、平園、怡廬等；上海的豫園、內園、也是園；無錫的寄暢園；常熟的燕園、壺隱園；南京的愚園、瞻園、煦園；杭州的皐園；嘉定的秋霞圃、雪園；嘉興的煙雨樓；吳興的潛園；南潯的宜園；吳江的退思園；周庄的沈廳等。

　　漢朝時，洛陽北邙山下茂陵富豪袁廣漢的私園面積多達二十多平方公里，開封梁孝王的菟園綿延數十里。與之相比，江南的私家園規模小多了，但那種與山水互為映襯的情思也更為突出，布局更為緊湊典雅。和威嚴高聳、塗著厚厚五彩顏料的宮殿不同，江南私園的格調溫秀清雅。建築物的門窗檁柱往往被漆成赭黑色，瓦為黑灰色，曲牆一片粉白光潔；黑白兩種深沉鮮亮的冷色使得一切都被寧靜靜清逸的氣氛圍住了。

　　園內的擺設移步換景，雅氣十足，須做到「市聲不入耳，俗軌不到門。客至共坐，青山當戶，流水在左」。江南人所仰慕的是一座高人韻士修身養性的棲身之所，故建構園子的時候必須注重幽靜而愉悅的基調，這樣才能使心靈與景物二者交融互攝。一處好的園林，必須顯示出潔淨幽雅、塵垢無染的情貌。

園子裡廳堂、閣樓、水榭、亭臺、暖廊等明靜的建築物古色古香，周圍碧水粉牆與扶疏的花木相映成趣。所謂──

「門內有徑，徑欲曲；徑轉有屏，屏欲小；屏進有階，階欲平；
階畔有花，花欲鮮；花外有牆，牆欲低；牆內有松，松欲古；
松底有石，石欲怪；石後有亭，亭欲樸；亭後有竹，竹欲疏；
竹盡有室，室欲幽」。

廳室樓堂內擺放著各種烏木、楠木、柚木、紅木、沉香木、花梨木做成的精雕家具用品之外，曲波狀的花牆和園牆上有許多薄磚瓦片砌成的窗洞，圖案有十字、六角、八角、菱花、萬字、梅花、海棠、波紋、鹿鶴、松桃、蘭竹、梅荷、芭蕉等。

院子裡的門洞最常見的是月型。其他的還有蕉葉、海棠、桃、瓶、葫蘆等不同形狀。另外，用仄磚、碎石、卵石鋪成的路面花樣也很多，有回紋、波浪紋、套八方、冰裂紋及鶴、鹿、蓮、魚等各種工圖紋，圖紋間點綴著青草，構成了貌似平淡簡樸、實則精緻流暢的景物。

飛簷畫薨的庫門樓磚雕，是江南私園的又一個意趣縱橫的地方。整個磚雕造型古樸高逸，結構嚴密精細，磚雕周圍裝飾著細膩繁複的花複，垂柱為花藍，上方玲瓏剔透的浮雕刻二十四孝、三星祝壽、八仙過海、狀元遊街、鯉魚躍龍門及打魚、牧馬、犁耕、松鶴等各種立體圖案，充滿濃郁的風土氣息。

現在最好的庫門樓磚雕當數網師園。該門樓高六公尺，磚上雕縷幅面廣闊莊嚴，中間刻有「藻耀高翔」四字，兩側伴有磚雕戲文「郭子儀上壽圖」、「天官進爵」，周圍雕有獅子滾繡球等喜慶的花邊圖紋，整體造型刀法勁秀，形態軒昂典麗，達

到完美的**藝術境界**。

「喬松十數株，修竹千餘竿，青蘿爲土牆垣，白石爲鳥道，流水周於兮下，飛泉落於簷間，綠柳白蓮，羅生池徹，時居其中，無不快心」。江南園林表明江南人在建築上的非凡能力，一點也不亞於他們在文學、繪畫、書法、經商方面的才華。園林深藏著大美的形局，大中見小、小中見大，虛中有實、實中有虛，珠簾畫棟間凝固著靈動愉悅的優雅意象，它沒有劍拔弩張的姿態，而是涵養著和平的氣息，謙遜地對著天空作揖。

江南園林最重要的原則與其他中國建築是一樣的，那就是必須隨時隨地保持著與自然之間的和諧，然而它的精巧幽麗卻是其他中國建築所無法比擬的。置身於一座江南名園，我們如同置身於絕塵清新的圖卷，從中江南人清逸和煦的人文精神隱隱浮現出來。

江浙人文藪

「東南形勝，江吳都會，錢塘自古繁華。煙柳畫橋，風簾翠幕，參差十萬人家。雲村繞堤沙，怒濤卷霜雪，天塹無涯。市列珠璣，戶盈羅綺，竟豪奢。重湖疊巘清嘉，有三秋桂子，十里荷花。羌管弄晴，菱歌泛夜，嬉嬉釣叟蓮娃。千騎擁高牙，趁醉聽簫鼓，吟賞煙霞。異日圖將好景，歸去鳳池誇」。

多情浪蕩才子柳永這首《望海潮》，把江南充斥著巨大財富的美景描繪得令人神往不已。這些美麗的文字甚至引發了一場戰爭——統治著北方曠野的金國海陵王完顏亮讀這首詞後，全身熱血沸騰，爲奪取江南這一人間天堂，他立即下令調集強悍的女眞騎兵部隊殺奔南方，並親自擔任這支南征大軍的統帥。

❶蘇州園林

　　唐王朝天寶二年，正值以迷戀美色與音樂在歷史上出盡風頭的唐明皇統治時期，大臣韋堅將滿載著江南各地特產的幾百艘漕船運到了長安。和風麗日下懸掛著鮮花大綢花的漕船各自標寫著自己的郡名，廣陵郡運來的是錦鏡、銅器、海味，丹陽郡運送來的是京口綾衫緞，晉陵郡運送來的是折造宮端綾繡，會稽郡運送來的是瓷器、羅絹、吳綾、絳紗，宣城郡運送來的是空青石、紙、筆、黃連，吳郡運送來的是方丈綾等，此外還有杭、婺、衢、越等州運送來的上等黃白狀紙、上等案紙等，琳琅滿目，美不勝收。從這件事情足以看出江南早在隋唐時期，就已成為整個中國最富饒的一塊沃土。

　　天下三分明月夜，二分無賴在揚州。江南富貴紅塵使我們不但想起了揚州豔驚天下的瓊花，也使我們想起了「騎鶴下揚州」這個典故。具說有三個秀才被揚州繁華的瑰姿深深地迷住，當他們互相提及一生最大的願望時，一人說：「我要是能夠天天騎著黃鶴到揚州城裡去就好了」，另一人說：「我要是能夠天天腰纏十萬貫錢到揚州城去花就好了」，聽完兩人的話，剩下的一人接嘴說道：「我要是能天天腰纏十萬貫錢，然後騎著黃鶴到揚州城裡去花就好」。這則典故把人們對江南那種微妙而深刻的嚮往之情刻畫得入木三分。

　　「東南財賦地，江浙人文藪。」在這句話裡，江南裝載著富甲天下的經濟、燦若星河的文人群體，以及豐腴潤麗的青山媚水。時至今日，江南地區仍然保持著在文化領域強勁的風頭，中國與文化沾邊的精英人才大都出自於這裡。有人俏皮地調侃作為政治中心的北京說，在北京乘公共汽車，不小心一腳踩下去就會踩到幾個處長。而在江浙一帶乘公共汽車，一腳踩下去則有可能踩到幾個文人。

　　披著黑色長袍的義大利傳教士利瑪竇，他在全面考察了明朝強盛的狀況之後，得出的結論是：「在世界上建立一個強國的基礎就是文官制度」。不言而喻，他指的是科舉考試形成的文官制度。

　　南宋以後，中國科舉考試的主角無疑是江南人。以明清為例，明代一百八十九名內閣宰相中，以江南為主的南方人占三分之二以上。明代洪武四年（1371年）至萬曆四十四年（西元1616年）年的兩百四十五年間，各科狀元、榜眼、探花和會元共計二百四十四人，其中以江南為主的南方人計二百一十五人，占八十八％；北方計二十五人，僅占十二％。清代一百一十四名狀元中，南方各省為九十九人，占八十七％，其中江浙二省七十九人，占全國六十九％。清乾隆元年招舉博學鴻詞，先後選舉者二百六十七人，其中江浙二省一百四十六人，超過全國半數。明代洪武三十年會試一共錄取了五十二名貢士，結果中試者竟全部是江南人，一時間北方人群情激憤，差點鬧出大事來。連中「三元」（狀元、解元、會元）的人在科舉考試歷史上極為罕見，幾百年才出一個，明代唯一高中三元的商輅是浙江淳安人，而清代唯一高中三元的錢棨是江蘇蘇州人。

🔊舊上海煙花館

「書中自有黃金屋，書中自有千鍾粟，書中自有顏如玉。」江南人最大的天賦就是讀書。

在遍地是書香門第的紹興，男孩一生下來就註定一生將與書本、筆桿子為伍，參加科舉考試，然後獲得功名爵祿，實現了這一步也就獲得了光宗耀祖的榮光，整個家族都將為此而沐浴在浩蕩的皇恩裡沾沾自喜，接下來他們將在修訂家譜這件事上大做一番文章。按照傳統風俗，在男孩生下來的當天，家裡將把一罈好酒埋在老桂花樹下圖個吉利，多年之後當男孩在科舉考試中榜上有名的時候，這罈被稱作「狀元紅」的美酒將被取出來大宴賓客，以讓四鄉鄰里感受自己家族「非凡的事蹟」。而那些在科舉考試中慘遭淘汰的人則會終生鬱鬱寡歡，他們只能含著熱淚另謀生路，不是經商，就是背井離鄉出任幕僚去做師爺，不然就是只能充當私塾的老師。

　　數目龐大的江南文官是中國歷史上的一大人文景觀。由科舉考試通向權力場的窄門裡，擠進了如此眾多文質彬彬的江南書生，真是令人嘆為觀止。武人打天下，文人治天下。大量的江南書生像鯉魚躍龍門，魚貫進入了文官的行列。然而只要稍加留意就會發現，這些擅長於寫作八股文章的官僚並不見得具有良好的政治才幹，他們之中膽識不凡、能力卓絕的人可謂鳳毛麟角，徒有虛名、品行迂腐的爛官卻大有人在。

　　邱吉爾在青年時代學習成績糟糕極了，各門功課的平均分連及格都達不到，他被老師認為是一個毫無希望的學生。後來美國總統尼克森對此評論說：「如果在中國，他就不可能在政府中被委以重任」。尼氏指的自然是經由考試制度的晉身之路。江南文官中從未出現過像邱吉爾這樣強而有力，有如雄獅般的政治家，他們的氣質更適合於做帝王溫順的臣民，他們圓融而油滑的頭腦只適合在官場上混日子。

　　事實上江南作為一大人文薈萃之地，歷史上所湧現出的傑出英才，卻往往是那些沒有參加或是在科舉考試中名落孫山的人——唐寅、徐渭、文徵明、宋濂、姚廣孝、黃宗羲、陳師道、倪雲林、黃公望、金聖歎、顧炎武、陳洪綬、張岱等，這些才華卓異的人中龍鳳紛紛被科舉制度拒於千里之外，究其根本原因其實很簡單，皇帝需要提拔的是替他看守江山的奴才，而具有堅貞獨立人格的人則常常會帶來一種潛在的危險。

　　五代十國後，江南地區在經濟和文化上中流砥柱的地位就從未被動搖過。這片富麗的土地上所發生的一切令人難以捉摸，它空前的繁榮景象竟然保持了一千年之久。尤其在人才方面，我們想起了暗藍色天空中閃爍著的難以計數的亮星。

江南才子就像深秋時節的錢塘潮，奔流不息令人應接不暇。以清朝末年到民國時期的浙江為例，我們思索片刻，便可以開出一個在文化界有著重要影響的長名單來──王國維、俞樾、黃以周、孫詒讓、章太炎、魯迅、周作人、茅盾、蔡元培、郁達夫、徐志摩、豐子愷、馬一浮、夏衍、柔石、殷夫、艾青、戴望舒、馬寅初、趙之謙、任伯年、潘天壽、吳昌碩、黃賓虹、沈尹默，范文瀾、吳晗、竺可楨、錢學森、嚴濟慈、童第周……。

千山千水千才子

永和九年（西元353年）在歷史上留下了不可磨滅的印痕。書法史上至高無上的神品《蘭亭集序》問世。這件「天下第一行書」的誕生則卻與一件優雅的閒事有關。

這年三月三日「上巳節」這天，按照江南古老的風俗，人們將在踏青之餘到水邊去洗滌污垢，並舉行消災避邪、求取吉祥的「修禊」儀式。天朗氣清，蕙風和暢，茂林修竹，映帶左右。在紹興西南二十五里處的蘭渚山，東晉王羲之、謝安、孫綽、謝萬、庚闡等四十二位墨客雅士聚集一堂，曲水流觴暢飲賦詩，清談情志賞略山水。這次風流蘊藉的雅會，重大成果就是《蘭亭集序》，當時出任會稽內史的王羲之，神思縹緲地完成了這一千古絕品。蘭亭所在的蘭渚山上遍山的蘭草幽香襲人，史料裡記載，這些蘭草是春秋時期酷愛蘭花的越王勾踐命人種植的。

「身在魏闕之下，心在江海之上」。對山水的神往與愉悅，保持閒雲野鶴式的生活心境，這幾乎已成了千百年來江南文人

世代相襲的傳統雅道。這種傳統最突出的地方是自然和人文兩者水乳交融構成同一靈性的世界，通過皈依無限的自然，從而敞開個人心靈，獲得賞心悅目的自由生活。

江南流麗高華的土地上，山水清曠，花木幽美，到處是崇麗的園林館閣和散發著古典詩情的景物。遠處海天富艷，近處花光妍人，青山嫵媚水波盈盈，如此迷人的良辰美景，令文人雅士紛紛像終日縱情山水的黃鶯，沉浸在溫暖的碧雲天裡。

「心無馳獵之勞，身無牽臂之役，避俗逃名，順時安處，世稱曰閑。閑可以養性，可以悅心。焚香鼓琴，栽花種竹，時乎坐陳鐘鼎，幾列琴書，榻排松窗之下，圖展蘭室之中，簾攏香藹，欄檻花妍，雖咽雲餐雲，亦足以忘飢永日，冰玉吾室，一洗人間氛垢矣。清心樂志，軌過於此」。江南文人是中國人中最具閒適雅致的群體，他們能從平常悠閒的瑣事中嚼出非常美好的感覺來，散懷山水是他們生活中不可或缺的一件大事。就算他們不去登山臨水，等手頭的銀子變成了雕飾精美的園林，也盡可整天躲在園子裡，徜徉於清泉、回溪、水碓、魚池、茂林青竹之中，享受喝茶、談玄、吹蕭、賦詩之類的雅事，或在梅枝搭成的籬笆下飲酒一杯，或唱一句「歡言酌春酒，摘我園中蔬」。在自得其樂這一點上，江南文人的花樣多得不得了。

❶玉琮（良渚文化出土）

　　江南文人心目中的偶像是東漢初年的嚴子陵。這位滿腹經綸的老爺子是東漢開國君主光武帝劉秀的同學，劉秀對他的才學人品佩服得五體投地，曾派人四處去打探他的下落，後來終於在富春江畔的茅屋裡找到他。然而高官厚祿絲毫未能動搖嚴子陵放浪山水的人生理想，返回富春江做與世無爭的隱士去了。他對世間浮華一無所羨，就像雲中之龍一樣出沒於秀山明水中，使我們只能一鱗半爪地瞭解到他的生活。我們只知道他如同屈原筆下的那位漁父一樣長期耕讀行吟於美麗溫情的富春江畔，最後無疾而終，活了八十歲。後來，蘇州一代名臣范仲淹在他的墓前留下了著名的弔聯——「雲山蒼蒼，江水泱泱；先生之風，山高水長」。

　　王子猷參加蘭亭雅會的時候還非常年輕，這位風骨爽邁的名士一生是在尋幽青山、垂釣水濱中度過的。關於他雪夜訪戴的故事歷來膾炙人口，被視為千古美談。王子猷居住在山陰（紹興）的時候，有天晚上雪後新晴，一輪明月下，四周玉樹瓊枝一片銀白，明月照著積雪，玲瓏的世界無比聖潔靈柔。王子猷獨自在雪地上喝著酒，並且高聲吟哦詩人左思的《招隱詩》：「何必絲與竹，山水有清音」。忽然，他想起好朋友戴逵來了，一時覺得非常思念他，想與他把盞共享白雪妙景。於是他連夜駕著小船，在明月雪光中前往一百里外的剡溪去找戴逵。王子猷興致勃勃地順水漂流，神采恍同仙人，整整辛苦了一夜，黎明時分才趕到剡溪。眼看就要到戴逵家門口了，然而子猷覺得自己興致已盡，沒有必要再見到戴逵，於是重又駕著小船返回。有人聽說了這件事，覺得很難理解，王子猷便對他說：「乘興而來，興盡而返，何必一定要見到戴逵呢？」

這位極富情調的王子猷對竹子也情有獨鍾，他在茅屋周圍種了大量翠竹，雪白的紙窗都被綠色浸透了。他整天在美麗的竹林裡轉來轉去，竟到了如癡如醉的地步，他常常指著身邊勻稱飄逸的綠竹對來訪的友人說：「何可一日無此君」。

與王子猷同時代的江南名士大都對山水情有獨鍾，山水成了他們衣冠南渡之後消除亡國之痛的良藥，山光水色淨化了他們的心靈並開闢了一條藝術化的生活道路。

江南山水在這一時期是一座殿堂，或者說是精神的家園，沒有了這個，也就沒有了所謂的「魏晉風度」。文人官僚們不會放過任何一個赴任、謫遷、調職、述職、從幸、迎駕、祖道、省親、求仕、遊學、漫遊的機會去親近山水。以會稽郡為例，這兒有會稽山、四明山、富春江、浦陽江、曹娥江等山水，層巒迭嶂與明水麗嶼交相輝映，謝安、王羲之、孫綽、許詢、支遁、謝靈運、謝朓、沈約、范雲、何遜等人長年棲身在這裡，流連忘返，感物吟志。蔥郁的喬木，彩雲簇擁的青山，清水激揚、白石閃爍的河谷，江南文人在閒情逸致裡找到了現實與理想的結合。而求仙、泛海、採藥、隱逸、閒賞、宦遊、宴飲等，是他們擅長的以山水情懷為主題的具體實踐。

另一個大名鼎鼎的山水迷是北宋隱士林逋。北宋是中國歷史上出現最多隱士的一個朝代，林逋是這一時期與陳摶、魏野、種放齊名的四大隱士之一，林逋隱居的地點位於西子湖的孤山，在記載中他像一隻潔白清高的天鵝，翩躚的身影由於沾染了太多山水靈氣的緣故，顯得出奇地空靈。孤山距離杭州只在咫尺，然而林逋卻二十多年從未插足這座華麗富有的城市，他在西子湖畔結廬而居，種植梅樹，飼養白鶴，或頭戴斗笠、

身著蓑衣在細雨中駕一條小舟扮演煙波釣徒。這位書法與詩歌創作方面皆達卓絕的世外高人，乃特立獨行的隱士，他在與山水的交往中孤獨地度過了一生，當別人問他為何不娶妻生子的時候，他笑著戲言道：「我把梅樹當作老婆，把白鶴當作兒子，怎麼能說我沒有妻兒呢？」

「疏影橫斜水清淺，暗香浮動月黃昏」，從林通優美的句子中，我們嗅到了梅花那清冷的芳香。日本人齋藤綠雨說：「風雅乃清冷之物」，林通正是將崇高的夢想和山水融貫為一的風雅之士。

風流才子唐伯虎遍遊江南名山勝水之餘，在姑蘇桃花塢自己家門口種了半畝牡丹。每當春夏之交，粉豔的牡花開了，他便叫來祝枝山、文徵明等好友在花叢中飲酒作詩，一醉方休，唐伯虎高興了就對著牡丹花放聲大笑，悲傷起來就對著牡丹花放聲大哭，毫不掩飾自己的情感。等到花落了，他便神情嚴肅地把落花埋在乾淨的地方，然後寫作《落花詩》以示哀思。後來，唐伯虎葬花的事被曹雪芹加以改編，寫進了《紅樓夢》第

❶浙江普陀山

❶杭州六和塔

　　二十三回，說的是賈寶玉在大觀園沁芳閘橋下讀《西廂記》，見
落花遍地，觸景生情怕被人踐踏，於是捧來抖入流水中，過了
一會兒林黛玉也來掃花，說抖入水中不好，流出去被各種東西
糟蹋了，不如掃起來裝在錦袋裡，埋入土中，日久隨土而化，
方是乾淨。

　　明末的張岱在其性情之作《湖心亭看雪》中說：「崇禎五年十二月，余住西湖，大雪三日，湖中人鳥聲俱絕。是日更定矣，余挐一小舟，擁毳衣爐火，獨往湖心亭看雪。霧淞沆碭，天與雲，與山、與水，上下一白，湖上影子，惟長堤一痕、湖心亭一點，與余舟一芥、舟中人兩三粒而已。到亭上，有兩人鋪氈對坐，一童子燒酒，爐正沸。見余大喜，曰：『湖中焉得更有此人？』拉余同飲，余強飲三大白而別。問其姓氏，是金陵人，客此。及下船，舟子喃喃曰：『莫說相公癡，更有癡似相公者！』」

　　「雷酒人」雷萬春在江南文人中是非常剛烈的一個。明朝滅亡以後，他萬念俱灰，跑到山水一絕的桂林隱居，在酒壺山下建一茅屋，房前屋後遍種桃樹，他老兄每天獨往獨來躺在桃林裡喝酒，終日酩酊大醉，最後死於飲酒過度。

　　元朝善於畫梅花的畫家王冕，在極度清貧的生活中撐著一把硬骨頭。一個大雪紛飛的早晨，他赤著雙腳爬上高山，激動地在山頂揮動著手臂大呼道：「天地皆白玉合成，使人心膽澄澈，便欲仙去。」

　　鐵腳道人生平的一大愛好是赤腳在雪地中行走，一邊興致勃勃地朗誦《莊子‧秋水篇》，一邊大口地嚼咽伴有梅花的白雪，說：「我一定要讓寒香沁入我的心骨」。

　　席芳草、鏡清流、覽卉木、觀魚鳥。訪謁古墓，湖頭泛舟，醉臥菊叢，空山尋幽。這是一種被拓寬了的詩化生活，對於山水，這些書卷味十足的文人是認真的，每當外出遊覽之時，他們隨身攜帶的遊具多得不得了：竹冠、披雲巾、文履、道扇、拂塵、竹杖、癭杯、癭瓢、斗笠、葫蘆、藥籃、棋籃、

葉箋、坐氈、夜匣、便轎、疊桌、提盒、提爐、詩筒、葵箋等。

　　仁者樂山，智者樂水。在山水的長期薰陶下，江南文人普遍擁有知足常樂的恬淡心境。不論是有錢或沒錢的文人，都是生活的欣賞者和享受者，他們如林語堂說的：「希望房屋的附近有幾棵大樹，但倘若地域狹窄，則天井裡種上一株棗樹也足夠他欣賞。他希望有許多小孩子和一位妻子，這位妻子要能夠替他弄幾道胃口大開的菜餚才好，假如他有錢的話，那還得雇上一名上好的廚子，加上一個美貌的侍女，當他讀書或揮毫作畫的時候，焚香隨侍；更希望有幾個要好的朋友和一個女人，這個女人要善解人意，最好就是自己的太太，不然的話，弄一個妓女也行；但倘若無此清福而必須住居在市塵之內，則也不至於悲哀憂思，因為他至少可以養得起一頭籠中鳥，種幾株盆景花，另外還可擁有一顆天上的明月，明月本是大家得而有之的。他將盡情地享樂。他有著強烈的決心去攝取至善至美的人生，而絕不怨天尤人」。

　　千山千水千才子。在歷史上，江南文人一直以靈修的山水為盛宴。

第六篇

天府之盆

在中國區域文化的特質上，「南方表現爲漁唱文化，北方表現爲鑼鼓文化。漁唱文化是水的文化，它是流動的，是船的文化，它是飄蕩的，靈巧的；漁船唱晚，落霞與孤鶩齊飛，一派自然靈動的清新氣象。鑼鼓文化是黃土的文化，它是穩固的，是牛耕的文化，它是踏實的，勤勞的，是太陽的文化，雄渾之光伸向蒼茫大地。」與漁唱文化和鑼鼓文化有所不同，巴蜀文化由於受深刻而封閉的盆地軸心的影響，其文化內隨處分布著獨特的傳統。

燕趙文化是蒼勁莊重的，吳越文化是空靈明豔的，中原文化是深厚篤定的，楚湘文化是清奇詭譎的，三秦文化是雄博保守的。巴蜀文化則山重水複自成格調。

至少在秦漢時期，「天府之國」是人們對豐腴的八百里秦川的一種讚歌。高深莫測的張良就曾對劉邦提出關中「金城千里，天府之國」。到後來，四川人就把這頂華光奪目的冠冕戴到自己頭上去了。

竹是蜀地中心城市的象徵，城中人的女子有著竹的外形，腰身修長，有竹的美姿，皮膚細膩而呈靈光，如竹的肌質，那聲調更有竹音的清律，秀中有骨，雄中有韻，男子則有竹的氣質，有節有氣，如竹筍頂石破土，如竹林擁擠刺天。

巴蜀山水多極品：夔門天下雄，峨眉天下秀，青城天下幽，劍川天下險，黃龍天下絕，九寨天下豔，大佛天下壯。

「山從人面起，雲傍馬頭生」，這是對綿延百里的劍門群山的寫照。劍門七十二峰山勢起伏峭壁千仞，宛如七十二把插天劍鋒。氣象雄險的古劍門關位於大劍山隘口上，據說，過去曾有過三層關樓橫跨隘口，儘管如今關樓已毀，站在此地眺望，但見北來群山俯伏腳下，七十二峰逶迤蒼茫，大劍溪縱穿關隘而過，眞是一處「一夫

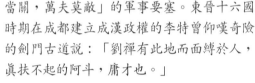

當關，萬夫莫敵」的軍事要塞。東晉十六國時期在成都建立成漢政權的李特曾仰嘆奇險的劍門古道說：「劉禪有此地而面縛於人，真扶不起的阿斗，庸才也。」

劍門古道的一大景觀是劍門古柏，從劍門關南下二十里即到劍閣縣城。以劍閣為起點，南至閬中，西至梓潼，有石板路，兩旁參天古柏夾道，蜿蜒五百里。屬於劍閣縣一段的石板路上就有古柏八千多株，據說這些古柏大多為明朝正德年間劍州知州李璧發動百姓所植，迄今已有五百年左右的歷史。

巴蜀山水最驚豔處在九寨溝。九寨溝坐落在南坪、平武、松潘三縣交界處的群山之中，主要由日則溝、則查窪溝和樹正群海溝三條溝谷組成，因舊時沿溝有九個藏族村莊，故名「九寨溝」。

九寨溝總長約五十多公里，四周幾十座山峰積雪瑩白。溝中明珠玉帶般散落著一百多個大小不等的高山湖泊，當地人稱作「海子」，小的僅幾平方公尺，最大的「長海」長七公里，湖水澄明，湖底的沉積石和水藻與水色呈繽紛五彩，有黃、橙、藍、綠、灰等顏色，被稱作「彩湖」、「五花海」或「五彩地」。湖中靜臥著一些舊時倒下的巨大

樹木，天長日久，積葉落塵堆集，上面長滿了青草灌木，形成漂浮的綠島。湖周圍碧樹繁花匝地。湖面上青山雪峰倒映，幽清雅麗，恍如一塵不染的仙窟。相傳這些海子是男神山達戈向女神山沃諾色莫求愛時，贈送給她梳妝用的一百多面鏡子。

九寨溝的瀑布不但數量眾多，而且景致瑰豔，溝中的陸坎斷崖形成多級瀑布，有的是一排細流沿崖而下，像珠簾閑掛，有的是飛流直瀉，似白練疏散，有的如穿林之雲，嘎金裂玉之聲不斷。最大的樹正瀑布寬三十多公尺，落差二十餘公尺，水光晶潔，水勢如萬馬奔騰，聲震山林瓦釜雷鳴。最神奇美麗的瀑布是諾日朗瀑布，這個瀑布呈多級下跌，崖壁上長滿繁茂青翠的樹木，白色群龍似的瀑水從林間穿流下滑，形成了壯麗的「森林瀑布」奇觀。真可謂「天下山水之勝在蜀，蜀之山水在嘉(樂山)，嘉之山水在凌雲」。

孔子說：「智者樂水，仁者樂山」。毗鄰峨眉的樂山佳山水是天下山水的靈修之所。而樂山最靈融處當數位於凌雲山的大佛。

樂山大佛為石刻彌勒佛坐像，它依凌雲山棲鸞峰斷崖開鑿而成，背靠黛青色山體，面臨岷江、青衣江、大渡河三江交匯之水。大佛頭與山齊，足踏大江，通高七十一公尺，僅其裸露的腳背上就可以圍坐百餘人。大佛法相莊嚴，神采博大崇高，那靜穆偉大的慈悲之氣瀰天漫地地融入浩蕩東流的江水及四圍山色。大佛始建於唐朝開元初年（西元713年），到貞元十九年（西元803年）完成，前後歷時九十年之久，迄今已有千餘年歷史。據說古時江水合流處水勢洶湧，覆舟溺人之事時有發生，於是凌雲寺的海通和尚便發願修造這尊大佛，希望用樂善好施的彌勒佛的法力來為過往船隻及兩岸百姓祈福。

【巴蜀之域】

　　從有關資料來看，大約兩億年前四川盆地內是一個煙波浩渺的汪洋巨湖，面積約為二十萬平方公里，有的地質學家把它叫做「巴蜀湖」。後來地殼強烈隆起，巴蜀湖面積不斷縮小，湖盆西部的龍門山，北部的大巴山、米倉山，東部的巫山，南部的大婁山等山地相繼褶皺上聳。

　　大約在二千萬年前，紫紅色碎屑岩沉積厚度達數千公尺的四川盆地終於形成。海為龍世界、雲是鶴家鄉的時代一去不復返了，風化後形成的肥沃土壤，使得氣候溫濕的盆地註定將是中國農業史上的長青樹。

　　大約在四千多年前，四川盆地已形成以東部山區和西部平原為中心的兩個大型聚居區，東部沿嘉陵江以及大巴山一帶據河而居的是巴族，西部以成都平原為中心的是蜀族。

　　巴族一直充滿了勇武的神祕血性，他們熟悉水性，善於馭舟，勇武善戰，以使短劍出名。巴人是統一的部落，其中有巴、樊、相、鄭、覃等氏族，他們往往通過劍術和划船兩項技能來選拔首領。由於巴人認為他們的首領廩君死後，魂魄化為白虎，而白虎會飲人血，因此，他們常用活人來祭祀祖先。隨著1950年對廣元昭化寶輪院和重慶巴縣多筍壩兩個巴人墓葬群的發掘，以及隨後對巫山縣雙堰塘巴人遺址和雲陽縣李家壩巴人遺址的考古發現，古代巴人遙遠而幽祕的面紗漸漸蕩開。

　　蜀族的真正來源眾說紛紜，著名的「資陽人」頭蓋骨及其文化遺址從來就不能確切地揭示它與內地文化之間的關聯。在傳說中，蠶叢氏教蜀人育蠶，他成為一代開國之君，後來的柏

灌、魚鳧、望帝都是史冊上著名的蜀王。

巴族與蜀族一開始便形成了各自的文化。以涪江為

❶三星堆古樂表演

界，巴據東域，西為蜀國。蜀的自然條件較為優越，立國較巴人早，並與殷人、周人有不少交往。

巴蜀史上最大的謎團來自於廣漢三星堆遺址，它向世人展示了古蜀文明獨具個性、高度發達的青銅另類文明。這突然闖入、突然興盛又神祕消失的古蜀文明到底掩藏了些什麼祕密？是改朝換代，還是棄舊圖新？是自我毀滅，還是外族入侵？或是天災人禍所致？

自三星堆遺址被發現後，世紀之交發現的金沙遺址又再次將這個謎團加大，從出土器物的形制、文明符碼等資訊來看，從三星堆到金沙遺址，顯示了一條古蜀文化緊密相聯的紐帶。

從戰略上觀察，四川盆地遠離政治及軍事中心，邊緣上一系列山脈天然形成了「馬奇諾防線」，照理說來它應該是一處極少有戰火染指的世外桃源，但事實上它曾無數次遭受過血腥的浩劫。

卡爾·威特福格爾過分強調水利重要性的意見，對於巴蜀文化來講是有說服力的，這片被高原山嶺所縈繞的內陸盆地，

正是歷史上水利工程最大的受益者。古蜀國兩位偉大的君王望帝杜宇和叢帝開明氏在傳說中被描繪爲功勳顯著的治水英雄，在他們兩人手裡，對盆地農業危害最大的岷江水患初步得到治理，而蜀國人集體的力量也通過政治權力的途徑得以凝聚。

戰國後期由李冰父子主持建成的都江堰是舉世聞名的水利工作。承蒙這項著名的灌漑防洪工程恩澤，成都平原成爲中國西部最爲富庶的地區。時至今日，它每年仍然灌漑著八百萬畝左右的良田。

湖南人吃辣椒比四川人狠，但木芙蓉卻比不上四川好。四川木芙蓉樹冠開展，花大色豔，星狀短柔毛的枝葉婆娑，名品有紅芙蓉，花大、色紅，重瓣中多雄蕊；醉芙蓉，清晨花色粉白，中午桃紅，晚轉冰紅；白芙蓉，通體純白、冰清玉潔；五色芙蓉，花瓣中白紅二色交相輝映。僅成都一地木芙蓉的品種就有十幾種。五代十國時期，後蜀王孟昶在成都土築城牆上遍植木芙蓉，每當深秋繁花盛開，「四十里如錦繡，高下相照」。所以成都又有「芙蓉城」或「蓉城」的別稱。

從整體角度看，地處偏僻的四川盆地儘管擁有沃野千里，但它僅適合於困守，而不適宜於向外拓展。歷史上四川盆地經常成爲危急關頭統治者們暫時棲身的政治避風港，如唐代的唐明皇、唐僖宗以及國民黨政府。

西元前316年，秦惠王派兵一舉滅掉蜀國，爾後又派司馬錯滅掉巴國。四川從此被納入到「大一統」的裙裳下。

歷史上四川曾是西漢末年成家公孫述、三國蜀漢劉備、東晉下六國成漢李特、五代前蜀王建、五代後蜀孟知祥、北宋大蜀國李順、元末明玉珍及明末大西國張獻忠等建都立業的根據

地，然而這些政權無一例外都是歷史上曇花一現的短命王朝。

四川人有英氣，但歷來殺氣不重。他們缺少氣象恢宏的王者之氣，缺少縱橫江湖的霸氣，既使偶露崢嶸的殺氣也多爲明哲保身而已。

明末崇禎五年到清康熙十九年的近半個世紀裡，四川歷經了大破壞——大移民——大復興的千古嬗變。據《清代四川財政史料》記載，1578年四川的人口數爲三百一十萬口，至1685年銳減到九萬餘口，漫長而慘烈的戰火，使豐饒的天府之國成了人煙稀少、虎狼橫行的荒野。清朝初年，中江縣僅剩七百餘人，資中縣剩五百二十人，什邡縣剩一百一十人，溫江縣剩五十四人。當大清第一任四川巡撫張德地走馬上任時，連賦稅都徵收不到，這般的荒涼程度令他唏噓不已。

局勢穩定後，清政府施實了大規模的移民入川政策，移民多來自湖南、湖北、廣東、福建、陝西等省，政府在賦稅、路費、耕牛、種子等方面給予大力支持，能招募三百戶人家入川的人，甚至讓他當縣太爺。璧山縣《鄭氏家譜》上的一首歌謠，生動地記錄了當時的歷史：「吾祖輩家西徙去，途經孝感又江江，輾轉跋涉三千里，插占爲業墾大荒。被薄衣單鹽一兩，半袋乾糧半袋糠。汗濕黃土十年後，雞鳴犬吠穀滿倉。」經過一個世紀的發展，到1795年，四川人口激增了近百倍，達到近九百萬，香車寶馬隨處可見，天府之土又恢復了強盛的勢頭。至1949年，全國人口數爲四點七五億人口，其中四川就占去了五千三百餘萬人口。

中原漢族勢力是在秦漢以後才逐漸源源不斷地湧入四川的，在漫長的歲月裡，四川曾經是巴、蜀、濮、羌、藏、彝、

土家、氐、納西等多種民族的雜居地，可以斷言他們中的大多
數人早已融入漢族文化中了。清初「湖廣填四川」移民大量湧
入後，川人的血統更加龐雜。清代以後的川人並不排外，因為
他們的祖先當初大都是翻山越嶺跑到四川來的外地人。

　　四川人普遍溫和而講究倫理，有一種與土地水乳交融的
「家庭精神」。他們缺乏北中國歷史上的尚武精神，但又不似吳
越一帶江南人那樣婉孌柔弱。川人嚮往相對閒散舒適的生活，
與生俱來就有一份閒心，他們懂得調侃及如何在逆境中精心地
營造屬於自己的悠閒氣氛。他們是最精於烹調的一個族群，大
多燒得一手好菜，尤其酷愛吃辣椒和花椒。在必要的時候，他
們也能爆發出猩紅色辣椒般的熱情來。

　　那種認為川人熱情大方的觀點是不確切的。在歷史上盆地
內的川人明顯有著南北差異，差異的代表性地區就是成都和重
慶。成都人性情閒雅飄逸，對人彬彬有禮，易於交往但不易深
交，善於夸夸其談而注重實際利益，膽小怕事卻喜歡提勁，他
們為人幹練中庸，天性敏感，感情細膩，不斷為生活中瑣碎的
小事所累，同時能從中尋覓到美來。成都人是川人中稟賦超
群、深諳生活之道的一個群體，他們精細如美麗的蜀錦。與成
都人比起來，重慶人要粗線條得多，聲如洪鐘，辦事俐落，重
感情而喜歡廣結朋友，在他們身上山地人的野性體現無遺，打
架鬥毆之事時有發生，他們精明過人處世率性，一句「喀老子」
的口頭禪把那種天真頑劣的內心活動展露無遺。

　　從整體上而言，川人剛柔相濟，小農習氣較重，他們深受
傳統文化的熏陶，溫文爾雅，城府深厚，堅韌能幹而因循守
舊。他們洞達細心，從不放棄豐富多彩的閒情逸趣。以成都為

例，這座西南最繁華的城市有三多——茶館多、飯館多、球迷多。川人迷球迷得厲害，二十世紀九〇年代，偌大四萬人的市立體育館，就算踢得再臭的球也是場場爆滿，最臭的球也能使他們流連忘返，球場裡人山人海，鮮黃的大旗高高飄揚，大旗下川人們「雄起」之聲不斷，川人為了看場球，甚至可以滿滿地坐著兩列火車去西安給球隊加油、可以乘著輪船沿江直下上海、可以雇著飛機去新加坡，眞是水陸空三軍傾巢而動。許多外地人自嘆弗如地敬仰起川人的那份灑脫與激情來。但在戰爭與和平之間，川人更願意選擇後者。

蜀中冠冕峨眉山

　　雲鬟凝翠、鬢黛瑤妝的峨眉山無疑是蜀中的冠冕之山，作爲世界十八處自然與文化遺產之一，它是無數人夢想中的勝地。

　　法不孤生仗境而生，道不虛行遇緣而應。佛法傳入四川的準確年代已杳不可考，但從近年出土的綿陽何家山一號崖墓搖錢樹上的銅鑄佛像、樂山柿子灣一號崖墓和麻浩一號崖墓的石刻佛像、什邡皀角鄉磚石墓畫像磚上的佛塔與菩提樹來看，至遲應不晚於東漢末年。東晉哀帝興寧三年（西元365年），高僧法和從中原來四川傳法，這是佛教入川有文字記載的開始。三十四年後，淨土宗始祖慧遠之弟慧持法師順長江入夔門駐留於成都龍淵精舍，次年，他在峨眉山煙嵐四染的半山腰修建了普賢寺，這是這座佛教聖山的第一座正式寺廟。後來，淡然、智者、慧通等大德紛紛來到山中，到唐代時，翠羽修眉遍披佛光的峨眉山，已成爲宗風大盛、慈名遠播的莊嚴佛土。

峨眉山屬於邛崍山脈，包括大峨、二峨、三峨、四峨四座大山，人們通常說的峨眉山，主要指的是大峨山。大峨和二峨兩山，遠遠望去宛若螓首蛾眉，細而長，美而豔，據《水經注》記：「秋日清澄，望見兩山相對如蛾眉焉。」「峨眉」之名由此而來。峨眉山主峰萬佛頂海拔三千零九十九公尺，比五嶽中最高的華山（海拔二千二百公尺）高出近一千公尺。整座山重峰疊翠，氣象嵯峨，秀絕天下，素有「峨眉天下秀」之稱。

峨眉山是巨大的植物寶庫和天然的野生動物園，山麓累年平均氣溫為攝氏十七點二度，山頂為攝氏三度。全山植被呈垂直分布，覆蓋率在八十七點二％以上，可分為常綠闊葉林帶、常綠落葉闊葉混交林帶、針闊葉混交林帶、亞高山常綠針葉及灌叢草甸。全山約有植物五千種，其中高等植物三千多種，藥用植物一千六百多種，峨眉山特有植物一百零七種，國家重點保護植物三十一種；約有野生動物兩千多種，國家重點保護動物三十一種。

【兩個老地方】

哈佛大學設計學博士俞孔堅曾尖銳地指出，十九世紀末、二十世紀初，西方國家曾掀起過一場改造城市形象和秩序的「城市美化運動」，其特點是大搞政績工程、形象工程，竭盡美化城市之能事，大造城市廣場、景觀大道、紀念性建築等，這場只顧面子的市政改造運動造成了多方面的惡果，成為西方城市規劃設計史上的一塊傷疤。而在當今中國，一方面單調機械

的混凝土與馬賽克式建築已拉近了絕大多數城市間的差別，另一方面，許多市在暴發戶意識和小農意識的支配下，掀起了與西方城市美化運動相類似的大規模市政建設。

肖斯塔科維奇曾說：「許多事物在我們眼前老去了、消逝了，可是，我想，許多似乎已經時過境遷的事物最後會顯得新鮮、強有力和永恆。」這段話令人傷感，因爲在今天，大多數川人已意識不到在世界面前的代表著川味文化特質的正是沒落不堪的閬中古城、羅城船形街，而不是到處氣象一新大興土木的新成都。

閬中的民間風骨

四月一日，恰逢佛教中觀世音菩薩的誕辰，一些香客湧向了擁有唐代龐大石佛的閬中大像山，嘉陵江柔軟地映襯著古老的瓦屋粉堞，春花丹崖間，呈現出暮春時節青灰色的山光。

當以一種緊貼地面的民間角度進閬中古城區時，最先映入眼簾的是低矮長簷下掛著的大紅燈籠，整座古城都掛滿了這種下端留著穗狀流蘇的扁圓形宮燈，增添了街道兩側的喜慶程度，卻給人以故意爲之的感覺。過去，古城人只有過年的時候才懸掛燈籠，家家戶戶都自己製作、互相較勁，燈籠用竹片編成，外面糊上棉紙，形狀有長宮燈、圓宮燈、兔燈、鹿燈、魚燈、牛燈、羊燈、蓮花燈等。

在古典時代，閬中是著名的風水城市，它曾是上古巴國的首都，在清朝初年，做過四川的省府。寬闊的嘉陵江在大地上切出漂亮的圓弧，從三面繞城而過，形成風水中的「金水大抱」之勢。江水畔，錦屏山、黃華山、敖峰山、白塔山、玉臺山、

⋒閬中民居

蟠龍山、靈山、金耳山、印斗山嫵媚地連成滿月狀，形成風水中的「蟠龍」之勢。爲了融結地氣，從唐宋時期開始，閬中就完全按照風水的法度修築，城裡有許多粉飾著神祕主義色彩的建築，街道的取向與山水相呼應，以俗稱四牌樓的中天樓爲軸心向周圍輻射，城牆的東、北、南三座城門上，築有月城，以收迎山接水之效。如今，中天樓、月城及城門早已不復存在，在城南幾間爬滿青苔的老宅子之間，可以目睹到閬中古城牆最後的遺容──一截數米長的灰黑殘垣。

1949年時，閬中古城有大小古街巷九十一條，絕大多數保持了唐、宋、元、明、清不同時期的風貌，超過半數被保留到了今天。方圓數里的古代民居大多爲穿斗式單層土木結構，雙坡屋面的吊簷、簷頭、握桃、門楣、窗格上原本有大量典雅精麗的雕飾──仁獸、瑞鳥、銅錢、如意、壽桃、鮮花、川劇臉譜，以及被古書稱作「仙鼠」的蝙蝠。在老態龍鍾的民居中，明清時期的一些金粉世家留下了不少八字垂簷院門、通連四進的大宅院，保存較好的如筆巷街四十號的馬家大院、何家巷四號的何家大院、左營街三號的張家大院，後來，每戶大院都搬進了幾戶尋常百姓，正應古詩：「昔時王謝堂前燕，飛入尋常百姓家。」在盛產絲綢和醋液的閬中古城，大片古民居繁華落盡，歷史早已掏空了當初裝放在小青瓦和粉牆內的內容物，只留下一些較爲樸實的東西。時至今日，古城最奢華的地方，是安放著張飛無頭屍的桓侯祠，燕人張翼德被手下的范強、張達砍下頭顱後，已在此躺了近一千八百年。

古城最近一次大規模拆遷是在1999年，新城的這次大舉入侵使其損失慘重，著名的壽山寺街和三陳街遭到全面的破壞，

孫家大院、樊家大院、陳家大院等多多明清時期的豪宅大院被徹底拆除，取而代之的是一批鋼筋混凝土築成的平庸新樓。當地許多文化人至今對這次拆遷痛惜不已，早先鋪著紅石板路的壽山壽街是閬中地區最具代表性的老街，而三陳街是閬中人最引以爲豪的老街──北宋時，這條街誕生了陳堯叟、陳堯咨、陳堯佑三兄弟，前二人雙雙狀元及第，陳堯佑則位極人臣、官居宰相。

在類似於中世紀某個城邦的閬中古城，山水顯得溫潤而壯麗，盛大的春日用它的日規把樸素的生活同古老的建築緊密地圈在一起，普魯斯特說：「好好看，世界的全部祕密都隱藏在這些簡單的形式下面了」。只要緊緊地盯住古城的細處，你就能接近生活的樹杈賴以維持的根基，以及這種根基被還原後的歷史圖景。

1888年，一個叫蓋士利的英國人來到閬中傳教，開辦仁濟醫院，在此之前已有一個法國神父在學道街購買地產修建教堂，後來先後又有十一個英國人、一個澳洲人、一個加拿大人及數名葡萄牙人、德國人來到閬中傳教。閬中能在1886年就出現用電燈照明，1916年就出現用電報、電話傳遞現代資訊，肯定和上述洋人有關。這麼多洋人被吸引到閬中的唯一理由，是這座城市的繁榮吸引了他們。

二十世紀中期以前，閬中一直是川北地區最重要的商品集散地和水運中轉站，水深兩公尺以上的嘉陵江長年保持著江面寬度一百二十至一百三十公尺、航道寬度十至十五公尺、流速每秒○點五至二點五公尺，這條黃金水道在陸上交通不發達的時代，保證了閬中的長盛不衰。

城南華光樓一帶是當年水碼頭所在地，每天江面上舳艫相繼，船頭攢動，碼頭上萬頭攢動，喧鬧叫賣之聲通宵達旦。機房街、醋房街、皮房街、油坊街等如今已衰弱不堪的專門性街名，是水碼頭曾經繁盛一時的見證。

閬中古城的衰落是顯而易見的，在現代化浪潮的衝擊下，經過漫長歷史的侵蝕下，它已

⊙閬中古城街道

失去了使自己強壯的精氣和力量，甚至連過年時節，也已不再鬧灶火、耍火龍、用柏枝紮牌坊、用竹管放黃煙。除非古城能夠得到挽救，並且再生，否則我們就只能在惆悵的追憶和縹緲的感嘆中，緬懷它過去時代的風尚與榮光。

2001年的羅城船形街

1983年在廣州國際貿易交流會上，四川省西南建築設計院展出了空中俯拍到的羅城「船形街」圖形，結果該圖形在投標中被澳洲參加方選中，雙方於當年四月草簽協議。不久，由日本、秦國、香港等八個國家和地區投資者組成的澳洲「中國城股份有限公司」，在澳洲墨爾本市二十四公里處的洛克斯市，開

始投資建設以羅城「船形街」為母本的「中國城」，該城占地九公頃，建築面約三萬平方公尺。

2001年5月，當來到慕名已久的犍為縣羅城鎮時，馬賽克式的平庸樓房像既花俏又媚俗的掩體，遮擋住了羅城的老街，記載中到處鋪著青石板的街道早已成了水泥路。在新街與老街交會之處，充斥著各種雜貨鋪子、蒼蠅館子和冰淇淋販子，有的人撲在栗色木桌上大口地吃著豬頭肉，有的人躺在高腳凳上悠閒地搖著扇把上綁著布條的蒲扇。恰是正午時分，太陽熱辣，圓形的花盤上如同抖動著萬片熱毒的花瓣，吸著略微帶點霉味的鄉土空氣，順著一溜覆蓋著黑瓦的風火牆，便來到老街的中心涼廳街。

涼廳街被當地人叫做「船形街」，長度為二百零九公尺，最寬處九點五公尺，看上去完全像一條大船或是一把巨大的木梭。這條遍體浮著遲暮之美的老街據說是中國唯一一條船形的街道，一看到它，一種驚訝的讚嘆之情立即就綴滿了全身。

「船形街」的兩側是木結構的長排舊瓦屋，臨街一面的屋簷異常寬大，形成了叫做「涼廳子」的罕見長廊，其支撐點是一百多根立在六邊體長條石柱上的舊圓木。幾百年來，羅城人在這不怕雨淋日曬的「涼廳子」下喝酒、吃肉、飲茶、聽小曲、掏耳朵、抽葉子煙、賣狗皮膏藥，享盡了人間的清福。「涼廳子」下原來有一些如今已消失得無影無蹤的老字型大小店鋪，如三元號、豐泰店、亨又亨、四能堂、長清源等，取而代之的是各種服裝店、小食店、百貨店、雜貨店、五金店、理髮店、葬品店、旅館、茶館、武館、鞋莊、影樓、歌廳、診所，其中茶館的數量最多，大概有十幾家，望著滿街喝茶的鄉民，很容

易想起李劼人筆下的鄉土茶鋪:「茶鋪都不很乾淨。不大的黑油面紅油腳的高桌子,大都有一層垢膩,桌栓直全是抱膝人踏上去的泥汙。坐的是窄而輕的高腳板凳。地上千層泥高高低低;頭上樑桁間,免不了既有灰塵又有蛛網。茶碗呢,一百個之中,或許有十個是完整的……」

「船形街」的中央有一座典雅的戲樓(萬年臺),它的上半截像漂亮的小廟,但從整體上呈現出的陰柔之美來看,它更像是一位紅粉佳人的繡樓。夏日的大片驕陽透過鏤空的花格木窗照進戲樓,堅硬的光塊在觸及戲樓的瞬間紛紛柔軟下來。戲樓的背面與一座高大崇麗的石牌坊緊緊相連,上面有一幅口氣很大的對聯:

「羅眾志而成城倚鐵峰枕峨秀跨八百里巫雲長驅五海,

靈古今而作官納優孟集高腔通四千年昭樂胞與萬方」。

❍羅城涼亭的戲臺

戲樓以前是川戲班子的演出場所，文革開始後被閒置起來，它的底層通道處現在成了鴿子們經常聚會的地點。戲樓作為羅城娛樂中心的角色後來被一所修建於二十世紀七〇年代的電影院取代，該電影院同位於「船形街」尾部的靈官廟比鄰，如今已破舊不堪，由於經營狀況不好，電影院的前臺被改造成了旱冰場。

興盛於清代初年的羅城據說最初只有大榕樹下的兩間茅草房，地主出於為附近農民出售或交換耕牛提供方便的目的，他修建了當時叫做「調市」的簡陋場所，後來，「調市」不斷擴大，發展成了羅城鎮的雛形。

羅城鎮形成後，一直面臨著嚴重的缺水問題，「羅城旱碼頭，滴水貴如油」，這句俚語說明了事情的嚴重程度。為了解決飲水這一日常生活中的難題，人們被迫天天到幾里外的地方去挑水。時至今日，羅城鎮的居民仍然要靠購買幾里外運來的井水解決飲水問題，五毛錢能買到一挑水，一般人家每個星期至少得買上二挑以上才能維持日常用水。在這種情形下，當時有一個姓張的秀才別出心裁地提議修建一條「船形街」，因為有船的地方必須有水。

這一提議獲得了羅城人的贊同，不久後，作為中心街區的涼廳街就被修建成了船形。這條幾經重建的「巨船」歷經三百年風雨，它最後一次修復竣工的時間是1985年2月11日，也就是在被當選為澳洲「中國城」母本後不久。

清朝初年後，盛產煤鹽的羅城成了與「水碼頭」清溪鎮齊名的「旱碼頭」，大量外地移民和客商的湧入，使它成為方圓百里內最繁榮的貿易集散地，米幫、油幫、鹽幫、酒幫、茶幫、

煤幫等及各種勾欄瓦舍在涼廳街彙集，當時，在二百零九公尺長的街道周圍，一共分布著十幾座廟宇，平均相距不足五十公尺就有一座，這些廟宇主要有三宮（南華宮、壽福宮、文昌宮）、五廟（禹王廟、肖公廟、靈官廟、川主廟、星鑫廟）及魯班廟、大福鼎廟、東嶽廟、羅成廟等小廟。平時，這些廟宇除了被用作祭祀等宗教活動的場館外，其中的一些還兼做各地客商的會館，如南華宮是廣東會館、禹王廟是江西會館、川主廟是四川會館。

如此名目繁多的廟宇是「船形街」曾經繁榮一時的見證之物。每年，羅城人都要在「船形街」上擺設香蠟供果，農曆九月十五日的「靈官會」，人們要舉行踩高蹺、扭秧歌、耍燈等民俗活動，燈的類型分為獅燈、麒麟燈、牛燈、花燈、車燈等，不少人拿著鑼鼓、幡旗、金瓜、絨傘進入修建於乾隆十九年（1754年）的靈官廟去祭拜靈官，這一據說能夠除邪氣、降旱魔的神祇至今仍在羅城人心目中有著很高的地位，和尚們簇擁著

✿羅城南華宮前殘存的石獅

跟在後面，一些幼童手持小黃旗口唱「天老爺，快下雨，保佑娃娃吃白米」的民謠，兩長排「涼廳子」上夜夜天燈高掛，川戲樓上夜夜紅燭高燒，由各個幫會出銀子，戲班子們將在這裡連演七天大戲。

夜晚時分，船形街被夜色塗了一層朦朧的水墨，幽亮的夕光中，無數蝙蝠像巨大的蝴蝶低徊於船中樓外，這些在夜色中起舞弄清影的生靈，爲船形街增添了一些靜謐而憂鬱的詩情。在「涼廳子」下喝著一杯夜茶，竟讓人有些坐在夜航船中的感覺。

【川味文化標籤】

周作人說：「喝茶，當於瓦屋綺窗下，清泉綠茶，用素雅的陶瓷茶具，同二三人共飲，得半日之閑，可抵十年塵夢。

顯然周談的是江南人慣用的喝茶方式。李太白詩曰：「揚子江中水，蒙山頂上茶。」四川自古產茶，茗品有蒙頂黃茶、峨眉毛峰等，但川人實際上最常喝的還是郁香的花茶，如錦城露芽、香珠、明前郁露等。川人素來不喜歡小巧玲瓏的紫砂陶具，他們一般以青白瓷蓋碗作爲茶具。

川劇是中國戲劇中的古老劇種。中國向來把戲劇、國畫、書法、中醫當作四大國粹，而中國戲劇與印度梵劇、古希臘悲喜劇並稱「世界三大古典戲劇」。

川人把在一塊兒閒聊稱爲「擺龍門陣」，北京人則叫做「侃大山」，其實都是同一回事。放眼全中國，就北京人和四川人的

伶牙俐齒最爲能說會道，所以，北京、四川的茶館也就最多。北京人和四川人的一大人生樂事就是泡茶館，二十世紀二、三〇年代，北京的每家老茶館裡都要貼上「莫談國事」的標牌，然而北京人生平最喜歡做的一件事情就是大談國家政治大事，政治是他們日常生活中的調味料，如果沒有了調味料，生活也就沒什麼滋味了。與北京人不同，四川人對那些閒聞趣事、花邊新聞以及身邊雞毛蒜皮的小事津津樂道、眉飛色舞。

杯中日月，壺裡乾坤，文化爲核，酒所沾溉，川酒在海內無疑是有名的貨色，詩聖杜甫便感嘆：「蜀酒濃無敵」。

德國人白洛柯斯曾作讚美詩，把上帝比作一位偉大的廚師做飯給全人類吃，而中國人則說：「民以食爲天」。中國菜系博大精深、源遠流長，有川菜、粵菜、京菜、湘菜、蘇菜、魯菜、淮揚菜、潮州菜等風格迥異的地方菜流派，其中川菜更是風靡各地。

茶中日月長

四川有三千餘種茶史。有許多人傾向於認爲，四川是茶的故鄉，據《華陽國志》記載，古蜀王之弟苴候，居住在葭萌（今廣元市），葭萌二字，用漢語對譯古蜀語言，即爲「茶」字。

如今，四川茶園已達五十六點四萬畝，茶樹種植面積一百三十萬畝，總產量五萬噸，盆地內有六十四個縣都開發了自己的種茶基地。川西名優綠茶、川南優質早茶和紅茶、川東優質富硒茶、川中茉莉花茶已形成品牌，並漸顯集體經營的規模效應。川中最聞名的產茶地在蒙頂山，所產蒙頂黃芽聲名特著。

據《成都通覽》記載，清代末年成都有茶館四百五十四家，到二十世紀五〇年代有茶館五百九十八家，幾乎每條街都有茶館。據當時的《新新新聞報》統計，當時每日去茶鋪的人約占全市人口的五分之一。難怪舊時蓉城號稱「三多」：閒人多、茶館多、廁所多。最近幾年，成都泡茶館的閒人大增，茶館數早已比從前多出許多。

●成都老茶客

茶鋪如滿天星辰，特徵卻幾乎整齊劃一，四川茶鋪的茶具大都採用三件套，即茶碗、茶蓋、茶船，俗稱「蓋碗茶」，而鋪子裡的桌椅則一例通行地採用小方木桌和竹靠椅。

成都茶館內擺著些小方桌，輕便靈活的竹椅一般用四川斑竹和「硬頭黃」製作，坐墊部分用篾條編成，柔韌舒適富有彈性。竹椅上有美觀大方的扶手靠背。茶館一般說來不大，斟茶的茶倌手上提把銅壺滿堂穿花，等茶客一進館，他左手拿七、八套茶碗，右手提壺快步迎去，「噹」、「噹」、「噹」先把茶船一一撒在桌上，繼而將茶蓋擱在茶船旁，然後又把裝好茶葉的碗放在進船裡，接著右手中的壺把同手腕同時轉動，壺嘴由後轉向前，一落一起，射出一注水沖滿茶碗，那水剛斟滿茶碗，不見桌上地上撒出一滴。技術熟練的老茶倌碰到高興了，便把壺提到齊臂高，老遠作一個「雪花蓋頂」，開水劃條優美的

弧線滴水不透地斟了個滿，完了，老茶倌小姆指把茶蓋子輕輕一勾，來個「海底撈月」穩穩地扣住碗口，這套動作一氣呵成，沒有點真功夫是做不出來的。

南北朝時期，南齊投奔北魏的降臣王肅酷愛喝茶，據說此人喝茶一向張大嘴「咕咕」一飲而下，一次就要喝一斗茶水。後來人們把這種大口喝茶的方式稱爲「牛飲」。成都人喝的是開茶，他們從不牛飲，而是小口小口地喝，在茶館裡一泡就是半日。在茶館裡，他們或閉目養神，或施展極善於調侃打趣的油嘴，天南地北地擺龍門陣。

過去，成都有很多著名的茶館，如可園、隨園、曉園、悅來茶莊、妙高樓、吟嘯樓、枕江樓、望江樓、漱泉等。至遲在保路運動前後，成都人泡茶一直是直接使用府南河中水，次之才是井水，可見當時府南河水之清冽甘醇。保路運動時舉行全城罷工，獨獨沒罷工的就是從府南河往茶鋪送水的工人。

四川茶鋪不僅賣茶，也稍帶賣些香煙、花生、瓜子，供應熱水、開水。有些養鳥的茶客掛好鳥籠，一邊喝茶，一邊聽鳥，興趣高時，則將鳥籠掛成一排，比賽鳥的鳴聲。喜歡抽煙的茶客（大多指旱煙）則身靠竹椅，煙袋在手，看雲霧飛升，心情釋然，有時亦交換一下煙捲，品味一番。茶鋪小天地，天地小茶鋪，舊時的茶鋪絕非單純的休息場所，三教九流，盡皆出沒於此，生意洽談，甚至買賣槍支，販賣鴉片，好不熱鬧。除此之外，更有調解糾紛者，請得一個頭面人物，在茶桌邊坐定，道一句：「一張桌子四隻腳，說得脫來走得脫」，然後一番理論講得雙方頻頻點頭。調解結束依仲裁結果決定支付茶錢，如雙方各有不是，則各付一半茶錢。

　　除了上述各類人外，還有各等小商販、手藝人，從賣藥、賣報、賣針頭麻線、唱小曲、測字算命、推拿按摩、修腳擦皮鞋、理髮、掏耳朵，到賣瓜子、胡豆桃片、油餅麻花之流，也有賣根雕木刻、玉器珍玩，到名家書畫的七十二行，真可謂咸集於此。

　　如果僅從表面現象觀察，人人都以為成都人懶惰至極、虛度光陰，大好時光只在壺底浪來擲去，殊不知這正是稟性閒雅的成都人對現代生活的一種態度。

川劇的黃昏

　　川劇如今已不時興了，兩百年來的大起大落令人感嘆時代的變遷。與紅極一時的京劇、越劇、黃梅戲、豫劇相比，它更顯得老態龍鍾，在年輕人中知音寥寥。

　　而在半個多世紀以前，川劇在西南地區備受人們喜愛。當時，在遍布四川城鄉的每一個神廟中，必有一個川戲臺子。二十世紀四○年代，就連四川大學的學生中喜歡川劇的人也達到三十二％，可見其受歡迎的程度。

　　川劇流傳至今大約有三百來年的歷史。它包括昆腔、高腔、胡琴、彈戲、燈戲等用四川方言唸唱的聲腔，其中川劇高腔的曲牌豐富，唱腔美妙動人，極具地方特色，是川劇的主要演唱形式。川劇講求生動活潑，幽默風趣，充滿純樸濃郁的生活氣息。長期以來形成了以成都為中心的川西壩派、以南充為中心的川北河派、以資陽為中心的資陽河派、以重慶為中心的下川東派。

　　現在的四百五十個劇目是近十年發掘出來的。

川劇傳統劇目中最著名、影響最大的是「五袍」、「四柱」、「江湖十八本」。「五袍」指五本袍帶戲，即描述五代時劉智遠打天下的《紅袍記》，寫趙匡胤雪夜訪趙普的《黃袍記》，梁灝八十歲考上狀元的《青袍記》，蕭何月下追韓信的《綠袍記》，尉遲恭走訪薛仁貴的《白袍記》。四柱指四個神魔靈怪戲，即共工與顓頊爭帝的《撞天柱》，觀音與韋馱收服爛龍的《水晶柱》，孫悟空與如來佛鬥法的《五行柱》，聞仲助紂王為虐的《九龍柱》。「江湖十八本」則多為世情題材，內容大都為風花雪月、才子佳人、忠臣烈士、孝義廉節、悲歡離合等。

川劇曾湧現出魏長生、康芷林、陽友鶴、陳書舫等表演大師。每每他們粉墨登場時，臺下前來捧場的戲迷總是人滿為患，各種錦緞長袍、西裝革履的軍政大紳、文人墨客，以及市井紅粉紛紛出現在劇場中，聽得如癡如醉。劇場外撐著黑白綢子車蓬的古雅私車擺滿了一地。

袍哥與關公

「袍哥」二字的來源，據說是根據《三國演義》而來的——關羽為了保護兩位嫂嫂被逼投降後，一心想收服關羽的曹操經常賜給他金玉珠帛，但關羽概不接收，一次曹操將日行千里的赤兔馬贈給了關羽，關公大喜，說有此良馬不日將與兄長劉備相會，於是曹操悶悶不樂，後來曹操見關羽穿了自己賜的錦袍卻在外面罩了件舊袍，便問其原因，關羽答道：「舊袍是我大哥劉玄德所賜，如今受了丞相的新袍，卻不敢忘卻大哥的舊袍」。四川袍哥對關羽這種義薄雲天的人格佩服得五體投地，於是以此為名。袍哥兄弟處處以關羽言作行為楷模，他們常掛在

◉四川紅原姜姆面具

嘴頭的一口話是：「袍哥人家，義字當先，絕不拉稀擺帶。」

　　四川袍哥組織的源頭有兩種說法，一種說法認爲源於清朝初年王夫之、曾耀祖等愛國文人發起的以「反清復明」爲宗旨的民間祕密組織「漢留」，另一種說法認爲鄭成功從臺灣祕密派了足智多謀的軍師陳近南潛回大陸組成「天地會」，勢力遍及長江以南地區；後來各地天地會紛紛遭到清政府鎮壓，一度宣告失敗，鴉片戰爭以後，天地會的兩支力量重新壯大起來，一支是湖廣一帶的哥老會，一支是流入四川的袍哥。

　　1911年辛亥革命前夕，袍哥勢力深入到四川所有城市鄉村。成都附近縣分中，聲勢最大的是廣漢的侯橘園、新津的侯寶齋、溫江的吳慶照、崇慶的孫澤沛、灌縣的張捷無等人，保路運動爆發後，他們接受孫中山的主張紛紛組成保路「同志會」、「同志軍」，以袍哥舵爺的身分率領各路人馬圍攻成都，

使反清的硝煙迅速燃及全川。

袍哥組織以五倫（君臣、父子、兄弟、夫婦、朋友）、八德（孝、悌、忠、信、禮、義、廉、恥）為信條。各路兄弟聚集的地點一開始叫「山頭」、「香堂」，隨著參加的會員日益增多，後來才改叫「碼頭」。碼頭共分「仁」、「義」、「禮」、「智」、「信」五個堂口，五個堂口由五類性質不同的人參加；仁字旗主要成員大都是社會上有頭有臉的上流人物，義字旗成員大都是有錢的紳士商家，禮字旗成員大都是手工業者、小商販或普通良民。至於那些測字、算命、跑堂、兵車等被視為低下行業的人，只能被列在「智」、「信」二堂。

袍哥內部有許多戒條，其中最主要的是四不准：一不准賣人（出賣袍哥兄弟），二不准卡字更股（分錢財不公平），三不准進門參灶（與袍哥兄弟的妻兒通姦），四不准紅面肆凶（發酒瘋，出惡語傷人）。犯戒條者，必須受到嚴厲治裁，輕者磕頭認罪，最嚴重者要遭受「三刀六眼」的極刑處治。各種處罰在每年農曆五月十三日（關羽生日）的大聚會上執行。

農曆五月十三日的聚會是袍哥一年中最為重要的盛會，這天各大小碼頭張燈結綵，殺豬烹羊，大排香案，歡慶會員的聚會，新入夥的袍哥必須到這天，身分才能得到正式承認，原先的袍哥也要總結過去一年的所作所為，論功行賞，或嚴懲不貸。

四川酒菜

四川的釀酒歷史最早可追溯到漢代。郫筒酒、臨邛酒、薛濤酒、青城道家乳酒等都是古時著名的川酒。

如今，五糧液、劍南春、瀘州老窖、全興大麴、郎酒、沱牌六朵金花占盡全國白酒優勢，加上散布全川的五千多家大小酒廠，四川白酒總產量居全國之首，利潤也連續多年達三十多億（人民幣）。

陸龜蒙有詩道：「錦裡多佳人，當壚自沽酒」。李商隱則作詩贊道：「美酒成都堪送老」。

川人特有的熱情好客、悠遊富足、雅好賞玩、戲謔尖刻，都可以從酒中找出原因，酒喝得心裡發熱，便有似火的熱情，酒質醇厚，所以待人以誠，無以為樂，則以酒助興，神吹海侃，此中有眞樂，偶有小醉，惰性隨生，但又不醉生夢死，一朝醒來，眞情依舊。

以酒為媒，文化作根。蜀人自古不乏擅飲者，李白鬥酒詩百篇，東坡醉中留清名。心與曲同蘊蓄，詩與酒共醉客，但得佳妙處，則無分詩者、歌者與酒者。茶如哲學酒如詩，詩酒一

☉四川理塘賽馬會

味。遍觀今日蜀中之啤酒館、小酒館、酒吧、酒樓、酒城，既有高雅文藝演出湊場，又有類似地下樂隊助陣，酒實在已是萬能酵母或萬用黏合劑，似乎要將天下的文藝形式悉數招安，俱為我用。

酒與川人融合無間，眞正是人在酒中，酒中有人，命運與共，須臾不分。川人出川常有大作爲，川酒出川也是一路凱歌。這不是一個哲學命題中的宿命，而是沉潛已久的川酒與蓄勢待發的川人在新的歷史機遇面前的共同選擇。

要認識四川人，請喝一瓶四川酒。要離開四川，請帶一瓶四川酒。

中國人尚食，說到吃，翹首寰宇，找不出第二個如此善吃的民族來。一位古羅馬詩人感嘆飲食對人類的重要性時調侃道：「肚子發展人的天才，傳授人技術。」錢鍾書說：「這個世界給人弄得混亂顚倒，到處是磨擦衝突，只有兩件最和諧的事物是人造的：音樂和烹調。」

在中國人眼中，飲食不僅是生理的需要，更是一門藝術。

川菜爲中國四大菜系之一（川、粵、京、蘇），其特點是選料認眞，切配精細，烹製考究，味別多樣。與注重清鮮淡美的粵菜不同，川菜講究色、香、味、形俱全，強調味重、味多，有「一菜七格，百菜百味」之譽。其基本味有鹹、甜、麻、辣、酸、香、鮮七味，成品上桌後形成麻辣味、紅油味、椒麻味、魚香味、家常豆瓣味、糊辣味、醬辣味、清鮮味、怪味等。烹調製作方法分炸、溜、爆、炒、蒸、燴、煨、汆、燉、滷、燻、煸、醃、烤等數十種。每種方法都有自己獨特的地方性工藝要求。

現川菜品種已多達四千多種，其中名菜達三百餘種。

川菜名食如麻婆豆腐、夫妻肺片、鍋巴素海參、燒羅漢菜、素脆皮魚、素燒獅子頭、龍眼素甜燒白、黃花燒素雞、菊花火鍋、紅燒熊掌、生燒筋尾舌、酸菜魚、雪花雞淖、豆渣雞脯、天主堂雞片、燈影牛肉、宮保肉丁、纏絲兔、東坡肘子、燴千張菜等。各種小吃如龍抄手、鍾水餃、賴湯圓、擔擔麵、珍珠丸子等數不勝數，美不勝收。

川人上自達官貴人、下至黎民百姓，無不尚吃、會吃、懂得吃，而且精於下廚烹調。近些年來大批川人走出盆地，南下

❶川南農村九大碗

廣州，北上東北，東到江浙，西至新疆，行足遍及全國每個角落，所到之處川菜館的招牌便樹立起來，一時間人頭攢動，吃川菜成了全國人民的一大時尚。尤其是在雲南、貴州、西藏幾個地方，林立的川菜館更是多如牛毛，川菜大行其道風光無限。

　　值得一提的是川菜憑藉疾勁的風頭走向世界。如麻婆豆腐在泰國、日本、美國、南斯拉夫、羅馬尼亞、澳洲、坦尚尼亞等國掀起了一股「豆腐旋風」。

【出川與閃電】

自從曠古的水利工程都江堰建成後，四川盆地便成爲了一口巨大的金飯碗，它一直是中國最著名的糧倉之一，川人躲在其中悠哉自成一統。

秦漢後巴山蜀水從未喪失過孕育人才所需要的地氣。西漢初年蜀郡郡守文翁，用石頭在成都壘建了全國第一所地方性的官學（文翁石室），此後，在良好的儒學傳統下，四川盆地成了中國歷史的一大人才聚寶盆。我們注意到作爲人才聚集區，八百里秦川在唐代後隨著山水的日益枯竭，人才亦隨之劇減，北宋以前湧現人才最多的河南在此之後盛況不復存在，江南才子在南宋後才蓬勃興起如日中天，湖南人俊彩星馳，獨領風騷的狀況是在清代中期後才出現的。唯有四川盆地兩千年來龍脈旺盛人才輩出未有間斷，與之相鄰的西部各地遠不能望其項背。

出川，對川人來說是意味深長之舉，就像閃電滑出雲端，隱伏著堅韌的騷動和激烈的詩情。在希臘神話中，巨人安泰的母親是大地之神蓋婭，只要安泰身不離地，就能源源不斷地吸取母親的力量。對北出劍門南出夔門的川人來說，古老的盆地便是他們的蓋婭。

一出夔門天地寬

1911年春天，大片來自冥界的夕光籠罩著清帝國。在混雜著新與舊的喧囂中，一個叫羅林·夏伯林的洋人來到四川盆地，他看到稠密的人群正在千里沃野上勞作，似乎每一寸土地都被開墾過，都被精耕細作，這土地既是田疇，又是墓地，人

⋂阿壩格爾登寺跳神

們在上面長相廝守，生生不息與之融爲一體，遠處，雲天雍容，黃花遍地，濃麗的青山保持著與綠水間的調和。夏伯林在這裡體驗到了「美的顚峰與極致」，他感嘆道：「我從未看到過如此動人的景象，連綿不絕地展現在眼前，不斷激起你對大自然的激情」。

令夏伯林感到震撼的四川盆地就像一個偌大的搖籃，其邊緣延伸著一系列「黃鶴之飛尙不得過，猿猱欲渡愁攀援」的高山——秦嶺、大巴山、巫山、烏蒙山、峨眉山、邛崍山等，搖籃的軸心是偏安一隅的成都平原，它與江南同爲顯赫的富貴紅塵之地。古語道：「天下山水之勝在蜀」，巴蜀江山如此多嬌，雄健而靈柔，鮮活而激昂，旺盛的氣脈有如浩蕩的長江之水常盛不衰。

　　四川盆地盛產稻糧，亦盛產英才，它封閉的山水符合風水學中藏風聚氣的法度，這或許是它深厚的傳統，兩千年間不斷孕育出燦若星河般英才的原由？四川盆地的封閉令天下人皺眉，柳宗元就曾在《答韋中立論師道書》中挖苦說：「四川多霧，那裡的狗不常見到太陽，所以每當太陽一出來，狗便會少見多怪地對著太陽吼叫。」

　　在歷史上，川人出川主要有東、北兩條線路，「劍門天下險」，「夔門天下雄」，劍門、夔門便是兩大門戶。

　　北線劍門道古時又叫「金牛道」或「石牛道」，通往陝西漢中，相傳戰國秦惠文王時，秦國很想派出大軍滅掉蜀國，但苦於伐蜀無南下的道路可以通行，於是利用蜀王貪財的弱點，假意修好，表示願把一頭中間挖空後塞滿黃金的玉石牛送給蜀國以示誠意，蜀王大喜過望，下令集中國內力士劈山開路引石牛入川，結果秦軍隨後開拔，一舉滅掉蜀國，「金牛道」之名由此而來。

　　東線出夔門經長江三峽直達湖北，夔門之名來自於古夔州（今奉節），「夔」是古代傳說中一種兇猛的獨角奇獸。夔門又稱「瞿塘關」，兩岸嵯峨壯麗、氣勢磅礡的白甲山、赤鹽山形同兩扇巨門，滾滾長江從數百丈高的摩天峭壁下咆哮而過，捲起千堆晴雪，江面最窄處不到五十公尺，仰望晴天猶如一條藍色麻繩。

　　俗話說：「一出夔門天地寬。」對川人來說，夔門是混合著苦樂和夢想的象徵之門，是實現飛升的龍門，多得難以勝數的川人正是從這裡壯懷激烈地走出盆地，肩挑日月，腳踏江山，化蟲為蝶，化魚為龍。

大才子的性情

　　川人留川磨成牛，川人出川驚海內。出川的時刻，就是出招的時刻。司馬相如、揚雄、李白、蘇軾、楊慎、李調元、張大千……有誰不是歷史上的一輪驕陽？

　　漢代第一才子司馬相如是成都的富家子弟，他的小名叫犬子。司馬相如好讀書，喜歡舞劍，善鼓琴，豐神瑰姿而才情高卓。當第一次出川前往帝都長安經過成都北郊的一座必經之橋時，他以一種捨我其誰的口吻指著橋說：「我要是不當個大官坐著四匹高頭大馬拉的車回來，就不從這上面經過（後人於是把這座橋叫做「駟馬橋」）。」此去長安，漢景帝看上了司馬相如的劍術，封了他一個武騎常侍的侍從武官頭銜。在宮中混了幾年，素以文才自負的司馬相如見漢景帝對詞賦毫無興趣，不禁大失所望，後來便稱病，跟隨情志高雅的梁孝王去了梁國，整天和鄒陽、枚乘等一班文人交遊，並寫出了成名作《子虛賦》。梁孝王很賞識司馬相如的才情，送給他一把綠綺古琴，琴上寫有「桐梓合精」四字。那時，說話有些口吃的司馬相如尚未患上糖尿病，不料梁孝王不幸早夭，他只好懷著幾分傷惋返回成都。回到成都時，原本富有的家境已徹底沒落，連基本生活都難以保障，但他高曠閒散的性情並未因此而改變。

🔊阿壩扎崇節

　　一次，臨邛大款卓王孫在自家鴛牆黛瓦的華堂上接待司馬相如，他知道卓王孫國色天香的女兒卓文君新近寡居在家，便用綠綺琴彈了一曲《鳳求凰》去挑逗她，熱烈善感的卓文君在華麗的珠簾外被如慕如怨的琴聲挑撥得如同一隻「關關雎鳩」，又見司馬相如氣宇高華，當晚便跟他私奔了。倆人同居後，為了解決飯碗問題，只得典當家產，靠開小酒坊維持生計，面若春雪的卓文君荊釵布裙、淡裝素抹，當壚沽酒叫賣，司馬相如則穿上犢鼻褲，與保傭雜作，滌器於鬧市，忙裡忙外擔任跑堂工作。

　　過了一段時間，漢景帝崩逝，小名叫劉豬的漢武帝登上了金鑾寶座，一天，他讀到《子虛賦》，驚為天人之作，感嘆說：「可惜我不能與這個作者同處在一個時代。」在宮廷裡管狗的蜀人楊得意聽到後報告說：「我曾聽同鄉司馬相如說這篇文章是他寫的。」漢武帝大喜過望，立即下詔命司馬相如前來覲見。司馬相如隨即躍上吉祥的高車，二次出川前往帝都長安。「鳳兮鳳兮非無凰，山重水闊不可量；梧桐結陰在朝陽，濯羽弱水鳴高翔」，黃金般的朝陽如同溫暖的絲綢覆蓋在他襟帶飄搖的衣冠上，文學史上的司馬時代到來了。

　　詩仙李白長著一雙大眼睛，明眸善睞，性情高蹈。未出川時，他和司馬相如一樣好觀奇書，喜弄長劍，頗有一股任俠之氣，曾跟隨川內一代高士趙蕤隱居在青城山一帶學習帝王學。二十歲後，李白遍遊蜀中山水，尤喜峨眉，西元725年，二十五歲時，他「知大丈夫必有四方之志，乃仗劍去國，辭親遠遊」，東出夔門開始了長達三十七年的遊吟生涯。「朝辭白帝彩雲間，千里江陵一日還。兩岸猿聲啼不住，輕舟已過萬重山」，年

輕的李白像一隻英邁的出籠鳥，充滿了自由高翔的壯思和喜悅。

　　浮洞庭，歷湘漢，下江南，仕長安，進中原，隱山東，去夜郎……笑傲江湖，縱意所如，李白平生以大鵬鳥自況，而他的一生正是一次大鵬鳥漫長的逍遙遊。邁出三峽後，他再也沒能返回蜀中故土，西元758年，當他五十八歲時，因涉嫌永王之亂，被萬里流放前往夜郎，來到巫峽時幸遇大赦而免，這是出川後他距離故土最近的一次。

　　一醉酹月輕王侯的李白乃狂放重情之人，出川後，與他一同出遊的川中友人吳指南在洞庭湖畔病死了，李白哀嚎不已，他將屍首臨時埋葬在湖邊，過了一些日子，跑回去親自用刀子將尚未完全腐爛的屍骨洗削乾淨，然後正式安葬於鄂城（今武昌）郊區。青年時，李白很闊綽，他曾在江南一年間散錢三十餘萬救濟落魄之人。「千金散盡還復來」，但實際上到晚年他窮困潦倒，六十歲時那年，他回首自己的一生，不禁「三杯拂劍舞秋月，忽然高詠涕泗漣」，不久，連喝酒的錢都沒有了，一天，在路上碰到一個從甥，他想請這位親戚喝酒又沒錢，就把多年來一直懸掛在腰間的寶劍解下來換酒。李白通音律善撫琴，他最得意的知己崔宗之曾送給他一把孔子琴，崔宗之死後，李白常以孔子琴感懷，每一撫之，必潸然淚下。

　　對李白來說，明月是靈魂的救贖之物。這是大唐的明月，美麗而幽祕，潔白蒼茫，溫情不可抗拒，在它的密祕施洗下，李白獲得了一副舉世無雙的「明月肺腸」。李白名「白」，字「太白」，他的妹妹叫「月圓」，他的兒子叫「明月奴」，這些都和明月因緣頗深。明月是李白的至愛，他一生寫下了大量歌詠

明月的佳作，王定保在《唐摭言》中甚至記載說：「李白著宮錦袍，游采石江中，傲然自得，旁若無人，因醉，入水中捉月而死。」這雖不足爲信，但卻令人無限感慨！

北宋仁宗嘉佑元年（西元1056年）三月，春草萋萋，春花如映，在蓬勃的峨眉春光中，二十歲的蘇東坡與新婚燕爾的弟弟蘇子由隨父親蘇洵北出劍門，走旱路萬里迢迢前往京都趕考，兩個月後，他們來到處處是朱門綺院、寶馬香車和榆樹的帝都汴梁城，寄宿在一間和尚廟裡。蘇氏兄弟順利通過秋季的初試後，又參加了第二年春季的殿試，四月十四日，兄弟倆雙雙高中進士。主考官歐陽修對蘇東坡論爲政寬與簡的答卷《刑賞忠厚之至論》激賞不已，本擬點爲三百八十八名新進士中的頭名，但懷疑這篇文章是自己的學生曾鞏所作，於是避嫌改判爲第二名；四川歷史上共出過二十名狀元，歐陽修的「清正」之舉使得天府之國少了一名狀元郎。

此次進京趕考，眉山三蘇聲名鵲起，正待平步青雲時，尚未獲得喜報的母親突然在家鄉去世，得到消息，三人急忙趕回去奔喪。按照朝廷律令，蘇東坡和弟弟子由得爲亡母居喪守禮兩年零三個月，在此期間，他和妻子王弗過著尋幽青山、讀書綠水的蟄居生活。居喪期滿後，蘇家沿水路舉家遷往汴梁，他們從嘉州（今樂山）大佛下的岷江上船，焚香祈求，然後一路飄出夔門。一江秋水向東流，水上是千古風流人物蘇東坡，他激動的熱血把這次出川的浩氣化作了七十八首詩篇。

此後，蘇東坡還回過一次四川，那是1066年四月，他的父親蘇老泉去世了，數月前他的愛妻王弗剛剛去世，於是他和弟弟辭去官職，全身縞素護送靈柩回鄉。蘇東坡在峨眉山外的故

○樂山大佛

里再次服孝兩年零三個月，他在父母大人的墓旁蓋了一座小廟，並種了三千棵松樹。服孝期滿後不久，蘇氏兄弟北上劍門從陸路返回汴梁，從此被拖入政治的漩渦，宦游大江南北，再也沒有回過故里。

傳說背上長著北斗七星痣的蘇東坡體貌魁偉，長眼美髯，顴骨很高，性情豪邁而細膩，身上貫穿著飛鴻渡雪般的根性，以及合陽剛與陰柔為一的真氣。據統計，他擔任過三十個官職，遭貶十七次，最嚴重的一次遭人陷害捲入「烏臺詩案」，在大牢裡待了一百三十天差點死於非命。但他並未在嚴酷的現實中垮掉，相反的，他曾對弟弟子由說：「吾上可陪玉皇大帝，下可以陪卑田院乞兒，眼前見天下無一個不是好人。」他是大文豪、大畫家、大書法家、大哲學家、大美食家，是佛教徒、瑜珈士，是悲天憫人的士大夫，更準確地說，他是在廟堂上漫步的大地之子。

○杜甫草堂

四十四歲那年，蘇東坡出獄後被貶往湖北黃州，在這人生
的低谷時期，他常常在一棵山楂樹下散步，人生境界猛然大
進。他在一個春水共長天一色的山坡上，修築了著名的雪堂，
寫下《前赤壁賦》、《後赤壁賦》、《記承天寺夜遊》等極品之
作。一天，他給友人寫信說：「下十數步，便是大江。其半是
峨眉雪水。吾飲食沐浴皆取也。何必回鄉哉？江山風月本無常
主，閑者便是主人。」他不必害鄉愁之苦了，因為故鄉已被他
化入到本性之中。

六十一歲那年，蘇東坡被政敵流放到海南，在這天遠地偏
的孤島上，他得自己製墨、自己製藥，有時還得忍受飢餓，他
常帶著心愛的海南種大狗「烏嘴」到處遊逛，與漁民農夫結
交，為他們辦事，並完成了對《論語》、《尚書》、《易經》三
本經典的注釋。

　　西元1101年七月二十八日，在海南獲得赦免萬劫歸來後，頑童蘇東坡在常州病逝，當時朝廷已任命他爲四川一家寺廟的管理者，讓他回老家養老。但他最終沒能回到故鄉。

四川高人執牛耳

　　齊魯多鴻儒，燕趙多壯士，江南多佳人，巴蜀多高士。歷史上，神祕主義與巴山蜀水相映發，常盛不衰。巴山峨峨蜀水泱泱，靈孕出眾多特立獨行的奇人，代表人物如嚴君平、趙直、法照、袁天罡、馬祖道一、趙蕤、陳摶、袁煥仙、李果眞等。

　　成都人袁天罡是歷史上最著名的數術、風水學大師，生卒年月已杳不可尋，隋朝末年，他出仕當過火井（卓文君家鄉邛崍）縣令。據《舊唐書》記載，西元624年武則天出世後，袁天罡碰巧到過她家，爲她看過相，當時武則天尚在襁褓中，她的乳母給她穿了一身小男孩的衣服，袁天罡看過相後驚嘆道：「這位公子神色爽徹，龍睛鳳頸，是一個罕見的貴人，假如一個女孩長有這副骨相的話，將會成爲天下之主。」

　　西元633年，當時袁天罡已是大名鼎鼎的人物，貞觀大帝李世民仰慕他的盛名，把他召進九成宮擔任司管全國地理風水的火山令。據《古今圖書集成》記載：「唐貞觀中有望氣者上言太宗，觀測天文，西南千里之外有王氣。太宗令袁天罡測步王氣，由長安到四川，行至閬中，果見靈山嵯峨，佳氣蔥郁，其脈在蟠龍山，袁天罡在此處鑿斷石脈，水流如血，閬中人呼之爲鋸山埡。」「水流如血」顯然不足爲信，但「鋸山埡」至今尚在閬中，可見袁天罡確實到過閬中。

　　唐高宗永徽五年（西元654年），對閬中風水至為讚嘆的袁天罡再次來到閬中，在蟠龍山上築臺觀天象，並定居在這裡，不久，袁的摯友李淳風亦尾隨來到閬中；江流天地外，山色有無中，倆人一起縱情於嘉陵山水，死後安葬在離城數十里外的天宮鄉，袁天罡的墓在觀稼山，李淳風的墓在五里臺山，兩墓相距三公里。

　　袁天罡和李淳風合著過一本與《諾查丹馬斯預言》齊名的預言書《推背圖》，書中共有六十幅預言圖，每幅圖附有隱晦的預言詩和頌詞。如第五圖畫了一個馬鞍、一函史書，一旁躺著一個女人，預言詩寫道：「楊花飛，蜀道難，截斷竹簫方見日，更無一吏乃平安」，頌詞寫道：「漁陽鞞鼓過潼關，此日君王過劍山。木易若逢山下鬼，定於此處葬金環」。安史之亂後，人們才看懂其中的玄妙，馬鞍隱喻的是安祿山，史書隱喻的是史思明，躺在地上的女人及「楊花」、「木易」、「金環」隱喻的是楊貴妃，蜀道隱喻唐玄宗逃入四川，「山下鬼」是個「嵬」字，隱喻楊貴妃的葬身地馬嵬坡，「截斷竹簫」是個「肅」字，隱喻平定安史之亂的新皇帝唐肅宗。

　　禪宗六祖惠能曾對衣缽傳人懷讓預言說：「向後佛法從汝去，馬駒踏殺天下人」。這匹馬駒就是懷讓的高足馬祖道一。

　　馬祖道一是四川什邡人，俗姓馬，出生於一個賣簸箕的窮家小戶，據記載他走起路來像頭壯牛，眼眸如猛虎，長舌可以舔到鼻尖，腳板上有兩道奇異的輪紋。十二歲時他在什邡羅漢寺出家，後到資州寧國寺處寂法師修習「息妄修心」之法，學成後回到什邡，鄉人對他頗為尊崇，一天，正當他在溪水畔前呼後擁、志得意滿之時，一個老太婆不屑地說：「這麼多人在

這裡湊熱鬧，我還以為是哪個貴人來了，卻不過是馬簸箕的兒子，有什麼值得大驚小怪的？」一席話說得馬祖道一面紅耳赤，遂自嘲道：「勸君莫還鄉，還鄉道不成。溪邊老婆子，喚我舊時名。」

不久，馬祖道一走岷峨、出夔門前往湖南衡山，拜在懷讓禪師門下。一次，道一正在坐禪，懷讓問他說：「你學坐禪，是為了什麼？」道一答道：「想要成佛。」於是懷讓便拿了一塊磚頭磨起來，馬祖不禁好奇的問道：「師父磨磚作什麼？」懷讓說：「磨磚作鏡呀！」馬祖不禁詫異道：「磚怎麼能磨成鏡子呢？」懷讓於是反駁說：「磚既然不能磨成鏡子，那麼你坐禪又豈能成佛！」馬祖便請教道：「那要怎樣才能成佛呢？」懷讓回答說：「這道理正像牛拉著車子，如果車子不動了，你是打車子呢，還是打牛？」馬祖被問得無話可對。於是懷讓接著說：「你是學坐禪，還是學坐佛？如果學坐禪，但禪並不在於坐臥，如果學坐佛，但佛並沒有一定的狀態。法是無住的，因此我們求法也不應有取捨的執著。你如果學坐佛，就等於扼殺了佛，你如果執著於坐相，便永遠不能見到大道。」馬祖聽了這番話，如醍醐灌頂、大夢初醒。

馬祖道一後來接承了懷讓的衣鉢，成為唐代影響空前的禪門領袖，他於八十歲那年圓寂，史載他宗風大暢，有「入室弟子一百五十九人，各為一方宗主」，百丈、南泉、大珠、智藏、歸宗等一代高僧都是他的弟子。

陳摶是繼老子、張道陵之後的道教至尊，五代至北宋時普州崇龕（今四川安嶽縣臺鎮）人。也有人認為他是安徽亳州人或陝西華山人。但最能證實陳摶確為安嶽人的是《宋文鑒》，這

部書收存有陳摶親寫的《易龍圖序》，上面署有「西蜀崇龕陳摶序」七字。陳摶的出生時間已不得而知，只留下一個類似於哪吒出世似的傳說：一個姓陳的漁夫有天揀到一團紫色的肉團，奇怪之餘將它帶回家準備煮熟充飢，誰知鍋中水剛剛燒熱，遠處突然傳來一陣雷響，驚得漁夫連忙丟下肉團，那肉球落地裂開後露出一個男嬰來，漁夫驚喜萬分，認為這是上天所賜，便把他收作自己的兒子，長大後請人取名為陳摶（「摶」字同「團」）。

陳摶天資聰穎，十五歲即精讀詩、書、禮、術數、方藥等經史百家之書，參加科舉考試落第後，他懷揣著家鄉的一塊石頭開始雲遊四方，求仙訪道。後來，在孫君仿、獐皮兩位隱士的指點下，他前往武當山九室岩隱居修習道家內功。約在西元936年到944年左右，陳摶返回四川向邛州天師何昌一學習內丹精修之道。

日月臨身，煙霞托跡，陳摶的後半生是在華山度過的。相傳他精通修煉胎息的「蟄龍法」，常常一睡就是幾個月，在此期間要叫醒他只有敲響旁邊的大鐵鐘。

關於陳摶最著名的故事是，趙匡胤喜歡下圍棋，他飛黃騰達前曾到過華山，陳摶看出他是將來的四海之主，便跟他賭棋說：「要是我輸了，把道觀給你，要是你輸了，將來華山屬於你的時候，就把華山給我吧。」趙匡胤心想華山怎麼會屬於我呢？便滿口應允。不料趙匡胤連輸三局，把「華山」輸給了陳摶。後來趙匡胤黃袍加身果真做了皇帝，陳摶得到消息，放聲大笑，說道：「天下於是定矣！」

陳摶的道學體系主要有無極圖學、先天易學、玄門丹學，

著述有《指玄篇》、《無極圖》、《河圖》、《洛書》等十餘種，對後世影響巨大。北宋端拱二年（西元989年），他卒於華山蓮花峰下的張超谷中。

二十世紀三次浪潮

歷史的妖刀宰割山河，坐盆地觀天的時代杳若黃鶴。在二十世紀，酷愛吃辣椒的川人掀起了多次出川浪潮，如世紀初年的留學潮，三、四○年代的出川抗戰潮，八、九○年代的打工潮，狂飆突進的閃電下，人們領教到川人身上火辣的性情。

二十世紀初年，中國各地掀起了風雲激盪的出國留學運動，四川雖偏居西南一隅，但很快就以高昂的姿態參與到這場新銳的摩登潮流。1901年，四川首次派遣官派留學生，當時的四川總督奎俊挑選二十二名青年才俊遠赴日本，每人每年發給兩百兩白銀作費用。1904年後，繼任四川總督錫良格外重視教育，積極推動留學事宜，當年便讓一百六十餘人出川赴日，並派出官員、士子十三人赴比利時學習路礦技術。到1906年，官派和自費的川籍留日學生迅速增加到八百餘人，孫中山領導的同盟會當時有九百六十名會員，其中四川留日生就占一百二十七人。民國成立後，日本仍是川籍留學生的首選之地，這個彈丸小國迅速崛起為巨人的奧祕，令滿懷民族主義熱血的巴蜀青年們怦然心動。川籍留日學生中，在歷史上影響較大的有鄒容、郭沫若、張大千、戴季陶、張群、林思進等。

1919年至1921年，四川掀起赴法留學熱潮，先後有二十批留學生遠渡重洋奔赴法國。到1921年底，川籍留法學生已達到五百一十一人（其中女生十四人），分別來自全省九十八個縣，

🔘黃龍之秋

約占全國留法學生總數的三分之一。川籍留法學生中，在歷史上影響較大的有鄧小平、趙世炎、劉伯堅、陳毅、聶榮臻、劉子華、李劼人、巴金、周太玄等。

　　赴法留學生以學習機器、路礦、外語為主，赴日留學生則以學習師範、軍事、政法、員警、鐵路為主。除此之外，尚有許多川籍學生留學於歐美各國，如留學美國的晏陽初，留學德國的朱德、王光祈等。

　　1937年抗日戰爭全面爆發，生死關頭，川人挺身「而起」。1937年8月7日，成都舉行了十萬人的盛大集會，呼籲立即發動

全民抗戰守土衛國，9月後，「四川王」劉湘相繼帶七個軍的川軍出川抗日，最早出川的部隊是楊森的二十軍，直接參加了淞滬會戰。

　　二十世紀八○年代改革開放後，川人再次掀起「百萬川軍大出川」的滾滾洪流。這支百萬大軍是由原本因循守土的川農組成的打工族，他們襟山戴河席捲東西南北的氣勢把全國人民都震住了，「道路是銀行，工廠是金礦，身無分文闖城市，回鄉蓋起新樓房」，這首民謠表現出這些「出川族」渴望用自己的雙手打下一個花花世界的雄心豪情。

第七篇

雲南祕境

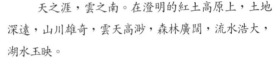

天之涯，雲之南。在澄明的紅土高原上，土地深遠，山川雄奇，雲天高渺，森林廣闊，流水浩大，湖水玉映。

雲南與緬甸、老撾、越南接壤，面積和非洲南部的辛巴威相當，國境線長達四千多公里。

「雲南」作為地名最早出現於漢武帝元狩元年（西元前120年），據說這一年，大理一座小城的白崖上現出祥瑞的彩雲，於是在該地設置雲南縣。而《南詔野史》上則說：蒙舍國相盛邏皮前往覲見唐玄宗，玄宗皇帝問他住在哪裡？盛邏皮回答說：「在南方、雲之下」，於是皇帝便呼其地為「雲南」。

歷史上，內地人長期將雲南視作萬里雲天外的蠻荒邊陲、化外之域，宋太祖趙匡胤甚至不屑於爭奪這塊土地，他用玉斧在地圖上指著大渡河說：「此外（指雲南），非吾所有也。」然而正是在這片神祕的碧天厚土上，「南蠻子」們世代綿延，活出了另外一番景象，世道艱辛，條件惡劣，他們從祖先那裡繼承了百折不撓的韌性，人生雖苦卻短暫而實在，生活並非完美而無憂無慮，但是，只要生命猶存，就該快樂地享受每一片陽光，每一滴水，每一顆米。

由於在極度封閉的壩子裡待慣了，「南蠻子」們也就成了鄉土觀念特重的家鄉寶，他們中的不少人甚至一生都未走出鄉村一步。家鄉寶的代表人物是大

理人楊士雲，明朝正德年間，他以鄉試第一名入京高中進士，任翰林院庶吉士，但很快便找藉口返回老家奉母不出，過了些年他又被授予官職，沒過多久，即稱病辭職跑回老家。

　　雲南是中國大陸少有的能從陸路溝通印度洋的省分，歷史上著名的「南方絲路」，就是以雲南為紐帶把中國與東南亞、南亞連結起來的。

　　如今，旅遊業已成為雲南經濟最大的王牌，昔日的淨域上，到處都是遊客，大把鈔票在滾滾紅塵中翻動。繁忙的潮流下，一把巨大的雙刃劍已抵住了祖先的基業和傳統文化的喉嚨，這一切不由得令人想起多年前英國著名自然學家斯蒂文斯對雲南高原憂心忡忡的感慨。1929年，斯蒂文斯參加了美國總統奧多‧羅斯福之子組織的「凱利──羅斯福探險隊」，橫越雲南及康藏高原，當探險活動結束後，斯蒂文斯評價說：「毫無疑問，這在地球上是無與倫比的。高山、峽谷、河流、丘陵以及廣闊的森林，僅把它們的莊嚴壯觀描敘為氣勢雄偉、令人驚嘆是遠遠不夠的……希望現代文明不會打破這片神祕土地的寧靜與安祥；因為隨著道路的開通就會有汽車喇叭的喧鬧和汽油的污染出現，而所有這些令人厭惡的行為都是以人類進步作為名義的。至少我們要讓上帝創造的地球上保留一塊淨土，不受現代商業氣氛的破壞，我的期望是不是太多了？我只是更愛你；當心啊！別讓轉瞬即逝的娛樂遮住你的眼睛、浸入你的家園，占據你的靈魂，破壞你的幸福。」

【紅土與白雪】

　　紅土紅，白雪白。紅土與白雪是雲南的兩大標誌性象徵。雲南高原向來有「紅土高原」之稱，紅色土壤占據了大半土地，土壤中的鐵質經過氧化後沉積下來，使山巒跌宕的大地呈現出暗紅、磚紅、紫紅等紅色，雨季時，就連河流也被泥沙俱下的紅土染上了紅色。在青藏高原向東南沿伸的橫斷山區，則高聳著玉龍雪山、哈巴雪山、白馬雪山、梅里雪山、碧羅雪山、甲午雪山等一系列天堂般壯美的巍峨高山，與落霞神鷹共浮於碧天的白雪有如雪國的白銀神座，有如月窟裡巨大的瓊瑤。

　　雲南的一大物產是菸草。1492年，達芬奇完成了他的歷史性名作《最後的晚餐》，同年，哥倫布在美洲發現了菸草。此後，菸草由傳教士逐漸帶到了遠東地區及雲南，並迅速發展起來。過去的二十年中，雲南是世界上最大的煙葉和捲煙產地之一，菸草產業為地方財政提供了約七十％的收入額，創造全省近四分之一的生產總值。近年來，隨著反吸煙運動的高漲和市場的減退，雲南正努力擺脫對菸草產業的過度依賴。

　　近八百年來，昆明一直是雲南文化的軸心，這座「天氣常如二三月，花枝不斷四時春」的春城在激烈的文化征戰中一直飽含著宏大的風情與美麗的哀愁。

　　雲南是聞名遐邇的山地王國，境內九十四％的領地為山地或半山地，整體地形由西北向東南呈階梯狀傾斜，最高處為滇藏交界處的太子雪山卡瓦柏格峰，海拔六千七百四十公尺，最低處為滇南河口縣的南溪河口，海拔七十六點四公尺。

　　中國的山脈大都為東西走向，作為喜馬拉雅山餘脈的橫斷山脈卻是一個異端，它在雲南形成一系列縱貫南北的山群，這是雲南能長期保持民族文化多樣性和生物多樣性局面的根本保障。南北走向的群山使得區域內的物種未受到第四紀冰期大陸冰川的覆蓋，並使該區域成為歐亞大陸生物物種南來北往的避難所和主要通道。

　　橫斷山區最神奇的區域是北部「三江並流」地區，該地區從西向東交替排列著四座高山和四條大江——擔當力卡山、獨龍江、高黎貢山、怒江、怒山、瀾滄江、雲嶺、金沙江。這是地球上最壯麗的高山河谷組合，怒江與瀾滄江之間的最短直線距離為十八點六公里，怒江與金沙江之間的最短直線距離為六十

⋒雲南石林

六點三公里，從海拔七百六十公尺的怒江河谷到雲南第一高峰卡瓦柏格峰，海拔竟相差六千公尺。「三江並流」地區占中國國土面積不足零點四％，卻擁有中國五十％以上的種子植物種類，六十六％的鳥類種類和五十％的動物種類，該地區雲集了相當於北半球南亞熱帶、中亞熱帶、北亞熱帶、暖溫帶、溫帶及寒帶等多種氣候類型，擁有十個植被型，二十三個植物被亞型，九十餘個群系，擁有北半球除沙漠和海洋外的生物群落類型，幾乎是北半球生物生態環境的縮影。

　　1904年至1930年，英國愛丁堡皇家植物園的喬治・弗瑞斯特先後七次來到「三江並流」地區，採集到三萬一千零一十五號植物標本，分屬六千多種不同品類的植物。他共發現了一千兩百種植物新品種（僅杜鵑新種就達上百種），還發現了鳥類學

❶昭通曬菸人

領域從未發現過的三十多個新種，另外，在蝶類標本和民族文化資料收集方面也大有斬穫。他被歐洲人讚譽為「植物學探險界的第一人」。1931年12月，即將滿載而歸的弗瑞斯特在一次打獵活動中突然死去，隨後被安葬在騰衝。

席捲全球的技術主義浪潮對雲南這一「生物多樣性的寶庫」的衝擊是極其嚴重的，1949年前，雲南天然林覆蓋率高達五十％，如今銳減至二十四％，且大多是次生人工林，天然林僅殘留於「三江並流」地區、西雙版納等幾個自然保護區內。以昔日令人神思飛揚、心嚮往之的西雙版納為例，熱帶雨林、季風雨林大都已遭到毀滅性破壞，現保存較完好的僅零星地分布於猛崙、猛臘、尚勇等五處。西雙版納保護區只是將這五片互不相連的保護站匯總在一起，保護完好的熱帶雨林、季風雨林的面積僅占其總面積的六％，這使得眾多前往參觀熱帶原始森林的人失望不已。

神奇的祕境正在褪色，充滿魔幻般風情的山河正被人們雕飾得日益平庸。大自然的反撲，直指被過度開採的紅土高原。

一瓢風土

白雪上摩天，大江流日夜。千百年來，而二十六個民族在千里紅土高原上安居一隅，過著各自日月鄰身、春花冬雪的日子，演繹出了世所罕見的人文風土。曹雪芹說：「弱水三千，吾只取一瓢飲」。我們也像他一般找只瓢來，嚐嚐雲南風土的滋味。

雲南人大都住在「鳥窩」裡，這鳥窩是群山間窩槽狀的盆地，當地人稱之為「壩子」。據初步統計，雲南大於一平方公里

🎧大理三塔

的壩子共一千四百四十二個，這些人口稠密、沃野環布的糧倉同時是滋養民族文化的溫床，它夾雜著某種隱在的山野野性和天高雲曠的光影，薰染著雲南人樸實倔強的心靈。高山厚土，造就一方風土。一個正宗的雲南人是自然之子，重情尊禮，因循保守，敬畏天地，祭祖愛家，遍體本色，深藏血性。

抗戰期間，為躲避戰亂大批內地人來到雲南，當他們看到許多奇特的民間風土人情，忍不住在茶餘飯後的閒談中編湊出流傳甚廣的雲南十八怪：粑粑叫餌塊，蠶豆數著賣，三個蚊子

當盤菜，竹筒作煙袋，青菜叫苦菜，雞蛋拎著賣，草帽當鍋蓋，草繩當褲帶，大姑娘叼煙袋，姑娘叫老太，穿鞋腳趾露在外，鞋子後面多一塊，屋簷下面擺棺材，新娘要把墨鏡戴，老來又把紅帽戴，火車沒有汽車快，火車不通國內通國外，員警喊「貓菜」。

∩維西老人

「一山有四季，十里不同天」，作為民族多元文化最聚集最複雜的區域，人們在這裡可看到有的家庭由四、五種民族血統混合而成；哈尼人錯落如階梯式計程車掌房與四方形竹籬的傣家竹樓相鄰，傈僳人干欄式的木楞房與「三房一照壁」的納麗土樓共處一山；曳長裙的彝家女、披羊皮的納西女、戴黑布頭巾的傈僳女、穿紅坎肩的白族女共住一地；喇嘛教徒、天主教徒與信奉萬物有靈的薩滿教徒共居一鄉。某種神奇的力量把不同民族、不同宗教、不同風俗的人揉合在一起，讓他們同享一抔紅土。

在長期的文化沉澱過程中，雲南形成了自己特有的風俗，以婚俗為例，普米人訂婚時、先由男方送去酒肉和一顆豬心，女方接到後，將豬心一剖為二，一半還給男方，然後將自家的豬心也切成兩半，留下一半，另一半送給男方。雙方將對方的

半顆心和自家的半顆合在一起，表示永結同心。其後男方還得送女家一頭黃牛，表示女方嫁出「兩隻腳」，得到「四隻腳」，不算吃虧。墨江哈尼人結婚時，新郎、新娘要同吃一條豬的右前腿，表示「同甘共苦，風雨同舟」。德昂人有過水節時「背篝」擇婚的風俗，當天，未婚男子都要把背水用的竹篝送給心愛的姑娘，姑娘收到背篝，就要看第二天她背水用的是哪個小夥子送的背篝，此舉表明她已挑選了自己的意中人。

箇舊錫，東川銅，普洱茶，玉溪煙，宣威火腿，麗江粑粑，文山三七，保山棋子，後屏豆腐，蒙自米線，大理弓魚，建水汽鍋，中甸蟲草，版納橡膠。雲南多特產、多山珍。

千里江山紅妝素裹，雲南的一大風物是鮮花。花如錦、花如潮、花如海，此中有大觀。古人言：「花有喜、怒、寤、

⋒茶花之王

中甸那帕溪黑頸鶴

寐、曉、夕。淡雲薄日，夕陽佳月，花之曉也；狂號連雨，烈
焰濃寒，花之夕也；檀唇烘日，媚體藏風，花之喜也；暈酣神
斂，煙色迷離，花之愁也；欹枝困檻，如不勝風，花之夢也；
嫣然流盼，光華溢目、花之醒也。」雲南最聞名的八大名花：
山茶、杜鵑、木蘭、報春、百合、蘭花、龍膽、綠絨蒿。其中
最具代表性的是常綠山茶，名品有白玉紅暈的「童子面」，大如
白瓷碗的九蕊十八瓣「雪獅」，媚豔似絹的「松子鱗」，深紫近
墨的「紫袍茶」，芳華賽過牡丹的「大牡丹茶」，以及「恨天
高」、「蝶翅」、「松子鱗」、「柳葉銀江」等。

　　雲南同時是動物生息的大自然樂園，計有野生獸類二百三
十五種，占中國四百二十七種的一半以上，鳥類七百七十二
種，占中國總種數的六十％以上。

　　1933年5月2日正午，昆明市大板橋路忽有「白蝶數千萬漫空蔽野，由東面飛來遍布該鎮之田畝林木及屋角牆壁等處」。

　　雲南動物中最令人感嘆的是有象牙色嘴巴的「愛情鳥」犀鳥。犀鳥有冠斑、雙角、棕頸、白喉四種，雄鳥、雌鳥總是相依為命從不分離，如果牠們之中的任何一方死了，那麼另一方也必將絕食而亡，絕不獨自偷生另覓新歡。

金碧湖山──昆明

　　左金馬，右碧雞，東驤神駿，西翥靈儀，金馬碧雞二山是昆明的門戶。明代時，金碧路與三市街的交叉處建有金碧輝煌的金馬坊、碧雞坊（晚清重建），在舊時代這是昆明的象徵，1931年，埃德加·斯諾到昆明時，看見這兩座優雅崇麗的牌坊上繫著一些紙做的供品，下面點著幾柱香，藍天光潔的影像飄忽於上面。

　　西元十三世紀，忽必烈的蒙古馬隊扛著犛尾旗子，征服了昆明，從此這座城市取代大理成為紅土高原的政治、經濟及文化中心。在元代昆明叫作「雅岐」，在《馬可·波羅遊記》中，它被描述為一座壯麗的大城，城中有眾多商賈和工匠，周圍土地肥沃，盛產稻米和小麥。

　　與近代雲南關係頗為密切的法國駐雲南總領事方蘇雅，對昆明成堆成簇的玫瑰花和大如牡丹的山茶花留下了深刻印象。他在1899年的記述中說，昆明築有磚壘的雄闊城牆，差不多呈正方形，磚已發黑發霉，城牆上有宏偉的五層木樓，每層屋簷的四角就像翹頭皮鞋的鞋尖，城牆內街道縱橫、狹窄，各種通道形同一座迷宮，街道上堆滿了雜色物品，光著腿、穿著寬大

❶傣族竹樓

齊膝棉褲、腳蹬草鞋的人流穿行於其中，「在嘈雜的人群中，
有時也會碰上穿天藍色棉布長衫的先生、著綢緞的闊佬或盛裝
的婦人。婦人們很少單獨出行，多是結隊成夥，她們的三寸金
蓮纏著兩端有繡品的紅裹腳布，相當困難地蹣跚而行，就像在
踩高蹺。有的婦女塗著厚厚的脂粉，臉頰上有鮮紅的胭脂。雙
唇上點著口紅，耳邊梳得光溜，喜鵲尾巴似的頭髮上插了些鮮
花，並別有一些銀飾品。」

　　在昆明期間，有件事情把方蘇雅逗樂了。一個皓月當空的
夜晚，突然發生了月蝕現象，一時間全城鞭炮聲和槍聲大作，
足足持續了兩個小時，每家每戶都在敲盆擊鍋對著天空呼喊。

方蘇雅被嚇了一跳，以為發生了暴亂，一打聽，才知道是發生了月蝕現象，總督、府臺等地方父母官正在發動群眾拯救月亮，以驅趕正在吃月亮的天狗。結果，此舉大獲成功，不久天狗便把月亮從嘴裡吐了出來。

1931年初夏，遊蕩在昆明街頭的埃德加·斯諾對昆明的鴉片感到吃驚：「昆明到處是鴉片煙味；所有的市場上都賣煙槍和煙燈；鴉片就像大米一樣容易買到，在大街上，有的母親哄孩子不用自己的乳頭，而是給他一根塗了鴉片膏的甘蔗」。

抗戰期間在昆明留滯了七年的汪曾祺則終生難忘昆明的茶館，他在昆明期間，幾乎天天坐茶館，「昆明茶館賣的都是青茶，茶葉不分等次，泡在蓋碗裡。文林街後來開了一家摩登茶館，用玻璃杯賣綠茶、紅茶——滇紅、滇綠。滇綠色如生青豆，滇紅色似葡萄酒，茶葉都很厚，滇紅尤其經泡，三開之後，還有茶色……我在昆明喝過烤茶，把茶葉放在粗陶的烤茶罐裡，放在炭火上烤得半焦，傾入滾水，茶香撲人。」

青山之光，綠水之色，鮮花之氣。風鬟霧鬢的昆明曾長期擁有絕妙山水，其最出名的優美景點是母親湖滇池。于堅曾在《我在美麗的雲南》中回憶說：

「在三十年前，一個人走進滇池，到了齊胸深的水，還可以看見自己的腳。他可以低下頭來，像河馬那樣飲水。魚在雙腿撞來撞去……許多地方，水草茂密得像原始森林。在船上看，水是深藍的，森林幽深，魚群像天空中的群馬，又像閃閃發光的小鏡子……滇池的水，通過大觀河淌進城時，每到黃昏，大觀河上，就停著一溜溜漁船，冒著煙。有的船頭站著一隻雄雞，不叫。間或有一隻貓也爬上來，和雞站在一起。有的船頭

擺著幾盆文竹、瓜葉菊、蘭草。船上的男女，都在做飯，空氣裡盡是南瓜飯、豆燜飯的香味。夕陽紅似一只橘子，炊煙恍若一片藍紗，是極美的景致。天黑下來，一江漁火沿岸亮開，船上人影幢幢。明月照著船蓬，像一塊塊亮瓦，山風吹著纜索，發出嗖嗖之聲」。

當我們大碗喝著昆明的玫瑰鹵酒，在一株粉豔的童子面茶花下懷想于堅筆下昆明那令人感懷的「童子面」時，就像一位穿著青衣，鬢邊插著一支蓮花的採蓮女越走越遠，鄉土清香味十足的那座昆明城已杳如昨日黃鶴。在狂飆突進的二十世紀，這座雲南最大的城市伸出一隻穿著傳統圓頭布鞋的腳，警惕地探索著路徑，另一隻穿著現代亮漆大靴的腳則在風雷與閃電中快速突進。穿著大靴的腳越走越快，直至拖垮了穿著布鞋的腳，步伐才慢下來。如今，鋼筋混擬土已填平了昆明與北方或南方的城市間的差別，昆明人已不再像祖先那樣大年初一早早起來打「頭水」，點燭焚香，用鮮果、米花糖來祭祀老祖宗，立夏之時在門前插皂角枝、紅花以避蟲蛇，九日初九登螺峰山、吃重陽糕、飲菊花酒。

【雲南黃曆】

1956年，雲南開遠小龍潭煤礦出土了十枚臼齒化石，1980年，又再度出土十二枚牙齒上顎骨和三枚下齒，至今的研究分化表明，它們分屬於一千兩百萬年前左右的臘瑪古猿和西瓦古猿。

　　血氣十足的雲南蠻子在南詔國時曾威風過一陣子，西元829年，南詔大軍狂暴地攻克了大唐王朝的重鎮成都，南蠻們以錦江之水飲馬濯足，掠走了大批美女和珍寶，成都人徐凝寫了首《蠻入西川後》：「守隘一夫何處在？長橋萬里只堪傷。紛紛塞外烏蠻賊，驅盡江頭濯錦娘。」

　　歷史上，神祕主義在雲南大行其道，各種宗教信徒眾多，佛教在南詔大理國時代興盛一時，大理國二十個國王中，竟有七個遜位去當和尚。南詔多印度僧侶，如國師贊陀屈哆、菩提巴坡、李成眉賢者、羅岷大師、白胡神僧等都是來自印度（天竺）的高僧。

　　而在明朝初年，有許多日本僧侶踏著萬里雲月來到雲南，他們當中較著名的有機行、天祥、斗南、宗泐、曇演等，他們長期在紅土高原的金碧蒼洱間修行，並用漢文寫下了許多真摯的詩歌，如「異域十年天萬里，幾番夢回海雲東」、「十年遊子在天涯，一夜秋深又憶家。恨煞葉榆城上角，曉來吹入小梅花」。滇中雞足山是釋迦牟尼大弟子摩訶迦葉的道場，歷史上雲南佛教徒眾多，曾被稱作「妙香國」。

　　南詔盛產紅藤杖，這種手杖外觀呈六節，朱紅圓潤，高過人身，它受到大唐王朝眾多墨客騷人的珍愛，如白居易當年便與紅藤杖形影不離，視其為鍾愛之物，他曾深情地說：「南詔紅藤杖，西江白首人。時時攜步月，處處把尋春」。

　　流放雲南數十年的狀元郎楊慎則對大理出產的公魚（弓魚）、油魚戀戀不捨，公魚被有的古籍讚為魚味中的「魚魁」。狀元郎吃過「狀元魚」後，開玩笑道：「大理公魚皆有子，雲南和尚豈無兒。」

所謂「邦有道，道在廟堂，邦無道，道在江湖。」江湖
者，民間也，紅土高原的眞豪傑之士往往笑傲於民間湖山，陳
佐才、擔當、孫髯翁便是這些人的代表。

原始生命的文化貓步

1984年，中科院南京地質古生物研究所，在雲南澄江的帽
天山發現了納羅蟲化石，這是一種曾在加拿大伯吉斯動物群中
出現過的古老節肢動物化石。隨後，數十個國家的古生物學家
先後來到帽天山，共採集到約五萬塊化石，先後在此地發現四
十多個門類中的八十餘種動物。

1995年，這些科學家再度聚集於此，並以「寒武紀大爆發」
爲題，確立帽天山「祕密藏匿寒武紀生命海洋」的學術定位。

1999年，在這個古生物的「聖地」，科學家們再度聚首，會
議的發起者陳均先生十分動情地說：「沒有一個課題和講座會
可以將這麼多從事不同學科領域的科學家吸引在一起，儘管研
究的物種相距幾億年，從微小的分子到完整的生命個體，但我
們走到一起來了，爲了共同解開生命誕生的祕密」。

這確是一片神祕的土地，因爲一般動物遺體若無特殊埋葬
條件便會腐爛，但在雲貴高原，大群動物經過歲月的壓縮，像
書頁一樣被擠壓並保存在岩層之中，不僅是澄江，在雲南的許
多地方，如馬龍、武定等地，都有這種難得的沉積頁岩。

南詔與大理

史書關於雲南最早歷史的記載源於《史記·西南夷列
傳》：「楚威王時使將軍莊蹻將兵循江上，略巴蜀黔中以西。

莊蹻者，故楚莊王苗裔也。蹻至滇池，地方三百里，旁平地，肥饒數千里，以兵威定，屬楚，欲歸報，會秦擊奪楚巴黔中郡，道塞不通，因還，以其眾王滇，變服從其俗以長之」。

　　秦始皇時期，加強了對雲南邊地的開發，對雲南影響較大的大事有：蜀郡守李冰在川滇交界地區開山鑿崖，使道路從四川可以通達滇東北，這條道路被稱為「五尺道」。隨著道路的延伸，秦王朝把自己的統治延伸到滇東北，並正式委派官吏，代中央王朝行使政權。

　　漢武帝時，唐蒙入滇招撫夜郎國，該區域被納入為郡，並立白崖酋長折人仁果為滇王。唐朝時，雲南境內的主要勢力有「六詔」，「詔」的定義至今不詳，有說是「王」的意思，有說是南蠻六部不相臣服，唐王朝每有恩賞，便頒一詔，總稱「六詔」，也有人將其解為「大首領」。

　　「六詔」指六個較大的部落無疑，這六個部落由南向北依次為：蒙舍詔（即南詔）、蒙崔詔、鄧睒詔、施浪詔、流穹詔、越析詔。許多學者認為，除越析詔外，其餘五詔均為「烏蠻」。在這六詔之中，除蒙舍詔外，其他五詔背棄唐朝而歸附吐蕃，蒙舍詔雖位處最南端，卻始終不改初衷，不叛中央王朝，因而，他們得到唐王朝的大力支持。

　　西元713年，唐玄宗冊封南詔第四世王皮邏閣為臺登郡王，皮邏閣受封後，率部戰勝河蠻，攻下太和城，即今大理。唐玄宗大為高興，又賜皮邏閣為雲南王。在唐王朝的支持下，皮邏閣乘勝兼併了其餘五詔，將六詔合而為一，建立了以西洱河地區為腹地的南詔國，首都定為太和城。748年，皮邏閣病死。762年，繼位的閣邏鳳承父親遺志，繼續開疆拓土。

763年，閣邏鳳巡遊雲南，命其子修建拓東城坐鎮滇池，不久，雲南統一。隨後，閣邏鳳因與劍南節度使鮮于仲通有隙，起兵破雲南郡，並取唐巂州三十二處，殺死六萬唐兵，楊國忠於是發大軍攻打南詔，戰事慘敗，傷亡二十萬兵卒，這就是著名的天寶戰爭。

天寶戰爭之後，南詔歸附了吐蕃，唐朝也沒有力量攻擊南詔。但南詔歸附吐蕃實屬不得已而為之。南詔是在唐朝的支持下才取得對雲南的統治，閣邏鳳深知所以，為表達對唐王朝的忠心，閣邏鳳在太和城立了一座大碑，即「南詔德化碑」，碑文除對閣邏鳳建立南詔的功績歌功頌德，也藉此表達了不得已的叛唐之心。

西元779年，閣羅鳳傳位於異牟尋，此時南詔疆土已「回環萬里」，幾乎是今天雲南面積的兩倍。吐蕃連年向南詔徵收重稅，雙方矛盾激化，南詔再也經不起戰爭，而大唐派出西川節度使韋皋主動要求和好，南詔於是順勢重新歸附於唐。808年，異牟尋去世，其子繼位，次年又死，再繼位的勸龍晟年僅十二歲，不久即為弄權的節度使王嵯巔所殺。在大權旁落及混亂之中，南詔於西元902年滅亡。

南詔滅國之後，其治下的部族四分五裂，各自為政。政權更迭有如走馬換燈。937年，手握大權的段思平起兵建立大理國。立國後，段思平兌現「減爾稅糧半，寬爾徒三年」，更易制度，大封天下，收穫四方民心。大理立國不久，就已「地廣人庶」。

大理國的統治並沒有穩定多久，由於初立國時，高方有功，受到重重封賞，高氏勢力得一步步壯大，至1094年，在位

的段正明昏庸無能，高氏後裔高升泰取而代之。但在這兩年後，將死的高升泰卻又還政於段氏，此時出任國主的便是金庸筆下大名鼎鼎的段王爺段正淳。然歷史上的段正淳卻仍舊生活在高氏的陰影之中，其子段和譽（即金庸筆下的段譽）當政時，段氏力量已迅速衰落。高氏仍舊專政弄權。

大理國共存在三百餘年，在此期間，歷代君王皆謹遵不擴張的訓誡，與宋王朝一直保持著臣屬的進貢關係。趙匡胤做皇帝後，認為唐朝滅亡的原因之一在於南詔對內地的掠取，因而不派兵攻打大理，兩下就如此相安而過。宋太宗即位後，正式封大理王為「雲南八國郡王」。大理國與宋朝關係日益密切，經濟文化上的交流亦日益增多。漢文化在大理國受到隆重歡迎。

1253年，忽必烈率蒙古大軍渡過金沙江攻打雲南，大理國很快被掃平，雲南從此成為元朝的一個行省。

雲南三高士

奇僧「擔當」在遁入空門前曾是性情高逸的特立獨行之士，時人錢士晉譽其為「雲中一鶴」。擔當的俗名為唐泰，字大來，他曾過著散懷山水的吟遊生活，澄懷昧道獨鶴與飛，行跡遍及江南燕趙。在江南期間，擔當在大名鼎鼎的董其昌、陳繼儒門下精研深造，得詩書畫三昧真傳。

「天下游來一布袍，不乘金馬氣猶豪」，當豪氣干雲的擔當結束遊歷生涯回到雲南時，大明王朝已兵戈四起。苟活於殘山剩水之中，擔當一度湧起兼濟天下之志，積極投身於救亡圖存的奮鬥中，後見大勢已去，遂深懷亡國之慟削髮為僧，法號普荷。擔當在雞足山鳳毛峰下隱居。據《麗江乾隆府志》記載，

麗江土司木增與唐泰交厚，曾在玉龍雪山西南山麓爲他造了一棟名爲「水豪」的廬屋，寶珠天花潤映千里的玉龍白雪常令他豪飲不止，詩興大發，這顯然是擔當出家之前的事了。那時，木增曾在扇面上寫了首意味深長的詩送給他：「雙眼非青非白，一場無毀天成，木石皆成道侶，煙嵐醉倒先生。」

　　皈依佛門後，亡國之痛仍時時噬咬著擔當壯懷激烈的內

🔊雲南劍川石鍾山

心，他常常借明月青山澆愁，寄至味於書畫中。他創造了大量漂浮著隱忍的哀傷與風骨的作品，如在一幅小品中，千峰高指，層林盡枯，其中一枝斜迤如鐵，旁邊一僧提杖高立，畫旁題詩道：「僧手披霜色有無，千層林麓盡皆枯。尚留一干堅如鐵，畫裡何人識董狐。」

　　1667年，七十四歲的擔當在大理名寺感通寺重修楊升庵當年住過的號韻樓，隨後從雞足山遷來定居。蒼山戴雪，洱海月圓，在雪與月之間的不二法門中，一生與山水爲伍的擔當體證著圓融的禪境。在世的最後一年，他仍豪情不減當年，連作《拈花頌》一百首。擔當圓寂後，葬於感通寺後佛頂峰下，現感通寺有《擔當大師塔銘》，其辭曰：「洱海秋濤，點蒼雪壁，迦葉之區，擔當之室。」

　　1662年，南明的永曆帝朱由榔被梟雄吳三桂絞死於昆明五華山金蟬寺，明王朝朱姓帝室的最後一點龍脈被剷除了。噩耗傳出，擔當的忘年之交陳佐才眦眥盡裂，哀慟欲絕，隨後他結束救亡生涯，背負著一把相隨多年的長劍歸隱於巍山縣盟石村，這一年他三十三歲。

　　陳佐才，字翼叔，號睡隱子，慷慨耿介素有英雄氣象，歸隱後，他在盟石村住處遍植梅竹，待奉老母，過著清貧的耕讀生活。當時，清王朝已在雲南大舉推行削髮令，在「留髮不留頭」的淫威下，一時間人心惶惶無敢不從，在此危急關頭，陳佐才不顧生死悄悄蓄髮明志，被江湖豪傑之士歎爲「義士」。

　　陳佐才生前曾在幽僻的青山綠水間，用天然巨石鑿成一具長十三公尺、寬十公尺、高三公尺的石棺。石棺前三十公尺處立有左右五公尺高的兩支石筆，石棺周圍有用石料鑿成的亭、凳、碑、桌，石棺四周遍刻詩章，陳佑才自題曰：「明末孤臣，死不改節，埋在石中，日煉精魄，雨泣風號，常爲弔客」。

　　胡未來，鬢先秋，淚空流，天地賦命生必有死，自古聖賢，無人能免。1692年，死不改節的明朝遺民陳佐才離開了人世，遵照他的遺囑，後人將他置於石棺中，此舉寓含著至死不

○雲南小維西天主教堂守門人

願歸順清朝疆土的操守，其所作所為有如上古時代的義士伯
夷、叔齊。

　　陳佑才死後不久，省城昆明出現了一代高士孫髯。孫髯，
名髯翁，號頤庵，早年目睹科舉之黑暗，於是終生不復應試，
成為混跡市井、每天為稻粱謀的寒士。孫髯翁雖身處卑微，但
才華高卓，情志非常，有著一醉醉月輕王侯的浩然長氣，他以
滇池畔的大觀樓長聯驚煞海內——

　　「五百里滇池，奔來眼底。披襟岸幘，喜茫茫空闊無邊！
看，東驤神駿，西翥靈儀，北走蜿蜒，南翔縞素。高人韻士，
何妨選勝登臨，趁蟹嶼螺洲，梳裹就鬟風霧鬢；更幕天葦地，
點綴些翠羽丹霞。莫辜負四圍香稻，萬頃晴沙，九夏芙蓉，三
春楊柳。

　　數千年往事，注到心頭，把酒凌虛，歎滾滾英雄誰在？想，漢習樓船，唐標鐵柱，宋揮玉斧，元跨革囊。偉烈豐功，費盡移山心力，盡珠簾畫棟，卷不及暮雨朝雲；便斷碣殘碑，都付與蒼煙落照。只贏得幾杵疏鍾，半江漁火，兩行秋雁，一枕清霜。」

　　布衣糲食，樂天知命。貧殘不能移的孫髯翁在住處種有大片梅花，自號「萬樹梅花一布衣」，晚年，他在圓通山南側的圓通寺咒蛟臺以卜算為生，自號「咒蛟老人」。

　　相傳元代時，此處曾有蛟蛇為害，寺僧便念咒將蛇趕走。圓通山上螺峰疊翠，花之朝，月之夕，胸中盡藏銅琶鐵板的孫髯翁常在山上放懷一笑，賞略昆明的金碧湖山。一段時間後，他的女兒將晚景淒涼的父親接到了一座叫彌勒的小縣城。孫髯翁於1774年亡於此，墳墓至今猶在。

霞客遊滇

　　徐霞客出身於江陰梧塍裡一個家道中落的大戶人家。

據極善於明哲保身的大儒錢謙益說，徐霞客的高祖徐經與風流才子唐伯虎是一起參加科舉考試的好友，由於涉嫌舞弊事件，兩人一同遭到除名；唐伯虎曾送給徐經一幅元代畫家倪雲林的眞跡。徐霞客和父親徐勉都終身不仕，成爲任性靈而直往的民間逸民，這一切與高祖徐經的遭遇不無關係。

❶滇池

　　滿身奇氣的徐霞客身形鶴立，墨顴雲齒，捷若青猿，望之如枯道人，在二十二歲至五十二歲的三十年間，他以「釜岩爲床席，以溪澗爲飲沐，以山魅、木客爲伴侶」，遊遍萬水千山，踏盡東西南北。爲守孝道，他每次都在春天出遊，秋冬之時回家侍侯老母。

　　其母王太夫人離故後，徐霞客再無牽掛。1636年，他抛下一句「昔以母在，此身不可許人也，今不可許之山水乎？」從此開始了一生中最漫長的西南遊。跟隨他一起出遊的有僕人顧行和南京迎福寺的靜聞和尙。靜聞此行發下宏願，要將自己在青燈佛鼓下二十年刺血寫就的《法華經》供奉於摩訶迦葉的雞足山道場。

　　三人一路西行勞苦不堪，在湖南湘江，他們不愼碰上江湖大盜，錢財盡失，僥倖逃得性命，靜聞拼死保護經書被捅了兩刀，掙扎著來到南寧崇善寺，不幸染病身亡，臨死前求徐霞客一定要把自己的骨灰和經書帶到雞足山。霞客流著熱淚應允，幾天後，他將靜聞的屍骨焚化後背在身上咬牙繼續西行。

　　1638年五月九日，徐霞客終於從貴州西部邊界處的亦字孔驛進入雲南平彝衛，沿曲靖抵達昆明，再從通海南下至臨安，接著向東行至阿迷（今開遠）、廣西、師宗、平羅、拊黃草壩（今貴州興義），再折行從曲靖回至昆明。在昆明附近的晉寧、海口、安寧停留了一些天後，他向北遊至富民，然後過武定、元謀、大姚、姚安、清華洞，來到賓川雞足山，接著繼續北上經鶴慶抵達麗江，再從麗江南行至劍川、洱源、大理、又西折行至瀾滄、保山、騰越（今騰衝縣），然後從騰越回折，經順寧、蒙化、彌渡、回到雞足山，最後從雞足山出滇東歸。

在二十二個月的時間裡，徐霞客跋涉萬里，幾乎走遍了彩雲之南的紅土高原，他每到一地，都要進行細緻的田野考察，逐日記錄，保存至今的《滇遊日記》有二十餘萬字，占整部《徐霞客遊記》的三分之一多，這些內容詳實、文采斐然的記述，成為瞭解明代雲南最重要的資料。遺憾的是，現存的《滇遊日記》缺了四段約一百二十五天的記述。

徐霞客首次到達雞足山的準確時間是1638年農曆十二月二十二日，在悉檀寺僧人弘辯、仙陀的幫助下，此月二十六日，靜聞的骨灰終於得以安葬於文筆峰北麓新建的靈塔中，霞客不勝歡欣，奇僧靜聞的靈魂亦可拈花一笑，安息於天南靈山。霞客在山中徘徊了整整一個月，餐霞咽雲，遍賞雞足山勝景。

第二年八月，徐霞客再次回到雞足山，應麗江土司木增之請，留在山中撰寫《雞足山志》。不幸的是，多年踽踽苦行的雙腳由於飽受滇中煙瘴濕毒之害而得了嚴重的風濕病，接著，跟隨自己多年的忠實僕人顧行竟然偷去所有錢物溜之大吉，這使他受到很大打擊。

1640年農曆二月，霞客完成了《雞足山志》初稿四章，但雙腿已疼得無法行走。孤苦不堪、思鄉心切之際，木增特派幾名麗江納西壯漢用竹轎抬著他返回萬里之遙的江陰老家。歷經五個月的艱辛，一行人來到湖北黃岡，然後轉而乘船順長江而下，六天後終於安然抵達江陰。半年後，五十六歲的徐霞客即在浩然長嘆中歿去，死後葬在江陰馬灣。

【洋人與近代雲南】

像一束強光打在一隻幽祕的蛇上，魚貫而入的洋人驚撓了近代雲南人的春秋大夢。在近代，雲南不再是與世隔絕的蠻荒邊陲，而是燃燒著新舊兩重烈火的西南之窗。進入近代雲南的代表性洋人如奧爾良王子、戴維斯、弗朗索瓦（方蘇雅）、大衛妮爾夫人、小希歐多爾‧羅斯福、金頓‧沃德、喬治‧弗瑞斯特、約瑟夫‧洛克、赫伯特‧斯蒂文斯、埃德加‧斯諾、顧彼得等。洋人們在激昂的陽光中騎著矮種馬，在紅土高原上到處遊蕩，當他們揭下雲南那古老而神祕的面紗，這一地區的真實面容令全世界大吃一驚。

1910年4月，被當時的西方記者稱為巴拿馬運河、蘇伊士運河之外的世界第三大工程——滇越鐵路正式通車，其使用權屬於法國。滇越鐵路從昆明直通越南重要海港前往海上，也可直接出洋通往世界各地。報紙、書籍、科學儀器、文教用品、電影、西藥、新型建材、歐化生活方式等西方物質內涵陡然間大量湧入，雲南封閉的傳統文化格局被打破，近代化歷程宣告來臨，紅土高原開始從蠶到蛾的大舉蛻變。

滇越鐵路的嚎叫

1871年，法國商人讓底比斯從昆明出發，步行到達越南安沛，他發現雲南和印度支那聯結起來的道路。不久，法國探險家法蘭西斯‧卡尼埃即對底比斯發現的道路進行了勘測。

1899年，中、法兩國簽訂了《滇越鐵路章程》，同年3月，法國派出了一個銀行考察團對雲南地段進行考察，測定滇越鐵

路的造價預算爲一億零一百萬法郎，考察團的成員達成了一項協定，規定法國人對鐵路線享有七十五年的使用權。

　　1903年，從越南海防經河內直通昆明的滇越鐵路中國段正式修建。整條鐵路全長八百公里，雲南部分有四百六十五點二公里，它是當時中國的第三條鐵路，西部地區的第一條鐵路。據統計，七年工期中，法方共招募勞工六千零七十人，由於工程浩大、地況險惡、條件低劣，需在高山峽谷中建設溝渠四百一十三座、橋樑三千九百六十三座（占雲南段的一半以上長度），開工過程中，歐洲籍工程技術人員死亡八十多人，勞工死亡一萬二千餘人。到1910年4月，被稱作「一根枕木一條人命」的滇越鐵路終於全線通車。

❶中甸青稞架

　　當飄滿資本主義氣息的西化火車，像黑色的恐龍嚎叫著闖進紅土高原亙古不變的鄉土世界，連火柴都沒見過的雲南人被這一洋怪物嚇得張大了嘴巴。然而，野性十足的雲南蠻子並非毫不開竅的蒙昧刁民，他們很快就發現妖魔似的火車並非一無是處，而是內藏著他們從未見識過的好處。從河口、蒙自到昆明的時間被火車縮短了幾十倍，以前，從昆明到遙遠的上海需要走上幾個月才能到，如今坐火車轉輪船六、七天就能到達香港，九天就能到上海。

　　滇越鐵路使得雲南一夜之間從蠻荒的邊陲之地變成了聯結世界的前沿地區，罐頭、煉乳、餅乾、咖啡、飲料、香煙、手錶、鬧鐘、香水、香粉、香皂、玻璃、水泥、香檳酒、縫紉機、化妝品等令雲南人大開眼界的歐式新奇物品大量湧進來。火車甚至很快就運來了發電機，1910年7月，中國第一個水電站石龍壩水電站在昆明正式開工。幾年之後，昆明便已流行喝法國白蘭地酒。報紙、電影、西醫等物已尋常可見，法國、日本、德國、美國、捷克等國紛紛在金碧路一帶開洋行，周圍蓋起了不少西式房子，出現了西餐館和咖啡館，許多越南人甚至趕著火車在昆明的大街小巷上賣香蕉、鳳梨。

　　1925年10月10日，從昆明大觀街到西山碧雞關長十四點九公里的公路修建完畢，這是雲南第一條公路。第一批汽車運抵昆明，包括四輛美製福特轎車、兩輛恆若汽車及兩輛壓路機。這時，後來被稱作「火車沒有汽車快」的滇越鐵路已通車了整整十四年。

　　斯諾於1930年12月5日由河內搭乘發往雲南的火車前往昆明。滇越鐵路的壯麗險途給他留下了難以磨滅的印象：「爬山

的機車在喘息著,把燒紅的煤渣噴向幽暗的森林,奮力向著更高的高度前進,只有過橋的時候不爬坡,橋身狹長,設有護欄,橋墩建在巨大的鵝卵石上,高達一百多英尺、下邊是一條奔騰咆哮著的激流。有一段一、兩英里長的路程,火車擦著岩壁而過,下面是峭直的岩壁,激流奔騰咆哮,可以聽得見聲音,但卻看不見河流,彷彿下面有無底深淵在茫然地仰視著你。隧道很多,有的長達數千碼,在堅硬的岩石上鑿成。」

斯諾時年二十三歲,他乘坐的列車分為四等車廂,車上擠滿了人,他支付了四十銀幣才坐上頭等車廂。半途中,有十幾個衣裳襤褸的傷兵竄到了斯諾身邊,他們滿臉都是塵土和汗水結成的污垢及臭氣。這些傷兵友善地遞給斯諾菸草、鴉片和一顆橘子。當到達昆明的時候,斯諾給了傷兵們每人一塊錢,並

❶中甸藏族窗花

把剩下的一瓶酒、一籃水果及一盒糕點留給了他們，傷兵們手足無措的感激神情讓斯諾的淚水忍不住流下來。

滇越鐵路由法國經營三十多年後，於民國三十五年（1946年）被中國政府收回使用。

局外人希爾頓

英國人詹姆斯‧希爾頓從未到過遙遠的雲南，但卻成為與雲南關係重大的近代洋人。這使人不禁想到魯迅的詩句：「於無聲處聽驚雷」。

詹姆斯‧希爾頓於1900年9月9日生於英格蘭蘭開夏郡的萊伊，青年時代曾就讀於劍橋大學。1933年，倫敦麥克米倫出版社出版了其長篇小說《失去的地平線》，同時還出版了另一部長篇小說《沒有甲冑的武士》。第二年，希爾頓花四天時間創作出了其代表作《再見，辛普森先生》。

《失去的地平線》敘述了英國駐巴基斯坦的領事康韋及助手馬里森上尉、法國女傳教士布林克洛小姐、美國人巴納德在飛機失事後的神奇之旅。

僥倖生還的他們來到了喜馬拉雅山附近的藍月亮山谷，山谷的最高處聳立著世界上最美麗的卡拉卡爾雪山，那潔白無瑕的金字塔狀輪廓，單純得如同出自一個孩童的筆跡。

狹長的藍月亮山谷內隱藏著世外桃源般神祕靈和的香格里拉，它僅通過馬幫與外界聯繫，這裡有翠玉似的草句、明鏡般的湖泊、豐富的金礦、漂亮的喇嘛廟和其他教派的廟宇，萬物深深沉浸在寧靜的喜樂中，生活在此的人們都很長壽，保持著與大自然之間的調和，每個人的生活都被幸福所灌滿。

　　根據香格里拉的最高喇嘛佩勞爾特的預測，行將到來的「黑暗紀元」像一個棺材罩住整個世界，既無逃脫之路，也無避難之所，這場風暴將踐踏每朵文明之花，人類所有的一切都將變得混濁不堪，在這場劫難中，無世無爭的絕密樂土香格里拉將保全下來……

　　1933年，整個西方尚處在經濟大恐慌所帶來的巨大震痛中，到處是憂心忡忡的人群，《失去的地平線》出版後立即刮起了一陣旋風，成為許多人的心靈止痛藥，當年該書即獲得了著名的霍桑登文學獎。《不列顛百科全書》指出，《失去的地平線》的一大功績是為西方世界創造了世外桃源──「香格里拉」一詞。

　　1936至1937年，美國哥倫比亞電影公司耗資一百萬美元以當時美國電影投資的最高紀錄，聘請義大利裔名導卡普拉將《失去的地平線》拍攝成巨片，該影片發行後連續三年打破銷售

❶小中甸少女

紀錄，以「壯觀之景、興奮奇妙之情、一場精彩絕倫的冒險、一個心中的欲望成爲現實的夢」轟動全球。

二十世紀三〇年代以來，西方刮起了一股強勁的「香格里拉熱」，各種希爾頓做夢都沒想到的探尋從未停止過。人們堅信，儘管希爾頓本人從未去過「香格里拉」，但是與伊甸園的原型位於古巴比倫一樣，充滿魔幻般祕境的「香格里拉」也一定有一個原型，它就在與喜馬拉雅山相鄰的某個幽谷中。

在漫長的找尋後，1975年，印度國家旅遊局向全世界宣布：位於印控喀什米爾喜馬拉雅山南麓的巴爾萊斯坦鎮，正是人們尋找已久的「香格里拉」，一時間遊客蜂湧而至，三十年間這座原本默默無名的小鎮創造了近七億美元的旅遊收入。山地之國尼泊爾的木斯塘，從1992年起也以「香格里拉」的名義向外界開放，吸引了大批旅遊者的目光。然而，按照希爾頓的交代，「香格里拉」位於喜馬拉雅山東南麓的藏區，巴爾蒂斯坦和木斯塘顯然並不符合這一標準。

至二十世紀末年，人們把找尋「香格里拉」的目光匯聚到了雲南西北部與西藏接壤的迪慶藏區，在當地政府主持下，一些專家從文學、民族學、宗教學、地理學、藏學、文化學等多角度對這一地區進行了大規模的田野考查、歷史追蹤和查證，證實該地區與希爾頓在《失去的地平線》中描敘的「香格里拉」有著驚人的相似。

越來越多的人相信希爾頓當初的創作靈感，有可能來自在西方影響較大的洛克、大衛妮爾夫人、奧爾良王子等人對該藏區深入的實地考察文章。1997年9月14日，雲南正式宣布，長達半個多世紀的「香格里拉」在雲南省中甸縣，它正是人們苦苦

找尋的夢中園地，數年後，中甸被正式更名爲「香格里拉縣」。

孤獨的雄獅洛克

作爲與近代雲南交集最深的洋人之一，「洛克的世界爲我們挽住了多少記憶，留下足跡猶如飄浮的彩雲」（埃茲拉龐德語）。

約瑟夫·洛克於1884年1月13日出生於維也納，父親法蘭茲·洛克是一位男僕，母親法蘭西絲是匈牙利人。洛克六歲的時候母親就去世了，這使他成爲一名性格古怪的問題少年，他在學校裡老是心不在焉，總是幻想著出遠門去旅行。

由於長期與父親和世俗社會格格不入，十八歲後洛克開始了浪跡

佤族竹茂橋

天涯的漫遊生活，並靠做卑下的工作來維持生計。二十一歲那年，洛克以船艙服務員的身分乘一艘郵輪來到了紐約。在紐約，他必須洗盤子以養活自己。兩年後，深受結核病折磨的洛克身無分文地去了夏威夷。

在碧海藍天的夏威夷，洛克的病一天天好起來，並展現了自學的驚人才華，他能說匈牙利語、法語、拉丁語、希臘語、漢語等九種語言。語言上的才能使他找到一份傳授拉丁語和自然史的教師工作。洛克授課之餘，爲當地千奇百怪的植物所吸引，開始全心投入植物學研究領域，他到夏威夷學院任教，不久便成爲植物學教授，在此期間他出版了五部專著和數十篇論文。1920年，自視甚高、性格暴躁的洛克因自己收藏的二萬八千件植物標本的歸屬問題與校方鬧翻，一怒之下拂袖離開夏威夷前往美國本土謀求發展。

同年秋天，受美國農業部委派，洛克滿懷著孩提時代的夢想來到遠東地區，他此行的目的是尋找可以醫治痲瘋病的大風子樹種。兩年後，洛克爲尋找抗枯萎病的粟子樹種進入雲南，他暫居在麗江玉龍雪山南麓的雪嵩村村民李文彪家中，不久即收集到六萬件植物標本、一千六百件鳥類標本及六十件哺乳動物標本。

1923年的一天，在隔壁納西人家裡舉行的爲一位病婦驅邪除病的宗教儀式吸引住了洛克：「有三個男巫身著宗教服飾，未加工的松木牌被染成黃色並畫上各種鬼神，它們與冷杉枝一起插在土堆上。在後面一張桌子上擺滿了麥種、陳蛋和各種乾豆類。此外男巫們用生麵揉成各式各樣的動物俑，五彩小旗上面寫了咒語，那些生麵揉成的動物俑有正在飲酒的蛇、山羊、

❶納西樂師

綿羊等，男巫們繞著它們舞蹈，其中一位敲擊黃銅鈸，另一位用他的劍周而復始地敲鑼，還有一人擊鼓。病婦則躺在床上注視著這一切看似單調愚昧的行為。」

某種強烈的衝動使洛克在仔細觀察這一儀式後，為美國《國家地理》雜誌撰寫了《中國腹地土著納西人的驅病魔儀式》。從此，他從植物學研究轉入到歷時四十年之久的納西學研究，並成為這一領域的一代宗師。

洛克高度關注現實中的人文景況，他的研究是建立在大量詳實細密的田野考察基礎上。他以雲南西北部的壯麗山河為軸心，在廣袤而神祕的中國西部地區進行了一次次具傳奇色彩的探險活動。

1923年起，他率領一隊納西衛士，對金沙江、怒江、瀾滄江三江並流區域以及瀘沽湖、木里、稻城明雅貢嘎山、岷山山脈、甘肅卓尼、青海阿尼瑪卿山等地進行了探險考察。在探險過程中，他親近隱匿在大地上的古老傳統，獲得大量美不勝收的考察成果，拍攝大批令人嘖嘖驚嘆的精美照片。

　　激情似火的洛克終生未娶，對工作永不知疲倦。1934年，他開始著手撰寫其代表作《中國西南古納西王國》，歷經種種坎坷，終在1946年完成，並於第二年在哈佛大學出版社出版。1949年，洛克離開寓居二十多年的麗江，經昆明、香港去了印度的喀里木蓬，等待返回麗江的時機但未成，兩年後回到夏威夷。

　　二十世紀五〇年代中期，風燭殘年的約瑟夫·法蘭西斯·洛克正拼盡全力完成納西學巨著《納西語——英語百科全書》。為了替洛克籌集到足夠的資金，義大利東方研究所決定忍痛將所收藏的六百多本《東巴經》精品賣出，西德國家圖書館的負責人W·弗格特博士得到這一消息後，趕回了素有文化傳統的家鄉馬爾堡。在狹小的市政廳裡，滿臉漲紅的弗格特作了一場關於《東巴經》重要性的演說，演說結束後，當時每天僅靠幾個玉米餅充飢的馬爾堡市民紛紛自願捐款，把這批《東巴經》從義大利買回後放進了新落成的西德國家圖書館。這件事驚動了八十歲的總理康拉德·阿登納，這位酷愛品嚐葡萄酒的老人聞訊後以專款方式給馬爾堡撥了一筆政府基金。用這筆基金的一部分，馬爾堡博物館又從美國和法國購入了四百多本《東巴經》的複製品。

　　「馬爾堡」事件是一個見證，它表明了納西文化在國外受到珍視的程度。但在納西文化的母地，倡導生命必須服從於自然的東巴教遭到禁止，東巴經書被大量清除，那被遮隱在日常生活中的、將現狀和過去融為一體的人文根基正在坍塌，國際藏學泰斗圖齊不禁感慨說：「在近來急劇演變的亞洲時局中，納西文化已面臨消滅。」

1962年12月5日，在夏威夷一處私人住所，「納西學之父」——約瑟夫·洛克就像一頭孤獨的雄獅在書房的安樂椅上睡著了，突然發作的心臟病使他再也沒有醒過來，他最後的陪伴物，是一大堆陳舊的東巴象形文典籍。他在生前寫給好友的信上說：「我想重返麗江完成我的著作……與其躺在醫院淒涼的病床上，我寧願死在玉龍雪山的鮮花叢中。」

【麗江的歷史舞衣】

一首納西古歌上說：「樹木和石頭使歲月流失。」麗江在二十世紀發生了持久而猛烈的變化，生活煥然一新，古老的事物不斷逝去，在打撈那些時過境遷的細節時，事物越是細微，在文化上就越是強有力。

❶雲南賓川縣雞足山玉佛

　　1941年，麗江古城尚處在傳統文化的果殼中，工業時代橫掃一切的現代狂飆，已將一絲勁風吹進了這座雪山下的邊陲小邑。這一年年初，麗江從蔓延雲南全省的霍亂中復甦過來，瘟疫使得眾多的人死去，光碧樓下靠捐款組建起來的施棺會甚至把棺材都施捨完了。心有餘悸的人們剛剛平息下來，一場罕見的冰雹隨之突然襲來，農田大規模受災，致使糧食嚴重欠收。然而，這一切與戰爭猛烈的風暴比起來顯然算不上什麼。中日戰爭切斷了所有通往內地的國際商道。這時，昆明——拉薩——印度卡里姆邦之間的茶馬古道發揮了重要作用，成為此處連接海外的唯一通道，作為這條商道上重要的中轉站，麗江古城在戰爭的夾縫中陡然繁榮起來。

1941年的麗江馬幫

　　馬幫在1941年扮演了重要的歷史角色，它是麗江成為抗戰期間萬商雲集的商業重鎮的主要因素。從未有人統計過這一年有多少匹騾馬穿行在茶馬古道上，但最保守的估計，也應在五千匹以上，加上麗江其他馬道上的騾馬，將是一個很大的數目。

　　事實上，當時的長途馬幫極少讓馬匹參與到馱隊之中，取代它的是雄健的畜中貴族騾子。騾子比馬的耐力更強，力氣更大。一隊馬幫往往擁有數十匹到百餘匹騾子，排頭的頭騾、二騾是經過精心挑選的上好母騾，頭騾頭上插著一面寫有馬幫招牌的綠色齒邊三角黃旗，脖子上懸著脆響的銅鈴，騾嘴上戴著用細皮帶編成的花籠頭，額前掛有紅纓和圓形護腦鏡，騾鬃兩側披著被染成大紅色的犛牛尾巴。整個馱隊的最後一匹騾子，

是老練而壓得住陣腳的尾騾，它使一長隊騾子形成有序的隊伍。

在雲南南部的馬幫中，一匹騾子可馱載六十至七十公斤的物品，考慮到漫長而危險的行程，麗江馬幫的馬鍋頭只讓騾子馱載四十至五十公斤的物品。路途中，食量驚人的騾子一天大約要吃掉幾十公斤的草料，其中包括蠶豆、玉米一類的精料，所以足夠的馬食是馬幫每天不得不考慮的頭等大事。這也是馬幫通常在綠草遍野的五、六月分開拔進藏的原因之一。

麗江古城的積善巷、牛家巷、雙善巷、興仁街是當時馬幫的主要落腳點，許多旅馬店的老闆同時是馬幫的商貿經濟人，他們往往會講一口流利的藏語。「玉龍旅馬店」、「瑞春旅馬店」是成功的例子，後來發展成了規模較大的商號。積善巷以前是造紙村，如今成了「馬幫村」，這裡有一塊五百平方公尺的馬草專賣場，納西語稱作「子啓丹」，生意異常熱絡。馬草場前是專營馬料和糌粑的和六嫂家，每天門庭若市，購買者甚多。

麗江仁和昌、達記、聚興祥、裕春和等大商號的納西馬幫，藏區松贊林、東竹林、德欽林的藏族喇嘛馬幫是當時名號最響的馬幫。從麗江馱往拉薩的大宗物品有沱茶、紅糖、銅器用品、皮革製品、火腿、綢緞等。沱茶主要來自普洱和思茅，在藏區最暢銷的是「寶焰牌」；銅器用品是麗江最繁忙的行業，僅白沙街就有兩百多個打銅匠，銅器成品有大銅鍋、火鍋、水瓢、臉盆、水桶、銅鈴、掛鎖、茶盤、茶壺、燈盞等，楊深、楊香圃、和亮生都是當時大名鼎鼎的精工良匠；皮革製品主要是藏靴、藏式錢串袋等，主要製作地點在束河街，染製高手馬鶴仙用五倍子、蘇林、茱籽油等植物原料染製的紅綠羊

🔊麗江街景

皮在藏區聲名遠播，狐皮高手楊金河用狐皮、猞猁皮鞣製的皮
襖名貴一時。拉薩馱來麗江的大宗物品有從印度輾轉運來的毛
呢、香煙、西藥、手錶、化妝品，及產自藏區的山貨蟲草、貝
母、熊膽、麝香、鹿茸、獸皮、細羊皮、藏紅花等。麝香最好
的是「波密香」，貝母最好的是「榛子貝」，而鹿茸最好的是
「蝴蝶茸」。

　　麗江在1941年尚未開通公路，是馬幫創造了奇蹟，使這座
偏安一隅的納西古城在戰事頻仍的亂世如沐良辰。並不是每一
個馬幫都能順利地走完麗江與拉薩之間的一千五百公里鳥道，
路途如此艱難，隨時都會與死神擦肩而過。事實上對馬幫來
說，有九十％的騾子能抵達目的地是相當不錯的結果，損失一
半騾子的事經常都會發生。在三個月左右漫長的旅程中，對他
們最大考驗的地點在德欽縣境內的溜筒江（瀾滄江），這條大江
夾於梅里和白瑪兩大雪山之間，通過時必須借助於溜索，溜索
用粗大的篾繩編成，固定在兩岸的巨型木樁上，溜索上有一個
用栗木製成的半圓狀溜幫，溜幫兩頭的圓孔中穿有皮繩，過溜
時，司溜工用皮繩把人、騾子、貨袋捆牢，然後猛力一推，溜
幫即在江風中依次快速滑向對岸。過溜索是令人畜心驚膽跳的
事，不少趕馬人被嚇得魂飛魄散，許多騾子稍有不慎便有葬身
於滔天惡浪之虞。

遙遠的逸響

　　我們追憶似水年華，讓1383年成為雲水深處重現的時光。
有的音樂史家認為，這一年深秋，剛剛被賜姓為「木」的七十
二歲納西大酋長阿得趕著一隊「玉龍駒」（麗江馬）前往江南觀

見大明皇帝朱元璋後，從錦繡珠簾的秦淮河畔把大明燕樂的樂器、樂譜及樂工帶回到了麗江。道教洞經細樂由此進入麗江，唐宋以來的絲竹細樂，其眞傳由此流布到納西文化中。

這種論斷的可能性並不大。道教洞經細樂流入納西文化之中，必然要遇到一個問題，即納西人必須具備能夠欣賞這種漢地雅樂的文化厚度，並把它完整無缺地傳承下去。這樣的情況，只能是出現在納西文化和漢文化已經交融到一定程度的時候。而這在當時是不可能的。目前已知的第一個具高深漢文化涵養的納西人，是在成化至弘治年間（西元1465～1505年），爲阿得的六世孫木泰。明代初年的納西貴族階層，仍喝著雪水長大，生活在納西原生文化的溫床之中。

已故納西古樂大師和毅庵的說法應該更接近實際：「嘉靖九年（西元1530年）冬至，明皇帝在北京天壇行環丘之禮，演奏洞經音樂祭天。『海外天子』納西土司木公聞訊後派專人往京城學習，並請來樂師教習。洞經音樂自此傳遍邊陲麗江。」

洞經音樂更可能是道教文化傳入納西族地區的一種產物。從麗江彩繪精麗的大覺宮壁畫，從大寶只宮高懸拱頂的黑白八卦圖飾，可以感受到撲面而來的明代道教文化氣息。也許，木氏王府從未廣修供道士們清修所用的道觀，但出現眞武祠、龍王廟、吳烈山神廟等一系列供奉道教神靈的道場，則說明納西人除了引入儒教、漢傳佛教、藏傳佛教之外，也把同樣的禮遇給了道教。

明嘉靖年間（西元1522～1566年），身著羽衣的終南山道士周月泉，攜帶一隻白鶴在芝山上住了幾年。早些時候，道教高人薊羽士結一草廬隱居於雪山下，每日手書道教經典《黃庭經》

⊙麗江白河壁畫舞者

數篇,不久後飄然離去,納西大詩人木公曾以「山陰雨雪歸來
夜,玉杖霞裙引鳳凰」之句相贈。爲了主持文昌宮、大寶積宮
等處的道壇科儀,木氏貴族專門還從浙江請來了第三十一代天
師(張時珍)的後人張道士。這些現象表明至少在明代中晚
期,道教文化就在麗江大行其道了。道教文化匯入納西文化,
接踵而來的,便是洞經細樂這樣的精品。

洞經音樂被納西人納入到自己的錦囊之中後,就像《東巴
經》裡所描繪的永不凋謝的花朵,樂聲有如聖清的花香世代相
襲,帶著令人眩暈的清新飄向納西人神祕的高山白雪世界。在
道教文化裡,外在的自然是一個整體,而人是另一個整體,兩
個整體即「大宇宙」和「小宇宙」道交感應,合而爲一,和光
同塵,延伸著某種深沉博大的無限性,這與納西人樸素靈覺的
基本精神是一致的。

　　直到1911年之前，納西古樂保留了彈奏道教洞經細樂與玄論道教洞經的傳統。在靜默莊敬的宗教氣氛中，紅緞委地的神桌上供奉著文昌帝君神像，神桌前爲一大八仙桌，桌上放著杯邊爲荷葉狀的青銅爵杯、銀質淨水碗、高燒的燭臺及法酒。寬敞的白壁、黑色的圓柱、古雅的座案，巨大的香爐上刻著八卦紋飾，香煙繚繞。當數十種樂器奏響悠揚清和的樂曲時，在跨鶴飛仙般流麗的樂聲中，人們開始唱頌《玉清無彬總眞文昌大洞仙經》等一系列道教洞經，心境早已和樂境、詞境融爲一體。有的時候，古樂會的納西人也會閒坐在一起，奏響古樂，以山水、音樂、人生及道教典籍爲題材高談闊論，有的人則手持濁酒一盞或清茶一杯，仰望著半天中玉龍雪山獨步天下的白雪一言不發。

❶雲南的藏族婦女

　　納西古樂由幾十首古老的洞經音樂組成，曲目有「八赴」、「清河老人」、「元始」、「十供養」、「水龍吟」、「山坡羊」、「江風」等。這些古樂就像從地裡刨出來的秦磚漢瓦，古老的紋飾上布滿了陳舊斑駁的古典音符。站在較爲純粹的角度上看，這顯然是一種比較簡單的音樂，其技巧、韻律、曲理，還遠未達到西洋樂所具有之深邃繁複的表現度。納西古樂令人仰止的地方，一方面在於當西洋樂瀰天漫地罩蓋整個時代的時候，它維護了東方傳統音樂的純潔性，使人們完整地欣賞到了「純正而道地的中國古典音樂」（顧彼德語）；另一方面，納西古樂的優雅詩性也是不容置疑的，它雪水般清澈的曲調，很容易勾起人們對大地的緬懷之情。

　　藝術史的經驗告訴我們，線條質樸、畫面平實的畫像磚，最能讓我們感受到秦漢時代蓬勃浩大的民族精神氣象；而樣態粗拙的東巴字，才能夠最適度地表現東巴文化的精髓所在。納西古樂眞正打動人的地方，並不在於它是否能將我們帶到美侖美奐的音樂殿堂中去，而是在於它飄逝著的高山流水般的嫋嫋之音，穿越了騷動不安的現實，使我們返回到遺失已久的明徹境界。

國家圖書館出版品預行編目資料

中國地脈／白郎、石映照 著 初版.——臺中市
：好讀，2005[民94]
面： 公分，——（人文地標；08）

ISBN 957-455-883-5（平裝）

630 94012031

人文地標 08

中國地脈

作　者／白郎、石映照
攝　影／朱林　等
總編輯／鄧茵茵
文字編輯／林碧瑩
美術編輯／李靜佩
發行所／好讀出版有限公司
台中市407西屯區何厝里19鄰大有街13號
TEL:04-23157795　FAX:04-23144188
http://howdo.morningstar.com.tw
e-mail:howdo@morningstar.com.tw
法律顧問／甘龍強律師
印製／知文企業（股）公司　TEL：04-23581803
初版／西元2005年08月15日

總經銷／知己圖書股份有限公司
http://www.morningstar.com.tw
e-mail:service@morningstar.com.tw
郵政劃撥：15060393
台北公司：台北市106羅斯福路二段95號4樓之3
TEL:02-23672044　FAX:02-23635741
台中公司：台中市407工業區30路1號
TEL:04-23595820　FAX:04-23597123

好讀出版社　編輯部收

407 台中市西屯區何厝里大有街13號1樓
電話：04-23157795　傳眞：04-23144188
E-mail:howdo@morningstar.com.tw

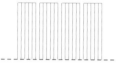

新讀書主義─輕鬆好讀，品味經典

------------------請沿虛線摺下裝訂，謝謝！--------------------

更方便的購書方式：

1.網站：http://www.morningstar.com.tw

2.郵政劃撥　帳號：15060393　戶名：知己圖書股份有限公司
　請於通信欄中註明欲購買之書名及數量

3.電話訂購：如爲大量團購可直接撥客服專線洽詢
　　◎如需詳細書目可上網查詢或來電索取
　　◎客服專線：04-23595819#232　傳眞：04-23597123
　　◎客戶信箱：service@morningstar.com.tw

書名：中國地脈

1. 姓名：＿＿＿＿＿＿ □♀ □♂ 出生：＿年＿月＿日
2. 我的專線：（H）＿＿＿＿＿＿ （O）＿＿＿＿＿＿
　　　　　　FAX ＿＿＿＿＿＿ E-mail ＿＿＿＿＿＿
3. 住址：□□□＿＿＿＿＿＿＿＿＿＿＿＿
4. 職業：
　　□學生 □資訊業 □製造業 □服務業 □金融業 □老師
　　□SOHO族 □自由業 □家庭主婦 □文化傳播業 □其他＿＿
5. 何處發現這本書：
　　□書局 □報章雜誌 □廣播 □書展 □朋友介紹 □其他＿＿
6. 我喜歡它的：
　　□內容 □封面 □題材 □價格 □其他＿＿＿＿
7. 我的閱讀嗜好：
　　□哲學 □心理學 □宗教 □自然生態 □流行趨勢 □醫療保健
　　□財經管理 □史地 □傳記 □文學 □散文 □小說 □原住民
　　□童書 □休閒旅遊 □其他
8. 我怎麼愛上這一本書：

　　＿＿＿＿＿＿＿＿＿＿＿＿＿＿＿＿＿＿＿

　　＿＿＿＿＿＿＿＿＿＿＿＿＿＿＿＿＿＿＿

　　＿＿＿＿＿＿＿＿＿＿＿＿＿＿＿＿＿＿＿

『輕鬆好讀，智慧經典』
有各位的支持，我們才能走出這條偉大的道路。
好讀出版有限公司編輯部　謝謝您！